本书获得的赞誉

这本书向人们传递希望和帮助。劳拉·马卡姆精辟地运用了她的尊重、协调和设置限定等方法构建孩子间的关系。书中列举了各种现实场景,指导父母将冲突转化为培养技能的机会,将育儿恐惧转化为有意义的干预。《平和式教养法(多子女篇)》巧妙地引导家长尊重孩子的感受、设定限制、减少冲突,培养终生受用的能力。

——蒂娜·佩恩·布赖森博士,《全脑教养法》和《去情绪化管教》作者之一

父母需要各方面的帮助,从而成为他们想成为的那种父母,并利用育儿技能将孩子培养为良善的公民。劳拉博士的书充满了这种帮助,它务实、鼓舞人心,善于运用现实生活中的例子。如果我在育儿的时候遇到这本书,一定会得到许多帮助。

——简·尼尔森博士,《正面管教》系列作者

终于出现了一本解决孩子间纷争的书!在这本颇有见地的作品中,马卡姆博士依据科学调查的结果,设计了精妙的策略,任何父母都可以在移情、正念、平和的基础上利用它们帮助孩子解决彼此的分歧。

——沙法丽·萨巴瑞博士,《父母的觉醒》和《失控》作者

一个孩子加入家庭,意味着他会带来新的挑战。劳拉·马卡姆博士向家长们展示了即使在压力之下,如何在孩子间避免常见的冲突,如何让他们表达自己的爱,以让孩子们感受到真正的支持。打开这本书,你会发现许多清晰、智慧、可行的理念,它们对发展互相尊重的亲子关系和孩子间的关系都非常有帮助。

——帕蒂·惠芙乐,手拉手育儿创始人

本书的基调非常积极和有尊重性。《平和式教养法(多子女篇)》用理论、实例和基本的工具为拥有多名子女的父母提供了亲切的指导。劳拉博士富有同情心的方法赋予家长力量,也解放了孩子。

——丽莎·帕克和芭芭拉·尼科尔森,依恋育儿国际创始人,《心之依恋》作者

兄弟姐妹们,欢呼吧!这是一本家庭关系指南,能把争吵的孩子们转化为亲密的同胞团队。世界上只有三分之一的孩子拥有彼此温暖关怀的同胞关系。所以,请阅读这本书,你的家人也会进入这个行列。

——希瑟·舒梅克,《不分享也没关系》作者

对拥有多名子女的家长来说,这是一本非凡的著作!马卡姆博士用合理的方案解决了几乎所有存在于兄弟姐妹之间的常见问题,把和平与健康的关系带给了孩子们。这本书将是我未来的忠实伙伴。

——丽贝卡·埃亚内斯,《结缘:通过正向养育建立家庭联结》作者

无论你是刚开始考虑要第二个孩子,还是已经因为子女纷争感到沮丧,这本书都是为你而写。我惊讶于它字里行间的智慧、慈悲和那些实用的思想。明智的作者善意地提醒我们,如果我们想让子女关系发生有意义的变化,必须从自己做起。慈悲的劳拉博士同情每一个人——包括同时感到生气和担心的父母。而本书

的思想不只是实用和有用，其中不少还非常有趣。只是读一读你就会捧腹大笑，如果再运用它们解决了子女的矛盾，不是更好吗？

——劳伦斯·J.科恩博士，《游戏力》作者

作为育儿教练，我知道，孩子间的纷争可能让父母心碎。劳拉博士的策略非常有助于父母营造更为平和的家庭——以及更稳固的同胞关系。干得好！

——艾米·麦克里迪，正向养育解决方案创始人，《如果我必须再告诉你一次》和《"我，我，我"流行病》作者

这本书带领父母了解各种同胞生活的场景——也包括那些关系非常紧张的兄弟姐妹——详细解析了如何处理各种常见的同胞纷争，使父母不会感到内疚或不知所措。这是一个极好的资源，给父母工具来帮助产生矛盾的子女，也帮助父母教给孩子如何成为有爱心、善良和互相尊重的兄弟姐妹，我们也知道他们能成为这样的孩子。

——吉娜·奥谢尔，双胞胎教练

如果你有一个以上的孩子，这就是专门为你写的书。劳拉·马卡姆一上来就告诉你如何、何时告诉孩子他即将成为哥哥或姐姐——然后提供了实用的建议，帮助你为健康的子女关系打下基础。我会向所有的客户全力推荐这本书。

——苏珊·内森，父母教育工作者

劳拉博士的例子和基于指导的方法让多子女家庭的育儿任务不再那么艰巨……她的书让我们知道，尽力使用正确的工具——包括自我调节、联结和引导——是能够营造更快乐和更平和的家庭氛围的。

——南希·培林斯基，整体妈妈网络创始人、执行董事

让孩子停止纷争，保持亲密情谊

平和式教养法
（多子女篇）

【美】劳拉·马卡姆博士 Dr. Laura Markham 著
孙璐 译

Peaceful Parent, Happy Siblings:
How to Stop the Fighting and Raise Friends for Life

当你只有一个孩子时，你是一个家长。当你有两个孩子时，你就是一个裁判。

——戴维·弗罗斯特

在你教给孩子倾听、找出问题、表达情感、产生解决方案、找到共同点之前，你一定要自己先学会这些解决问题的技巧。

——选自劳拉·戴维斯和詹尼斯·凯泽《成为你心目中的家长》

你是说，小宝宝会长成一个大孩子吗？可我就是你的大孩子呀，不过也没关系……我们可以随时把他送回去，是不是？

——作者的儿子，3岁

目录 Contents

前　言　1

如果你家即将迎来新生儿　5
如果你的孩子们总是在吵架　5

第一部分　平和父母指南　1

第一章　如何成为平和父母　3
帮助你成为更平和父母的育儿技巧　6

第二章　如何以平和的方式支持子女间的关系　15
为什么惩罚和纵容会引发孩子间更多的纷争　16
反思管教　18
设置移情式限制　20
反思隔离　22
反思奖励　24
后果与限制之间的差异　25
如果移情不起作用怎么办　28

　　　　　预防性的维护　　31
　　　　　当你的孩子行为不当：介入　　35
　　　　　帮助孩子处理强烈的情绪：有计划的宣泄　　37
　　　　　孩子们都在经历情绪难关，如何帮到每一个　　41

　　第三章　孩子为什么竞争——父母如何改善？　　44
　　　　　孩子的观点：他/她不是朋友，而是来取代我的！　　45
　　　　　可能加剧对抗的因素　　46
　　　　　家长在培养超级同胞关系时的力量　　51

第二部分　教导平和　　53

　　第四章　引导孩子们沟通感情和解决问题　　55
　　　　　训练基本的情商技巧　　57
　　　　　你的新角色：翻译者　　59
　　　　　引导孩子识别并传达他们的需求和感受　　60
　　　　　引导孩子遵守别人设定的限制　　64
　　　　　引导孩子互相倾听　　67
　　　　　引导孩子解决问题　　69
　　　　　教给孩子谈判的基本工具　　75

　　第五章　当解决问题失败：教导解决冲突的办法　　79
　　　　　来一件"我们和睦相处"T恤衫怎么样　　79
　　　　　为什么打架对教导孩子学习人际关系技巧必不可少　　81

如何帮助孩子学会自己解决问题　82
鼓励孩子站起来面对嘲笑　99
刻薄语言　100
当孩子说他恨他的兄弟姐妹　101
干预孩子打架：基础知识　103
应该因为攻击行为惩罚孩子吗　106
当较小的孩子攻击较大的孩子　109
指导孩子处理来自弟弟妹妹的侵略　112
如何停止反复性的侵略　114
教导技巧：介入孩子间的争斗　117
帮助吵架后的孩子修复关系，而非强制道歉　122

第六章　为什么他们不能分享？为什么孩子会争夺东西？　125
反思分享：根本的解决办法　127
自我调节下的轮流：孩子会学到什么　129
引导孩子等待轮到他们的时候　131

第七章　缓和竞争　137
"这不公平！"　137
永远不要比较　141
抵制贴标签　144
如何在不加剧竞争的前提下赞扬每一个孩子　146
谁可以按电梯按钮　148
如何确保你不会无意间促进竞争　150

　　　　帮助有竞争情绪的孩子　　150

　　　　出生顺序与竞争　　153

　　　　如果你偏爱某个孩子怎么办　　154

第八章　预防竞争与培养联结的工具　　157

　　　　期待孩子互相尊重　　157

　　　　能够促进同胞关系的家庭例程　　159

　　　　支持孩子亲近的家庭规则和家训　　163

　　　　如何在孩子之间创造更多的良性互动　　164

　　　　创造同胞团队的策略　　167

　　　　分分合合：如何让孩子们保持联盟　　168

　　　　为什么嬉闹活动能减少同胞竞争　　169

　　　　为什么不能胳肢孩子　　174

　　　　当孩子们共享房间的时候　　174

　　　　当孩子有朋友来你家的时候　　177

　　　　家庭会议：你会很高兴发现的资源　　178

第三部分　新生儿出生前和出生第一年　　183

第九章　婴儿出生前：营造热烈欢迎的气氛　　185

　　　　跟孩子说说新到来的弟弟或妹妹　　186

　　　　在孕期就帮助孩子建立关系的12种方法　　188

　　　　要确保孩子可以依靠父母双方　　191

帮助孩子在情感上成为哥哥或姐姐的10个小技巧　193
断奶与同时哺乳　195
在婴儿即将出生前让孩子做好分离准备　197
如果你打算让孩子陪同母亲分娩　198
创作一本帮孩子度过变化期的书　200
为孩子制作一个玩具箱　200
生第二个孩子后也要解决你自己的情绪问题　201
尽力爱每一个孩子　202

第十章　良好的开端：婴儿出生及其之后的几个月　203
向孩子介绍新生儿　203
第一周：成为一家人　205
在你喂宝宝的时候如何让孩子有事干　208
帮助孩子处理他对婴儿的复杂情绪　210
如何看待热情过度的拥抱　213
孩子退步了怎么办　214
管理多个孩子的午睡和就寝时间　216
前几个月：新常态　219
当孩子很难适应时　220
每天与孩子保持联结的练习　223
使用游戏帮助嫉妒的孩子　227
给孩子读如何成为哥哥姐姐的书　229
从一开始就在孩子间培养良好关系的9个技巧　230

第十一章　宝宝会爬之后，为孩子关系奠定积极基础　234

10 招在婴儿变成幼儿期间维持家庭和平　235

分配你的时间　237

如何帮助大孩子解决他和小孩子间的问题　240

当大孩子嫉妒小孩子，你该说什么　242

孩子抢玩具怎么办　245

如果你的孩子对待婴儿很有侵略性　247

如果侵略者太小，无法明白道理怎么办　255

如果婴儿是侵略的那一方怎么办　255

帮助大孩子与宝宝建立联结的游戏　257

最后的提示　选择爱　258

致　谢　259

注意事项　262

前　言

　　女儿出生的时候，我并没有料到儿子的反应。他当时已经 4 岁了，此前很少会发脾气，可妹妹降生后，他似乎感到了恐慌，变得过于依赖、愤怒和害怕。虽然身为专业的心理学家，我也觉得手足无措。

　　像我一样，大多数家长期待大孩子第一眼就喜欢新生儿。我们想象着小婴儿被哥哥姐姐逗得哈哈大笑。当一个孩子受到伤害时，其他孩子会模仿我们关心他们的样子关爱自己的兄弟姐妹，比如给他一个拥抱或者安慰他。随着时间的推移，跳洒水器的游戏将被骑自行车和野营取代，后来又变成周六晚上开车出门，互相安慰彼此的失败和痛苦。高中毕业后，孩子们会各奔东西，但他们的感情将伴随着人生的所有跌宕起伏留存下来。我们愿意相信，通过他们的兄弟姐妹，我们给了孩子一份无价的礼物：持续终生的友情。

　　然而，有时候新生儿到来的第一年——甚至在婴儿出生之前——大多数父母就开始意识到事情并非那么简单。我就听到有家长说：

- "她爱她的弟弟……但她会使劲拥抱他，这让我们害怕……因为她的手似乎总在勒他的脖子。"
- "我甚至无法安全驾驶，因为他们总是在打架。"
- "当我洗完澡出来，竟然发现他在 9 个月的弟弟身上撒尿。我的忍耐真是到了极限！"

兄弟姐妹的竞争是非常普遍的现象，并没有彻底的解决方法，毕竟人类的基因决定了他们的本性是要保护自己赖以生存的资源，你的孩子也会为了捍卫珍贵的资源——父母的时间和精力——而起纷争。即使父母的爱有很多，但这些处在幼年时期的人类控制冲动的能力尚未成熟，所以他们倾向于发动冲突。最后，孩子的个性也影响着兄弟姐妹之间的关系，好斗的孩子会更难接受新生儿，有些孩子会明确发出反对的声音。

遗憾的是，很多家长不知道如何帮助孩子处理这些强烈的情感，以至于让受伤的感情导致攻击性的行为，让孩子彼此进入消极的互动模式。负面的感情会给青少年时代的同胞关系确定基调，甚至在孩子的一生中不断跳出来困扰他们。

但也有好消息。同胞关系能够尽早打磨我们以自我为中心的存在模式，让我们学会管理那些最棘手的情绪。兄弟姐妹往往会成为孩子很好的朋友，因为他们互相非常了解，可以让对方感觉十分舒适。即使经常争吵的兄弟姐妹最后也会互相尊重，学会如何相处。当他们长大后，很多兄弟姐妹的感情会变得非常深厚，因为他们在同一个家庭长大，彼此熟知对方的成长经历。

而且，最好的消息是，家长可以在塑造孩子的关系方面起到巨大的积极作用。兄弟姐妹间的嫉妒不可避免，但我们几乎总是能够帮助孩子建立一个强有力的积极纽带，胜过自然的嫉妒。培养出互相欣赏、终生友爱的兄弟姐妹并不总是很容易，但意志坚定的父母可以做到。这也是我写作这本书的初衷，我要告诉你该如何去做。

我家老二出生后，我陷入挣扎之中，当时我能找到的唯一一本有关兄弟姐妹的书就是阿黛尔·法伯和伊莱恩·玛兹丽施的《如何说孩子才能和平相处》，它放在我的床头许多年，而且一直是我首先向那些遇到相关问题的学龄儿童的家长推荐的书。但作为一个婴儿和一个幼儿的母亲，我每天都要面临挑战，比如在我给女儿喂奶时如何让儿子有事干，如何帮助他学习温柔地拥抱妹妹，当她爬过来抢他的玩具时，该如何处理。新生儿出世后,一开始总是有许多挑战;我希望运用一些具体的策略来将挑战转化为孩子间的亲近,我读了很多研究论文,了解到孩子关系的基础是在最初的一两年形成的,但我不知道具体该怎么办。

随着岁月的流逝,我在哥伦比亚大学取得了临床心理学博士学位,建立了啊哈育儿网站(AhaParenting.com)。担任育儿导师的职业生涯让我有机会接触到数以万计遇到各种问题的家庭,获得第一手的资料,知道哪些方法可行,也知道哪些无效。我根据法伯、玛兹丽施及其导师海姆·吉诺特(他是当今的正向教养运动之父)的理论创建了移情模型,整合了各类关于情绪、依赖(attachment)和大脑发育研究的新成果(请参阅本书"致谢"部分)。通过观察我在工作中遇到的家庭,结合我自己的正念实践,我意识到父母可以实现家庭模式的转换——并非通过控制孩子,而是改变自己的观念、感受、语言和行动。我发现,只要实现了三个主要目标,育儿就能变得容易许多:

1. 调节我们自己的情绪。
2. 与孩子保持联结,即使在我们设置限制或者孩子不高兴的时候也要做到。
3. 引导而不是控制孩子,通过培育情商和移情式限制(empathic limits)的引导来代替惩罚,支持孩子发挥主动性。

这三个理念将改变你与孩子的关系,使他们更加快乐,情绪更健康,更乐于合作——你也会更冷静,在育儿过程中更有满足感。我已经在我的第一本书《父母平和 孩子快乐》中充分说明了这三大理念。对我来说,这些观念是在育儿过程中发现快乐的关键。而且因为它们是养育出快乐孩子的基础,所以对建立快乐的兄弟姐妹关系也很重要,如同我的一位读者所说的:

> 运用你的三大理念（自我调节、联结和引导）之后，我的6岁、5岁和3岁的孩子现在相处得好多了，而且他们每个人与我的关系都更好了，他们的内心也似乎不那么焦虑了，所以无须通过互相争吵来发泄压力。
>
> ——安娜

尽管这些理念足以带来家庭的变革，但还是有父母向我提出我在孩子们小的时候遇到的各种问题，例如他们怎样才能：

- 帮助幼儿发展表达自己的需要和为自己说话的技能——同时还要倾听兄弟姐妹的意见？
- 同时帮助两个小孩子——甚至三个——解决强烈的情绪问题？
- 创造合作和支持的家庭文化，让弟兄姐妹之间的爱战胜纷争？

幸运的是，真正有帮助的解决方案的确存在。虽然每个家庭都会面对不同的挑战，但一些基于研究、经过证明有效的方法能够让子女的关系步入正轨并保持下去。即使孩子们暂时有矛盾或者竞争异常激烈，也有策略可以最大限度地减少这些纷争，并最大限度地实现积极联结。并不是所有的兄弟姐妹都能成为最好的朋友，但他们都能学会互相尊重，承认彼此的不同。本书详细叙述了这些策略，并为你提供了步骤明确的实用方案来改变孩子们的关系。

你一定已经意识到，仅仅命令孩子"好好相处"无法帮助他们学会情绪管理、表达需求或解决他们之间的分歧。压抑冲突无法建立和平，它们会不可避免地再次冒头，例如在你们开车外出、逛超市或者在祖母家吃饭时爆发出来。但如果你能让孩子掌握处理复杂的人类情感和关系的技能，他们就会自己解决问题，表达自己的需要，同时尊重他人的需要；他们会学着去寻找双赢的解决方案，而不是固守于欺凌者或受害者的角色。简言之,你将养育出彼此相爱、会调节情绪、拥有健康关系的子女。你的孩子们不仅可以建立亲密的终生关系,还能与朋友、同事和配偶相处愉快,他们将成为世界上最需要的那种人。

家庭是孩子发展为成熟人类的培养皿,无论现在你家的情况有多难,你也有可能打造一个友好解决分歧的家庭,教育出终生友善相处的子女。

如果你家即将迎来新生儿

如果你在宝宝出生前读到这本书,或者你的小宝宝现在还不满1岁,那么本书的第三部分特别适合你。如果你的家庭处于不同阶段,我建议你跳过第三部分,将重点放在第一和第二部分。

如果你的孩子们总是在吵架

> 面对孩子们的纷争,进行干预、引导、做出榜样、防止争斗、预防情绪不可收拾都会发生作用。我的生活已因此而变得大不相同。但我很少看到其他母亲这样做,即使那些非常优秀的母亲也不会,不是因为她们不在乎,而是因为我们都很忙!这就好比需要有人给我们一个许可,让我们只负责抓好孩子们的关系,而不用管其他的事(我们才能去帮孩子)。
>
> ——贝丝

如果你的孩子们经常吵架,你可能会感到沮丧,但你要记住,无论采取何种育儿方式,孩子们有时还是会打架——就像没有不吵架的夫妻那样,吵架并不意味着当事人是坏人——你不是,你的孩子也不是。

你也许想知道为什么大孩子总是打小宝宝,而别人的孩子看上去似乎爱自己的弟弟妹妹。请记住,你可能看不到别人家庭内部的矛盾,所有的孩子不时都会嫉妒别人，无论他们公开表现得多么友爱。

也许你已经准备好尖叫，因为你的孩子总是打人，无论你多少次耐心地告诉他打人会伤害人。然而不要放弃。研究显示，无论父母怎么做，幼儿都会经常打人，大概是因为他们大脑的前额叶皮层尚在发育之中，无法更好地控制自己。随着父母坚持做出榜样和按照更平和的方式育儿，与那些在传统纪律约束下长大的孩子相比，你的孩子也会对弟弟妹妹表现出更多的善意，更有能力调节情绪。[1] 你的耐心可以改变一切，即使你现在还无法看到效果。

或许你的孩子很少有一天不争吵的，所以你想知道自己是不是做错了什么。答案是没有，你已经尽力了。毕竟，孩子有其天生的个性，而你也在尽你的本分，你并不完美，但人无完人。很可能你的孩子只是比较难以相处。那些拥有随和子女的父母也许不理解这一点，但我和成千上万的父母交流过，发现有些孩子显然比其他孩子更具挑战性。

事实是，尽我们所能的育儿过程总是艰难的——是我们人生中最难做的事情，会同时让我们在肉体和精神两方面疲惫不堪。很多时候，我们只能把自己的需要放在次要位置或第三位——甚至从清单中删除。抚养孩子迫使我们放弃自己的需要和期望，只是一味地给予，而接受的那一方却因为太小而无法表达任何感激之情。

所以，有孩子的生活始终都具有挑战性，即使在最好的情况下——而我们大多数人并不具备最好的条件。大多数人都要面对生活的多重压力，忙于跟上节奏，结果有的时候只能在闲暇时间照顾孩子。像所有人一样，我们感到压力和情感的"失调"，这使我们忽略了与孩子简单而愉快的联结。由于我们的孩子依靠这种联结进行自我调节，他们的情感也会因此失衡，进而对我们和他人表现得行为失常。

解决方案之一是，要记住，养育孩子其实是我们最重要的工作，我们在培养人类。我们塑造的不仅是他们彼此之间的关系，而且还包括他们的大脑。请引导你的孩子，发展他们对待彼此的情商。与之相比，晚餐是给他们吃奶酪、饼干还是胡萝卜则是小事。关键在于你的孩子会成为什么样的人，在日常生活中会发展出怎样的关系。当然，遗传也有很大的影响。然而，是基因与环境的相互作用最终塑造了你的孩子。

这本书提供了改变你的家庭生活所需要的工具。我希望你会发现一些"啊哈！"时刻。我知道，你还会发现，需要时间和决心来推行这些计划。所以，我郑重支持你优先考虑你的孩子以及他们彼此的关系。会有一些日子，你根本无法去洗碗、洗衣服和处理电子邮件，而唯一让你的孩子们停战的方法是你亲自陪他们坐在地板上，引导他们不带攻击地表达自己的需要，找出将紧张气氛化为欢声笑语或宣泄压力的哭泣的方法。这是一份英勇的工作，特别是因为它是如此私人化——外人不会看到你投入了多少努力。但你的功绩不会埋没，如同树木记录生长环境状况的年轮，孩子的成长轨迹会处处映射出你的辛勤付出。每天你都在塑造孩子未来的模样，而且，别担心，你可以看到即刻的成效：你将发现，孩子们之间的积极互动会越来越多。

我清楚地知道，尽管如此，你的孩子们有时仍然会爆发纷争，但这并不意味着你没有做好工作，而说明你的工作非常艰难。如果你坚持把家庭关系放在那些所谓"应该做的"事情前面，如果你继续挖掘自己的情感中慷慨的一面，你将看到孩子们彼此之间越来越温和。也许难以想象你的孩子们会成为最好的朋友，但你已为他们奠定了情商的基石，他们至少可以建立互相尊重的关系——也许还要更亲密一些。

做到这些绝非易事。自我调节对任何人来说都是最难的工作，但它也是平和育儿的基本要素。不要担心，你不必成为完人，这项工作永远都在进行中。世上没有完美的父母，因为没有完美的人。重点在于我们应该注意到自己什么时候偏离了轨道，尽快让自己恢复平衡，并重新与我们的孩子联结在一起。

幸运的是，我们的孩子会从我们的失败中学到很多，而且他们也会失败。父母要给孩子做出榜样，教他们如何优雅地驶过人类缺陷的浅滩，这

是我们给每个孩子及其关系的最宝贵的礼物，因为它教导孩子如何原谅自己和别人。

所以，请现在就鼓起你所有的同情，原谅自己，因为你是人类。现在就下定决心，无论如何不要批评，当你状态不佳的时候，要多给自己调整和恢复的机会。我不会在乎当你疲劳或者愤怒的时候做了什么，你是人类，人类都会犯错误，而且你会成长，你无须实现完美育儿，也无须在未来变得完美。无论现在你的家庭的情况如何，它都是你的起点。

找出你需要哪些支持。自我关怀？信息？咨询？和你的配偶签订关于如何处理特定问题的书面协议？或者解决目前棘手情况的简单策略？（这本书将给你很多策略。）一旦你找到了自己需要的支持，就能开始着手改变你的孩子们。

无论你的孩子是幼儿、学龄前儿童或年龄更大，你都能教给他们彼此相处之道。你可以营造崇尚支持和尊重的家庭文化。更重要的是，你可以帮助每个孩子处理造成他们彼此敌视的情感。你可以加深你与每一个孩子的亲近，让他觉得足够安全，可以处理自己的情绪，所以他永远不会担心你可能会更喜欢他的兄弟。所有这一切都始于你管理自己的情绪，并想方设法与每一个孩子联结的能力。

你担心已经对孩子造成了损害？改变永远不会太晚。重要的是，你应该承认自己不喜欢现状，所以你决心介入，让情况变得更好。严厉地纠正孩子，永远无法改善子女关系，羞辱、批评或者惩罚孩子——或你自己——也做不到。但改变你自己的行为，满足孩子的需要，帮助他们应付自己的情绪则总会管用。需要进行很多工作吗？需要大量的工作。这值得吗？看看这个妈妈是怎么说的。

格兰特出生后，我们经历了一个非常困难的时期——大儿子迪恩不合作，可以说，当时只要我一转过身去，他就会打格兰特。我们尝试了各种惩罚方式——经常是搬着又踢又打又尖叫的迪恩到另一个房间去——现在我对他很是愧疚！以前迪恩打格兰特、发脾气的时候，我总是心烦地骂他，我非常担心这样的一年会给他造成永久的伤害。

再来看这位妈妈两年后的自述：

> 我非常非常努力地在家人之间培养一种彼此尊敬和公正的方式——我们都希望被人这样对待。我定期表扬他们的善举，鼓励他们互相帮助。例如，我们准备出门，3岁的格兰特想带上他的玩具车，5岁的迪恩就自告奋勇帮他上楼去拿。我表扬了迪恩——我给他跳了一支舞，名字叫"最好的哥哥"。我们鼓励他们互相拥抱和亲吻，为对方着想。总之，我们让他们意识到拥有这样的兄弟和玩伴是多么的美好……拥有我们这样的一家人是多么的美好。

格兰特和迪恩是幸运的，他们的母亲没有放弃，没有屈服于无奈和绝望。相反，她投入到每一天的努力中，她调节自己，她帮助孩子们处理强烈的情绪，她满足他们个体的需求，她创造了鼓励赞赏和支持的家庭文化，她的孩子们将会是一生的朋友。

你也可以做到。

我的第一本书《父母平和 孩子快乐》介绍了如何发现那些劫持了我们的强烈情绪，恢复平静，与孩子联结，无须惩罚，通过情感引导帮助孩子发展自律和合作的意愿。在这本书里，你将找到如何在养育多名子女的过程中应用这些理念的方法。这里没有空间来允分重申《父母平和 孩子快乐》的育儿基础，但我希望你能读读那本书，或者你已经读了。虽然这本书整合了各种工具来帮助你培养快乐的子女关系，但如果你能将本书的内容与《父母平和 孩子快乐》一书中的自我调节、联结和引导的工具结合起来，则会产生更强大的实际效果。

第一部分　平和父母指南

无论父母怎么做，兄弟姐妹之间的争吵都是难免的。冲突是所有人际关系的一部分，你不能阻止孩子有时会产生各种可能互相矛盾的愿望。你能做的就是给他们健康的工具解决分歧，这些工具在他们长大后也能用到。

每个孩子都是独特的，有时候兄弟姐妹间确实会出现沟通困难。因此，当你发现在子女间营造健康和充满乐趣的氛围的关键并不是他们的行为和性格时，可能会大吃一惊：行为和性格固然重要，但关键是你自己。

几十年来对兄弟姐妹和家庭的研究得到了有趣的结果，对此，我将在本书中多加讨论，但这里需要强调最重要的一点，它是由大量研究证实过的：

如果父母与子女关系更好，子女之间的关系就更好。如果父母与子女关系不佳，而且是惩罚性的，那么，子女之间就更具有攻击性，更加自私。[1]

所以，当你无法控制孩子的时候，你可以控制对子女之间的关系影响巨大的人——你自己。

是的，你的孩子难免会相互较劲，每个多子女家庭的孩子们似乎都喜欢为了琐事争吵，或者说，他们简直是互相厌恶。但如果应用我所说的"平和教养"的育儿方法，我们就可以用爱来化解对抗。

第一章　如何成为平和父母

"如果我能关注当下和保持呼吸平稳，爱就会主导局面。如果我沉浸在过往经验和恐惧之中，事态就会升级，我的反应可能会夸张地脱离现实。"

——斯泰西

采取平和态度并不意味着你家里的现状是难以控制，活泼异常，甚至是频繁打闹，它只说明你需要选择更平和的处理方式，内心不要反应过度，这会让你给孩子树立一个更好的榜样，帮助他们建立可以自我调节的大脑和神经系统。

任何父母都不可能永远保持平和。但那些希望家中平和氛围更多以及追求平和心态的父母，将会发现以下三点具有宝贵价值：

1. **平和父母调节自己的情绪**，甚至在孩子抵触情绪强烈和行为不端的时候也会这样做。这样做使我们积极与子女互动，即使在情绪冲突尖锐的时候也会有效果。孩子有时行为幼稚，这是可以理解

和原谅的,而我们有责任表现得像个成年人,例如不能突然大发脾气。作为父母,我们总要保持冷静,平息孩子的情绪风暴,如果不克制自己的反应,就会适得其反。

父母对自我情绪的调节是怎样影响到子女关系的?因为父母是孩子的榜样,孩子会使用你的语言和语气对自己的兄弟姐妹说话,所以,善于情绪调节的父母,他们的孩子也会调节自己的感情,从而学会管理自己的感觉和行为——包括对兄弟姐妹采取的态度和行为。他们可以更容易地平静自己,所以冲突较少。他们仍然会嫉妒,但他们有更多的内心力量,以健康的方式管理复杂的感情,用爱战胜对抗。

2. 平和的父母最重视与孩子的温暖联结。每个孩子都需要感到被倾听、理解和尊重,使他可以做自己,否则他会感到不安并行为出格。

此外还有另一个巨大的好处:联结促使孩子跟随我们的指引。只有在我们拥有体力优势的时候,使用武力迫使孩子配合我们的模式才会奏效。孩子不得不选择服从我们的命令,所以,很多父母与孩子的互动无非是由一系列的贿赂、威胁和权力争斗组成的。但如果父母能与孩子深度联结,孩子就会希望保护亲子关系,更倾向于跟从父母的指导。因此,觉得与父母联结的孩子更乐意配合父母,使父母更加轻松,也会让其他兄弟姐妹觉得轻松,因为这样的孩子更快乐,心态更开朗。

最后,觉得与父母联结的孩子更可能看重父母的价值观,效仿父母的榜样。这意味着他更倾向于选择以父母的行为模式对待兄弟姊妹,所以更包容、善良和有耐心。

3. 平和的父母教导而非控制。用教导代替控制是什么意思呢?父母像教练一样教会和支持孩子发展他最好的自我。教练也不会一味惩罚，他会耐心地给孩子创造成长的机会，庆祝孩子正确走出的每一步。孩子会以更加努力和更"像"教练的行为回应教练。而另一方面，控制则是通过惩罚迫使孩子听你的话。

这说明，平和的父母不会惩罚孩子，当然，他们设定限制，但不包括惩罚。我知道很多人都觉得严格的父母才会培养出所谓的乖孩子，但这根本不是真的。对纪律的研究一致显示，严格或独裁的幼儿教育实际上只能培养出低自尊的孩子，他们的行为不如其他孩子——并因此受到更多的惩罚！[1]

惩罚带来的另一个问题是，如果（受到惩罚后）孩子的行为不是他真实的选择，他就不真正"拥有"这个行为，他就没有内在的意愿去做"正确的事情"。我女儿16岁的时候，我给她看了一篇关于如何在不受惩罚的前提下学会正确行为的博客，问她有何看法，她说："无论父母是否惩罚——孩子都能学会不打人。但如果你通过惩罚来教导她，她就会觉得，不打人是为了自己不受罚；如果用同理心（移情）来教导她，她就会认识到，不打人是因为打人会伤害别人，这样她就会成为一个更好的人，更在乎其他人。"

所以，孩子听话固然让父母感觉更为方便，但他们需要选择自己的行为其实是一件更好的事，这是孩子对自己负责的起点。如果你选择教导孩子，就是在帮助他们发展自己的能力，使他们更想作最好的自我。他的动机来自内心。我们将在本书中探讨父母如何运用同理心（empathy，也译作"移情"）、教导和示范的方法训练孩子，从而使其想要合作，这样你将永远无须再惩罚孩了。

在子女关系方面，父母用教导取代控制的效果如何？研究证明，惩罚和控制孩子的父母，其子女间的关系更为消极，因为他们习惯采取父母那样威胁和强迫的方式让别人服从自己的命令[2]。毕竟，他们一直关注着父母的言行举止。相比之下，平和的父母则教导孩子掌握解决冲突的人际交往能力，例如学习如何让自己的需求得到满足，同时仍然尊重其他人，因此，他们更善于处理生活中不可避免的人际冲突。

平和父母总是平和的吗？当然不是！他们也是人。和所有人一样，没有父母是完美的。调节自己的情绪是最难的工作，所以，尽管我们的态度十分积极，这场战斗仍然十分艰苦。平和父母与普通父母的区别是，他们承诺自律、联结和教导，而不是控制。这种承诺将逐渐改变我们的行为。由于亲子关系其实是一系列时刻的组合，所以所有的正面选择都会累积起来。尽管会出现进两步退一步的情况，你们仍然走在积极进步的道路上，并且必然会进入一片全新的境界。

帮助你成为更平和父母的育儿技巧

如果你有志于成为更加平和的父母，从哪里开始呢？不妨采用两个重要的育儿技巧：归回平静和情绪引导。

归回平静

> 两个孩子出生之前，我从未大喊大叫过。
>
> ——伊莱恩

大多数家长希望自己能"保持平静"，但没有人会一直保持平静，至少在他们拥有一个以上的孩子时做不到。与子女相处的时候我们总是备受打击，不由自主地失去控制。当试图"保持冷静"一再失效时，为什么不降低目标，仅仅让自己注意到自己何时开始变得不安，并且制定一整套策略帮助自己回归平静呢？

这个过程有点像学习一门乐器。起初，你连一段简单的旋律似乎都不可能学会，但如果你坚持练习，一年后甚至能演奏奏鸣曲。如同任何练习，你永远不会是完美的，但让自己归回平静的方法每次练习都会让你有所提高。你实际上是在重新安排大脑的"布线"，建立更好的自律神经联结。

如果你能得到足够的睡眠，并保持基本需求得到满足——这些对于父母而言往往是巨大的挑战——就更有能力在大发脾气、进入《由内到外的育儿》(*Parenting from the Inside Out*)一书作者丹尼尔·西格尔博士所说的"低端路线"之前控制自己[3]。你知道"低端路线"是什么——就是当你感到压力山大，疲惫不堪，怨恨不已之时；当你不依不饶地想做所谓正确的事情，或者捶胸顿足要求孩子道歉之时；当你在这种情绪中纠结，孩子在你眼中看起来就像敌人之时；当你的导火索如此之短，觉得自己发点小脾气是天经地义的之时。其实你也知道什么是高端路线——就是你真正感觉很好时，那时你在情绪上宽宏大量；你用耐心、理解和幽默感回应孩子的争吵时；你很享受为人父母时。

第一步是训练自己注意什么时候你要开始滑向"低端路线"。第二步是在重新摆正自己的位置之前不要采取任何行动。这可能是一个短暂的过程，只需几个深呼吸就能做到。或者可能需要20分钟，通过一些体育锻炼或者静坐深思来实现。（两种方法都不管用？不妨打开音乐，跟着节奏跳舞，切换你的情绪状态。）

这听起来很难，也确实如此。但是，你可以从小处着手，运用一些简单的技巧。例如，尝试简单的"休息5分钟"的方法，重新摆正自己。慢慢地做5次深呼吸。为了深化效果，呼吸时可以注意你的身体状态，想象你正把光明吸入身体中紧张的地方，同时把紧张的东西呼出去。这种看似简单的作法让你更了解你的压力，所以你就可以通过呼吸排遣压力。研究表明，有意识地5次呼吸可以让你从压力之下切换到平静状态，而且，练习越多效果越好[4]。面对怀里哭闹的婴儿、给幼儿洗澡或者等红灯的时候，你都可以"休息5分钟"。

但最重要的是，当孩子争吵时，你可以在自己出面干预之前这样做。

这一点至关重要，因为孩子们情绪激动，他们已经进入了"战斗，逃跑或呆在原地"的状态。这意味着他们认为出现了紧急情况。很自然地，作为父母的我们也会不由得认为真的出现了紧急情况，并做出相应的反应。问题是，紧急情况下人们的大脑会充斥各种生化成分而不堪重负，从而无法清晰地思考。因此，我们就无法充分发挥父母的积极作用。

不妨设想一下，你的儿子把正在学走路的妹妹推倒了。这是紧急情况吗？其实不是，但感觉像是。你甚至都没觉察到，你已经陷入"战斗，逃跑或呆在原地"的状态中，把儿子视为敌人，不自觉地拉响警报，准备战胜敌人，拯救你的宝宝。

遗憾的是，那些刺耳的警笛不但没有用，还会加剧两个孩子感到的紧张。你的女儿本来并没有受伤，只是吓了一跳，她会开始号啕大哭；你的儿子逃到沙发后面，你在后面追，喊叫着威胁他，结果至少需要20分钟才能恢复平静。

如果这样的情况在我们家经常反复出现，孩子们的杏仁体——大脑中警示危险的部分——就会更加活跃，更加紧张，当他们生气时，就会更加敏感，因为他们觉得受到了威胁，更容易心烦，彼此的争吵也更频繁。

重点在于，你要知道，婴儿出生时的大脑发育并没有完成，这是为了给孩子最好的机会去适应具体的环境。他们的大脑是根据与我们的互动来成型的。⁶我们越是"按捺不住"，子女就越会觉得生活中到处都是紧急情况，结果发展出自我保护过度的大脑，性格更加好斗。

当然，育儿过程中，家长经常感到心烦意乱、不知所措和生气也是正常情况。婴儿哭个不停，幼儿打婴儿，学前班的孩子把幼儿的泰迪熊扔进马桶冲走，6岁的孩子开始重复他在学校里听到的骂人话就为了把弟弟气哭。特别是当孩子们争吵的时候，父母的本能就是生气。所以我们会跃入战局，大呼小叫，偏袒其中一方，说出事后自己后悔不迭的话。我们只是试图解决问题，但如果我们从处理紧急情况的角度出发，就会不可避免地使事情变得更糟，既处理不好眼下的情况，也破坏了子女间的关系。如果我们想打破这个循环,就需要学会调节自己。

卡米尔的父母在一个吵闹的家庭中长大,当他们感到沮丧时他们就会大吼大叫。自然,如果3岁的卡米尔做了出格的事,父母就会呵斥她。卡米尔的弟弟马可拿走她的一件玩具,或者开始哼哼唧唧的时候,卡米尔也会朝他吼叫。事实上,当卡米尔只是心情不好或不舒服的时候,也会呵斥马可。现在,仅16个月大的马可也开始用朝她吼叫作为反击。

伊莎贝尔的父母也成长于一个吵闹的家庭,但他们已经通过努力改掉了吼叫的习惯。他们自然会感到沮丧,尤其是当3岁的伊莎贝尔不听话的时候。为了应对这种情形,他们设计出各种方法调节自己的情绪,以便在生气时尽量不要朝孩子大吼大叫。伊莎贝尔的弟弟米罗拿走她的玩具时,她知道设法将玩具换回来。如果米罗开始哼哼唧唧,她会学着父母的样子问:"米罗,你不高兴吗?……我来帮你。"现在16个月大的米罗经常给伊莎贝尔玩具玩,伊莎贝尔比她的父母还擅长安抚米罗。

孩子从自己的生活经历中学习东西。作为父母,我们喜欢吼叫,就在无形中给孩子树立了一个反面的模仿对象,就会让他们:

- 互相吼叫,而且也对我们吼叫。
- 面对不可避免的冲突和日常生活的挫折,只知道大喊大叫和互相指责,而不是与其他人合作以找到一个解决的方案。
- 自己心情不好时,拿别人出气。

这些听起来可能是你意想不到的,但学习回归自我,冷静下来,是巩固亲子关系和你与别人的关系最重要的行动。容易做到吗？不容易。自我情绪调节是为人父母最困难的部分，通常是个循序渐进的过程。如果遇到的压力太大，任何人都有可能失控。然而，保持自控正是为人父母的责任所在。调节自己的情绪对任何人来说都是最难办的事情，但这并不意味着我们可以不做。如果你是个大嗓门，那么，请现在就开始改变。虽然不容易，但我见过成千上万的父母做到了这一点。(更多帮助停止吼叫的方法，请见《父母平和 孩子快乐：如何停止吼叫，与孩子建立理想关系》的第一部分。)

好消息是，当你能平静地做出反应——甚至在剑拔弩张之时，当你的孩子心烦意乱的时候，他也会学到富有成效的管理情绪的方式。他们会知道：

- 这种情况在我看来好像很紧急，但实际并非如此。
- 我知道父母会听取我的意见，所以我也可以听取兄弟姐妹的意见。

我们总能够解决问题：情绪引导

什么是情绪引导？它帮助你的孩子培养情商。情商则能帮我们调节自己的情绪，与他人愉快地合作和相处，解决人际关系中的冲突，令双方的需要以健康的方式得到满足。"情绪引导"一词来自约翰·高特曼（John Gottman），他是《培养高情商的孩子》（Raising an Emotionally Intelligent Child）一书的作者[7]。多年来，在他设在西雅图的"爱的实验室"，他专注研究和观察各种家庭现象，最后得出结论说：作为有爱的父母，教给孩子自我调节至为必须，但还不够，孩子还需要我们帮助他们应对挑战性的困难情绪：嫉妒、愤怒和恐惧。

为了帮助孩子处理情绪，我们首先需要明白，一旦我们允许自己感受某种情绪，它就会开始消散。如果我们不是这样，而是试图将情绪推开，它就会渗入我们的潜意识,而那是我们无力控制的领域。这就是为什么我们一旦被"触动"就会爆炸:那些被压抑的情绪总是蠢蠢欲动,想要得到治愈,但由于它们未被我们有意识地控制,所以会不受管制地喷涌而出。因此,情绪引导的目标是帮助孩子觉得感受自己的情绪是安全的,这让烦乱出现时能得到治愈,也帮助孩子学习如何管理自己的感受。孩子一旦学会了管理情绪,他们也就可以管理自己的行为。

为什么情绪引导对子女间的关系具有重要性?"即使在孩子得到父母充分呵护的家庭,如果没有人教会他们如何做,小孩子也可能无法与兄弟姐妹发展出亲善的关系。"劳里·克莱默(Laurie Kramer)(与高特曼共事的子女关系专家)说[8]。情绪引导帮助孩子学会自我平静,理解兄弟或姐妹的观点,将他们的需要化为语言,而不是变成同胞相争时的身体动作——从而获得双赢的解决方案。

情商技能先从孩子觉得烦乱时自我安抚的能力开始。有的孩子天生就具有自我调节的能力。但所有父母都在帮助孩子发展情绪调节能力方面影响巨大。由于大脑是在人出生最早几年基于生活的经验逐渐成形的,所以婴儿的大脑会在你每次安抚他们的时候建立自我安抚的神经通路。[9]通过简单地安抚心烦意乱的婴儿或幼儿,可以促使他的身体释放出平静情绪的生化物质,巩固其在未来自我安抚的能力——这是最基本的情商技能。(你可能听说过婴儿学习自我安抚是通过大人把他们丢在一边让他安慰自己这个方法,但最近的大脑研究已经推翻了这个过时的建议。[10])当婴儿长大一点,父母可以继续这个过程,让他承认自己的痛苦和挫败感,从而学会自我安抚。这帮助他接受自己的情绪,而这是学会管理情绪的第一步。如果孩子自我安抚遇到困难,父母可以帮他学会这项技能——在他哭泣时抱着他,你自己做深呼吸,呼气时发出安抚的声音。当他开始恢复冷静,你可以建议他与你一起深呼吸。

对父母而言,最重要的情绪引导技能是移情,与孩子感同身受,从而同时抚慰孩子和帮助孩子发展出移情的能力。其实,所有孩子天生具有通过镜像神经元及大脑边缘系统理解他人情绪的能力。但除非孩子产生了被人理解的体验，否则他们无法学会在有情绪时仍能感到安全，别人的烦乱情绪会对他们形成惊吓。所以，父母对孩子移情的承诺是引导孩子理解兄弟姐妹的决定性因素。

父母的移情也有助于你的孩子养成自律。当一个孩子感到被理解，他会觉得与你更加接近，因此更有可能接受你的限制和合作。他会学到情绪原来不危险，而且他有能力选择如何应对，从而发展出更多的自我控制。这有助于他更好地处理失望情绪，所以变得更有韧性。相比之下——这一点很重要——认为自己的情绪不合理的孩子会强自压抑。遗憾的是，被压抑的情绪不会受到自觉的控制，会在将来以"坏"行为的方式爆发出来。

你知道当你和孩子移情时你其实是在做什么吗？移情意味着承认——发自内心的承认，并非只在口头上承认——对方的感受。这里的关键是先暂停我们自己的安排，静下来倾听和关注孩子的感受。无论孩子何时遇到困难，都可以选择移情作为切入点。

"你想一起玩，哥哥却想单独待一会，你一定不好受。"

"妹妹过生日，你的生日几个月以后才到，你一定会觉得自己被人冷落了。"

"噢，亲爱的，很可惜，你的妹妹弄破了你的画，你很伤心，生气，甚至想打人，但让我们好好和妹妹说说。"

对大多数人来说，同理心（移情）不会自动产生，这并非因为我们不厚道，而是因为在日常生活中，我们都是通过自己需要和欲望的镜头去观看别人。当孩子不高兴时，我们不会自动从他的角度看问题，而都是从自己的角度。这意味着我们会经常觉得他的情绪很麻烦，属于反应过度，甚至是故意向我们发难。

但是，如果我们希望孩子能够用同理心对待兄弟姐妹或其他任何人，我们就需要向他提供同理心。这意味着无论他说什么或做什么，我们的目标是承认和理解他的观点——即使你不同意他的看法。

如果你无法全时间移情该怎么办？那也没关系。这只是一个目标，如同最有价值的目标一样，它需要大量的实践。有时你会很生气或者很分心，或过于劳累。你的孩子并不需要你每时每刻都处于移情状态，但你可以努力增加移情的时间。

不少家长会担心，接受孩子的情绪会让自己成为一个大惊小怪的人，但实际上正好相反。如果家长能真正敞开心扉，让孩子表达他的想法，孩子就会学到：

- "我的情绪是正常的，没有危险。"对于情绪，你可以感到不知所措，但孩子明白，感觉到情绪没有关系，一旦意识到这一点，情绪就失去了把控力。

- "当我说出我的感觉，我就不会那么生气了。"情绪处于有意识的控制下，所以孩子能更好地规范自己的行为，即使当他心烦意乱时。

- "注意到我的感觉帮助我使用语言来表达自己的感受，而不是伤害我的弟弟。"你可能不喜欢孩子大吼大叫告诉你她是多么不高兴，但比起身体冲撞，这是一个巨大的进步。

- "我想我太生气了。但生气很复杂，里面包括受伤、惊吓和难过。一旦我注意到这些东西，我感觉就不那么生气了。"这是愤怒管理的基础。难道你不希望自己小时候能认识到这些吗？

这种处理情绪的方法对你而言可能闻所未闻。请记住，我不是建议你改变你家的规矩，而是强调：所有情绪都可以被接受。这使你的孩子与他的情绪"交朋友",从而帮助他学会自我调节。随着时间的推移,甚至当你处于压力之下,你也会更自然地接受情绪。你会发现,当你的孩子感到心烦意乱时,你不会那么容易就生气了,并且你能以全新的方式展现耐心。

尝试这种移情方式的时候,你会看到孩子即刻的改变。他甚至可能在你不高兴时马上拥抱你。在情绪引导下长大的孩子明白那种激励他人的感受,能够巧妙地帮助朋友、同学和老师处理复杂的情感世界,当然——哈利路亚!——也包括他的兄弟姐妹。

第二章　如何以平和的方式支持子女间的关系

　　一个令人印象深刻的研究表明，父母与每个孩子的关系——包括管教孩子的方式——对亲子或子女关系的质量影响很大。¹

　　吉恩·布罗迪（Gene Brody）是同胞关系领域最受尊敬和多产的研究者之一，他总是能有这样的发现，如果父母在指导孩子时拒绝惩罚，孩子们的争吵会减少，对彼此更好。正如我们在前言中提到的，即使父母不惩罚，年龄小的孩子仍可能与别人争吵，这可能是因为小孩还不能完全自控。但当这样的孩子长大一点，他们就更有能力调节自己的情绪，比起传统管教方式下长大的孩子更善待自己的兄弟姐妹。²

　　一项针对同胞关系的研究发现，研究中大约有三分之一的兄弟姐妹被认为是"富有同情心和彼此关怀的"，他们的父母一般是和蔼可亲，支持和满足孩子的期望的。另外有三分之一的兄弟姐妹被认为是"高度对抗"和"有时好斗"但"有时也很温暖"——这基本上是我们通常认为的大多数兄弟姐妹关系的状态。这些孩子的父母，至少有一个是严格、宽容或者纵容孩子的。另外22%的兄弟姐妹被认为高度好斗，彼此冷漠，这些孩子的两位父母要么都无比严格，要么都纵容不管。那么剩下的10%呢？他们来自破碎的家庭，无法获得父母的情感照料。这些孩子的关系是失调的[3]，虽然他们因为父母不能在场而互相照顾，但兄弟姐妹关系的含义并不包括互相养育。

所以，给孩子设置合理期望，支持他们的想法，这样的家长更可能培养出和睦相处的子女；而严格或纵容的父母更有可能培养出争执更多的子女。

为什么惩罚和纵容会引发孩子间更多的纷争

大多数人都本能地知道为什么纵容无助于子女间的和睦关系。如果我们希望他们友善相待，则需要在家中设置明确的标准和期待，并支持我们的孩子不辜负这些期望。这就是为什么建议父母忽略掉子女的大多数争斗可能会适得其反，这一点我们将在第二部分详细讨论。

对父母来说，明白为什么惩罚会造成更多的子女纷争往往很难，不过父母却应该明白。毕竟，我们是通过惩罚来执行我们的限制，教会孩子重要的课程。但为什么这样会降低子女间的友善程度呢？

通过孩子的眼睛观察这个问题，会让我们获得一些令人吃惊的见解。从孩子的角度来看，管教的方式并不能让他们学会适当的行为。相反，你的孩子认为管教是你处理家庭成员生气或发生冲突的方式。换言之，你管教孩子的方式成为他处理人际关系问题的模板。所以，作为一种强迫手段，每当有问题需要解决时，惩罚只会教给孩子用强力对待他的兄弟姐妹。

你还想更多知道孩子是如何看待惩罚的吗？还有惩罚是如何塑造孩子与兄弟姐妹的关系的？

1. 惩罚会让孩子更关心逃避惩罚，而不是关心别人。他们可能知道不能打兄弟姐妹，但这只是因为他们不想惹麻烦，而不是不希望兄弟姐妹受伤害。惩罚延迟了同理心的发展，这意味着孩子难以理解兄弟或姐妹的感受[4]。

第二章　如何以平和的方式支持子女间的关系

2. 并非基于同理心而设定的限制剥夺了孩子学习自我约束的机会[5]。没有人喜欢被控制，所以孩子拒绝那些没有同理心的限制并不奇怪。当孩子抵制我们的限制，他们就会把"控制"看成是外在于他们的东西，这意味着他们会认为阻止他们生气时挑衅兄弟姐妹是你的工作，而不是把自我控制看成他们的工作。如果我们设定让孩子觉得自己被父母理解的限制，他就会内化我们的限制——为自己负责，甚至在权威人物不在场的情况下也会如此。[6]

3. 在惩罚中长大的孩子会学会用惩罚对待兄弟姐妹，以增加自己的地位和权力。如果孩子知道他们的恶意行为将受惩罚，他们会设法既伤害兄弟姐妹又假装扮演"好孩子"。（更多内容见第四章）

4. 当兄弟姐妹因打架遭到惩罚，他们会变得更加怨恨对方，更侧重于报复。通常情况下，他们会进入一个煽动冲突、归咎他人的消极循环。

5. 处于惩罚性管教约束下的孩子更有愤怒和抑郁的倾向。[7]因为父母在情绪方面给他们设定了基调——即他们的自我和情感是不可接受的。父母并未帮助他们管理那些困难的情绪，孩子会感到孤单，试图克服那些"小"冲动。这使得他们更难管理自己的愤怒，更有可能的是，他们会把身边的兄弟姐妹当成出气筒。

6. 惩罚引起恐惧。孩子从生活环境和父母的榜样中学习。如果他们因为害怕你而照你说的去做，他很可能变成一个小恶霸。如果你吼叫，他们也会吼叫。如果你使用武力，他们将使用武力对待任何人，包括他们的兄弟姐妹。

17

听起来难以接受，但研究结果是明确的：孩子会从惩罚中学到负面的技能——比如运用暴力解决分歧和处理情绪问题。因此对孩子的惩罚不仅破坏了他们的成长，还给子女间的关系带来负面影响[8]。

反思管教

管教（discipline，纪律）是什么？它和惩罚有什么关系？其实，"管教"这个词的意思是"引导"，它和"门徒（disciple）"这个词同源。惩罚更倾向强迫而非引导；它会造成他人情感或身体上的痛苦，以此来说服他们按照我们说的去做。但在我们的文化中，大部分我们认为是纪律的东西，实际上是刻意造成孩子的情感（有时是身体）疼痛，使其服从我们。所以，就我们的使用和思考方式而言，管教实际上是惩罚的一种。

因为"管教"一词常被人们误解，我建议大家停止使用这个词。相反，让我们有意识地"超越管教"，用爱来指导我们的孩子。这有什么区别？首先，它会改变我们对孩子的理解，不会再觉得他们需要"管教"来做出好行为，而且从完全不同的视角看待他们。

1. 孩子天生需要与引导他们的成年人联结。只要自我的完整性不受影响，孩子会跟从我们的指导，保护亲子的联结。如果你与孩子保持联结，他会想要合作。如果他不合作，是因为他不能，他需要你帮助他处理推动其不当行为的情绪问题。

   你想知道孩子的一些不当行为是否出于他的意愿吗？当然是！但那种情况只能说明孩子认为与你的联结不如做他想做的事重要。因此，关系需要加强，或孩子需要帮助才能处理阻隔了亲子联结的情绪问题。如果孩子相信我们真的站在他那一边，他就愿意放弃按照自己的心意行事，做他更想做的——与我们积极联结。请想想看，这是不是自律——放弃你想要的（吃蛋糕），是为了得到你更希望得到的（健康和身材）。所以，每次你的孩子因为想要你温暖的尊重而选择不打妹妹，他的神经通路都会变得更加自律。这种自律将持续一生。

2. 孩子通过反复的体验了解生活。你与孩子的每次互动都是给他做出如何管理自我和与他人交往的榜样。

3. 所有不当行为都是孩子想与父母联结的呼救。响应孩子的需要，他的行为就会改变。如果孩子没有达到我们的期望，那是他需要更多的支持——无论我们采用教导、联结的办法或者帮助他处理情绪拦路虎。很多我们觉得是"不当行为"的东西其实只是正常的孩子气，只需通过爱的引导来"纠正"。

4. 一旦孩子可以调节自己的情绪，他们就能调节自己的行为。如果孩子感到与你联结，他就想跟随你的领导——但有时他做不到，原因是情绪压力压制了仍在发展中的前额叶皮层。正如我们已经讨论过的，你可以帮助他学习使用移情这种强大的工具来调节自己的情绪。但有时这还不够，暴风骤雨般的情绪会迫使孩子想要发泄。在这些时候，孩子需要你帮助他处理这些感觉，避免他以消极的方式宣泄。随着孩子年龄的增长，他们越来越能够用语言来表达情感并放下情绪，但年幼的孩子通常只是需要一个哭出来的机会，本章将在后面介绍。

5. 设定有效限制的关键是同理心。同理心并非放任不管。你是领袖，你的职责是引导孩子的行为。因此，引导并不意味着给孩子一切他想要的。他不能在墙上乱划、熬夜或者打弟弟妹妹。然而即使我们坚持认为他的行为符合我们的价值观，我们也可以向他证明——通过倾听、移情和愿意找到双赢方案——我们关心对他重要的东西。移情式限制能化解阻力,因为孩子至少会感到被人理解,即使他没有得到他想要的东西。

因此,平和地指导孩子意味着我们自己努力保持冷静,用平和而非强迫的方式教育孩子,以尊重的态度给孩子做出如何向他人表达需求和设定限制的榜样。平和父母知道他们无法控制孩子的行为——只有孩子才能做到。所以,我们创造了相互信任的亲子关系,使孩子接受我们的指导。他的健康选择会在其人生中产生快乐的结果,让他看到益处,开始将那些理想的行为"据为己有"。所以,那些接受引导的孩子长大后更愿意选择做"正确的事",即使没有父母的监督。

设置移情式限制

严格与宽容的最佳结合是给孩子提供支持满足我们的期望。在我们需要设定限制的时候,怎么给予支持呢?通过移情和承认孩子的观点来设置限制。让我们看几个例子。

总是以深呼吸开始来摆正自己的心态,然后再引导孩子做出所需的行为——同时与其重新联结。

> 在设置限制的同时承认孩子的感受和需求
> 不要说:"不要朝妹妹大喊!你会让她哭得更厉害!"
> 请尝试:"我知道,妹妹哭声太大,震得你耳朵难受,我也觉得难受,但不能朝她大喊……这会吓到她,让她哭得更厉害。"

> 运用移情设置限制,重新调整孩子的冲动
> 不要说:"你欺负人!够了,我要惩罚你了。"

请尝试:"你很生气!但我不会让你打弟弟,你能告诉他你多么生气和你需要他做什么吗?"

运用移情设置限制,并说出他的愿望

不要说:"不要太自私,我和你玩了一小时过家家了,小宝宝饿了!"

请尝试:"你希望我们继续玩过家家,但宝宝哭的时候我要哄她,这样她就不害怕了,就像你哭的时候我也照顾你一样……我猜有时候你希望只有我们俩,就像以前那样,对吗?你好像很喜欢我们在这里玩一上午,而且不愿意让我去管妹妹……"

运用移情设定限制,给孩子一个选择

不要说:"这样很危险!把棍子给我!"

请尝试:"奥斯汀,你听到刘易斯说什么了吗?他说他不想让自己的脸靠近那根棍子……你要么把它放下,要么来我这里玩,别离弟弟那么近。"

运用移情设定限制,用游戏的口吻邀请孩子配合

不要说:"如果你们不停止在沙发上打架,就谁也别坐在上面了!"

请尝试:"我们就在沙发上解决你俩打架的问题吧!我也要坐在沙发上了!"边说边扑通一声落到孩子们身上。

运用移情设置限制,以行动捍卫你的边界

不要说:"我告诉过你三次了,不要把水洒到妹妹身上!马上从浴缸里出来!别哭了,都是你的错。"

请尝试:"佩顿,看看妹妹的脸……全是水。而且我身上也全湿

了。你能别洒水了吗？不能？好吧，今晚的洗澡时间结束了……你出来。你哭了，你还没做好准备出来……你喜欢玩水，对吗？但在浴缸里对着小宝宝洒水是不对的，我们明天在后院玩塑料泳池怎么样？你可以随便玩水。"

运用移情设定限制，并邀请孩子与你共商双赢的解决方案

不要说："不，你不能在小宝宝睡觉时开音乐，去玩别的。"

请尝试："你想把音乐声开大点，让我们跟着跳舞……但我们需要安静下来让小宝宝睡觉，这样我们才能一起玩……嗯……怎么样才能让大家都高兴呢？我们一起玩积木吧，等小宝宝醒了，我就把她放在吊床里，我们就能一起跟着你的音乐跳舞了。"

反思隔离

我试图隔离（time-outs）4岁女儿的活动。就像你提醒的那样，她直接表示："我很坏，我没法停下来不打弟弟，你再也不爱我了。"因为她打了2岁的弟弟，我把她送回房间之后，她就说了这番话。

——瓦莱里娅

我们已经探讨过为什么父母设定没有惩罚的限制将改变孩子间的相互关系。但隔离会怎样？大部分拥有一个以上孩子的父母在孩子们打架的时候都会出来喊暂停，将孩子分开，希望教会他们友善相待。

然而隔离也是一种惩罚。它不会教给孩子友善，反而会搞糟孩子的行为，就像其他惩罚方式，为什么呢？

⊙ 隔离引起耻辱。孩子们相信，如果他们"好好的"，就能停止让他们表现糟糕的糟糕情绪。遗憾的是，我们心情糟糕时，我们的行

为也会变糟糕。所以，耻辱引发了一个消极循环，让孩子一直从内心觉得自己是个坏人。

- 隔离不会帮助孩子学习情绪调节。当你亲自把他送到房间，他最终会平静下来，但因为他还没有真正表达自己的感受，他就会压抑这些感受，使其不受自觉控制。所以，隔离倾向于让孩子更愤怒，更无法控制情绪，所以你会看到他走过妹妹身边时莫名其妙地推她。[9]

- 隔离实际上不会解决导致孩子发作的问题。家长往往觉得他们似乎给了孩子解决问题和接受教训的时间，但孩子下一次不会主动解决问题。

- 与所有的惩罚一样，隔离削弱了亲子联系。遗憾的是，这种联系是孩子开始规范自我行为的唯一原因。所以，使用隔离方法的父母经常会将孩子置于不断升级的错误行为的循环之内。

- 隔离加剧了亲子间的矛盾。由于孩子感到无法对抗父母，无能为力，他们会转而欺负力量弱于自己的人——通常是弟弟妹妹。

- 隔离通过恐吓"生效"，是一种象征性的放弃。阿尔菲·科恩（Alfie Kohn）指出，它是一种"爱的撤出"。[10] 因为子女间的对立来自孩子害怕你爱他的兄弟姐妹而不爱他，所以，与爱的撤出有关的任何管教都会恶化子女的对立关系。

你可能读到过，人们已经研究出了"正确有效"地使用隔离的方式。但有效是针对什么来说的？我读过很多研究文献，它们指出，隔离会阻止

眼下的不当行为，但打屁股也能阻止，而我们知道打屁股对孩子的心理健康有害。[11] 我从未见过任何研究考察过那些经常被用隔离管教的孩子长期的心理健康情况，并将之与那些从未被隔离过或受到其他处罚的孩子相比。是的，现在成千上万的孩子都在爱的引导下，而不是在惩罚中长大，这要归功于海姆·吉诺特（积极教养运动之父）、简·尼尔森（创立了积极管教运动）以及许多为孩子呼吁的人士。

不管怎样，我们都有一大堆证据说明隔离无法纠正不当行为，甚至还会促使这些行为再次出现。国家精神卫生研究院（National Institute of Mental Health）的一项研究指出，隔离在使幼儿合作方面有效果，但只是暂时的。[12] 即使隔离后母亲会和孩子谈心，那些被隔离的孩子也会比未被隔离的孩子出现更多的不当行为。该研究报告的作者迈克尔·查普曼（Michael Chapman）和卡罗琳·赞恩-韦克斯勒（Carolyn Zahn-Wexler）得出的结论是，孩子会表现出更多的不当行为，以此对"爱的撤退"做出反应。该研究继续指出，臣服于惩罚的孩子更有可能做出不当行为、心理不健康、道德不健全。[13] 这些结果并不令人惊讶，因为孩子非常需要与父母联结，从而获得安全感，否则他们就会出现反常的言行举止。

如果你现在感觉有点担心，我可以理解。如果不能使用隔离，怎样才能让孩子遵守规矩呢？但你要知道，隔离实际上无助于孩子有更好的表现，只能破坏亲子的联系，加剧他的不当行为。我见过成千上万的家庭使用平和养育所取得的果效。平和养育着眼于父母的自我调节，与孩子重新联结，运用移情设置限制——结果，他们的孩子没有再频繁出现不当行为。平和养育培养出的孩子希望遵守家规，所以父母不再需要惩罚，包括隔离，这些方法都会淡出人们的视线。

反思奖励

积极对待确实是件好事。为什么不用奖励代替惩罚呢？毕竟，奖励不是更容易让孩子好好表现吗？

是的，奖励使孩子想要得到更多的奖励，他可能表现更好。但有关奖励的研究也提出了警示。一旦你给了孩子外在的奖励比如一张贴纸，他就不会再认为内在的奖励也有价值，比如和弟弟分享玩具时弟弟高兴的笑容。[14] 所以，奖励只能在孩子想要贴纸的时候生效，与此同时，他不会明白内心的温暖感觉来自体贴别人的行为。事实上，许多研究表明，奖励使孩子更不愿意分享，除非是在你的监督之下。[15]

另一个关于用奖励控制孩子行为的问题是，当人类感受到了来自外界的控制时，无论是奖励或惩罚，他们都会出于本能地反叛。难道你不会吗？一位母亲告诉我，她固执的女儿最终因为"表现"不错而获得了一只芭比娃娃作为奖励，但她一走出商店，就把芭比娃娃的头拽下来扔到地上。当人们感到受了操纵，就会产生敌意。

请注意，我不是说不让你鼓励孩子。孩子和我们一样，喜欢得到认可和鼓励。然而奖励不会给孩子机会发现我们鼓励他们采取的行为的好处，表现好不只是为了奖励，更是为了深层次的更令人满足的原因——母亲脸上的微笑，与妹妹开心相处，因为做自己而感觉良好。

后果与限制之间的差异

许多家长对于限制和后果之间的区别感到困惑。

"自然"后果是孩子的行为的结果，你与它们无关。例如，如果孩子们在后院打水仗，哥哥总是用水喷弟弟的脸，弟弟可能不会希望再和他打水仗。通常情况下，如果你能抵挡住介入"拯救"孩子的冲动，自然后果比任何你设计的课程都有效果。

"限制"是指界限，是你在家庭中建立的行为规范。如果孩子跨越了界限，你应该温和地纠正他。如果他违反你的规矩，你应该阻止他。这不是惩罚，你只是维护自己的限制。所以，如果你的规矩是"打水仗不要紧，但不要朝人脸上喷水",而你的孩子多次违反它的话,你就有责任维护规矩。

"但丁,规矩是不准朝脸上喷水。弟弟们都在说不!你能别用水喷他们的脸吗?还是需要我帮忙?"

如果但丁说:"好吧,我会停下来",他可能会说到做到。为什么呢?因为他做出的是一个有意识的承诺。但如果他不去做呢?这就需要你的帮助。

"但丁,弟弟们都在说'别喷我们的脸!'可你还是喷。过来和我一起,我们做些深呼吸,冷静下来,这样你兴奋的时候就会停手了。"设立限制意味着你需要跟进,有时你必须利用块头大的优势督促你的孩子,但请注意,这不是惩罚,是的,你在维护界限,而非"强迫",这更像引导,支持孩子满足你的期望。

允许但丁再次加入游戏之前,你需要再问他能否管得住自己,帮助他制定计划,得到他的承诺。"但丁,为什么规矩是不能把水喷到别人脸上?你怎么记住它?如果你觉得兴奋了怎么办?很好,计划是……让我们按照计划来。"

你还需要指出他之前行为的自然结果,帮他补救。"弟弟们担心你还会喷他们的脸,你怎么能让他们愿意和你玩?……很好,你准备告诉他们,你不会再这么做了,你能管住自己吗?"

如果但丁五分钟后"忘记"了,忍不住又故技重演怎么办?你就不能让他继续玩下去。"今天对你来说太困难了……我们明天再试……你每天都在长大,越来越能控制自己成为一个负责的小伙伴。"如果他哭了呢?而且还有比哭更糟的。他的眼泪是悲伤过程的一部分,这种悲伤是帮助他下次控制自己的必要成分。

请注意,我没有提到家长因孩子违反规则而施加的"后果",例如暂停或者剥夺孩子的特权,因为这些是惩罚。它们在改变孩子行为方面不是很有效,因为惩罚本来就没有什么效果:惩罚让已经陷入困局的孩子更不想合作，也无助于处理导致他们不当行为的情绪。

所以，举例来说，如果他总是在玩水时喷弟弟们的脸，说明他需要帮助来控制某些东西。也许他没有见到弟弟们脸上的痛苦和恐惧，需要你帮他学习同理心。或者他看到了，却很享受，这说明他需要你帮助他处理自己的嫉妒，抑或是他需要感觉自己更强大。或是在把水喷到别人脸上时他也觉得后悔，但之前就是无法控制自己，这样的话，他需要你帮他控制冲动。你可以把他在打水仗中暴露的行为视作一个更大问题的症状，他需要你帮忙解决该问题。

你可能想知道这是不是一种溺爱。不管孩子为什么这样做，如果出现不愉快的后果，难道他不会停止吗？这样你就会说："但丁！你在伤害弟弟们！暂停！你坐到那儿，直到守规矩为止！"但他能学到什么？无论你说了什么，在他再回到游戏前：

- 他不但不觉得自己在自我调节方面需要帮助，还会认为自己伤害了别人，所以是个坏人，毕竟，他无法停手，还被父母喊了暂停，不能再玩游戏。

- 他不会在你的帮助下学会深呼吸和冷静，反而会把情绪隐藏起来，不去有意识地控制它，让情绪更容易爆发。这意味着在10分钟内，他会再次把水喷到弟弟脸上。这就是为什么被喊了暂停的孩子们会一次又一次重犯错误。

- 他不会觉得你站在他那边，即便你是被迫设限，他也会认为你总是向着他的弟弟——你一定更爱他们。所以，他还会拿起水管喷别人的脸。

但难道不应该有一个"后果"吗？当然！看看这件事可能有的各种后

果吧，你的孩子在自觉和不自觉中都学会了什么？

- "如果妈妈告诉我做什么，她是认真的。我没有理由不听她。"
- "当我伤害了别人，我不得不离开游戏，直到我可以管理自己。"
- "我会犯错误，但妈妈总是理解。她帮助我弄清楚如何做得更好。"
- "当我伤害了别人，我可以把事情变好。"
- "我家的每个人都认真遵守家规，最重要的规矩是要以尊重和善良对待别人。"

孩子不会完全清楚这些，但因为他选择了控制自己，所以他就建立了在未来提升自律和情绪调节的神经通路。

事实是，我们不能强迫别人做我们想要的事情，我们只能帮助他们想去做我们想要的事情。移情限制帮助你的孩子跟从你的指导，进而让他形成良好的生活习惯，无论你在他跟前还是不在他跟前。

如果移情不起作用怎么办

当父母开始使用爱心引导的方法，他们往往惊奇于移情（同理心）在帮助孩子接受限制方面的效果。其实，移情在重新与沮丧的孩子联结并帮助他冷静下来方面非常有效，以至于当它"失效"的时候，父母会很吃惊。但移情并不是控制他人的把戏，它意味着联结和帮助孩子表达感情。所以，如果移情"行不通"，请考虑一下你是否做到了与孩子的真正联结，是否帮助他处理了自己的感情。下面是我最常听到的家长在"使用"移情方面遇到的问题：

1. "移情让我的孩子哭得更厉害。"这意味着你的移情实际上起到了更完美的作用。假设你有段时间一直憋着一股强烈的感情——也许跟什么坏事有关,然后某个让你有安全感的人来了,他拥抱了你,或者说了一些同情的话,让你泪流满面。所以,孩子怀有强烈的情绪时,我们向他表达同理心,他们就会更能体会到这些情绪。但这是好事。因为他们只有感受到这些情绪,它们才会消散。好好哭一次能积极地让我们体内的化学物质和我们的情绪都变好。

2. "移情不会阻止发脾气。"如果你的孩子已进入"战斗或逃跑"模式,言辞很难有帮助。所以,与其给情绪加上标签,不如让孩子体验到安全感,促使他告诉你自己有什么感觉。说的话越少越好,只要让他明白你的同情,知道你随时准备支持他即可。移情不会阻止愤怒,但会帮助孩子向你展示所有感觉,而这是愈合的开始。

3. "我一直在重复说:'你很伤心和沮丧',但他生气了,让我别说了。"如果我们只是人云亦云,孩子们会感觉得到,这让他们感到愤怒。如果你可以让自己切实感受到自己宝贝的内心是如何撕裂的,你一定会流出眼泪,这时,他才会觉得被人理解。

　　孩子的年龄也很重要。面对生气的幼儿,你可能需要蹲下来并承认:"你很生气!"幼儿会放心地想:妈妈不觉得这是个紧急情况。但等孩子长大一点,请告诉他,他的感觉会让他更生气。如同我们大多数人一样,他们不希望被分析或操纵;他们想知道我们看到了他的苦衷。试想一下,如果是你心烦意乱,你的配偶却只是不停地重复着"你很伤心和沮丧!"你的感觉如何。

　　无须总是给情感加上标签。了解孩子的观点就足够了:"对不起,你睡醒午觉后发现爸爸带着弟弟去商店,却没带你……我知道你也想去。"

　　随着孩子的长大,一句简单的"哦,亲爱的,我很抱歉,这很难做到",就能让孩子感受到你对他的理解。

当然,如果你的孩子正在发脾气,你不必告诉他们,他们是如何难过和愤怒。无论什么话都会让他们的愤怒升级。他们需要知道的唯一的事情是,他们是安全的,当他们准备好的时候,你也准备好拥抱他们。

4. "我同情孩子的情绪,但后来她还是不高兴。"移情帮助我们从孩子的角度看问题并与之重新联结,有时,这足以化解她的情绪。然而如果她需要对自己视为人生大问题的情况做出反应,就可能无法应付情绪,直到我们帮助她解决问题:"你难过是因为妹妹总是从你的玩具屋拿东西,让我们找个妹妹去不了的地方,你在那里玩。"

- 有时候她需要在我们的支持下自己解决问题:"你很生弟弟的气,我想他需要听到你的感受。我们去找他,你告诉他的时候,我会在你身边。"

- 有时候她只是无法得到自己想要的,但你可以说出她的愿望:"你哥哥不想和你玩,这很难过,但我猜你希望他每天都帮你搭积木,对吗?"

然而,有时候,问题可能无法解决,也许是失望过大,或者触发了仍在等待表达的潜藏的受伤经历,所以,只有眼泪能帮助宣泄。在这种情况下,移情是"有效"的,它会让你的孩子感觉足够安全,向你展现他的心烦意乱。孩子们就是这样构建适应力的,他们觉得和你在一起足够安全,从而完全感受自己的失望,明白把内心情绪表达出来是没有关系的。他在哭吗?这是一件好事。

5. "我说,'你生气了,但我们不能打人',10分钟后,他又开始打人。"如果你的信息没有传达到,通常是因为比起你的同理心,孩子需要更多的情感支持。有时候,我们用到"但是"这个词,孩子不会觉得他们的感觉真的得到了承认,如果用"还有"就比较好,比如"你想怎么生气就可以怎么生气,还有,我们不能打人"。

但移情无法阻止暴力的最常见原因是,你无法通过谈话医治较大的情绪问题。打人的孩子内心压抑着恐惧,他们需要哭泣、颤抖、叫喊,向你展示他的恐惧,然后才能停止打人。我们将在本章的后面讨论更多有关如何帮助孩子解决较大情绪问题的方法。

事实上,移情总是对亲子的重新联结有效,并有助于处理他的情绪。所以,如果你的移情似乎"无效",也许问题在于你的言辞,别再试图说正确的话,而是假设你自己是个孩子,感受你的孩子当下的感觉。你希望你的父母现在通过什么方式来爱你?照着你想的去做就行了。

预防性的维护

"每日特别时光"在我家非常管用。每当我们忘记不用时,孩子之间的关系就会退化;再次开始的时候,孩子们的关系就会立刻有所改善,哪怕每天只有5分钟。如果加入家庭日常游戏,让大人和小孩在一起嬉闹,效果会更好,这样做真的巩固了孩子之间的关系。

——贝琳达

什么是预防性维护?你可以理解为它是给孩子爱的燃料箱加油,给他们每天的情绪热身,这样你们才不会功亏一篑。在不止一个孩子的家庭中,子女关系难免会出现断线,如果你不练习关系的联结,断线就会引发出乎意料的问题。所以,假如你有一个以上的孩子,预防性维护对他们每个人都是至关重要的。

在传统的养育中,你并不会作太多的预防性维护;当出错的时候,你才进行管教干预。但在平和教养中,你要弄清为什么出错,满足孩子的需

要,以求不常出错。当然,这需要花工夫,但育儿总是需要工夫,积极预防方面的投资将打造更加平和的家庭、更紧密的关系以及更合作的孩子。它使你和每个人都更快乐,例如晚饭前的枕头大战——让大家有一个更好的心情,更容易相处,而不是在孩子们无法和平共享晚餐时大喊大叫。

预防性维护的优点:

- 孩子觉得自我受到了重视,这是兄弟之争最好的解药。
- 孩子感到与你深度联结,这让他希望与你合作,因此你的生活更加平和。
- 孩子感到安全,这有助于他自我调节。
- 孩子在陷入崩溃之前得到你的帮助,处理好了自己的情绪,这会最大限度地减少两个孩子同时、急切地需要你的危机时刻。
- 孩子之间享受彼此的积极互动,研究显示,这样可使子女关系更密切,减少冲突,增加积极互动的频率——形成积极循环。[16]

以下是一些基本的预防性维护习惯,它们可改变亲子关系,并因此改变孩子间的关系:

1. **使用日常规定**。越有条理的家庭,子女间的关系越好,虽然两者并不存在直接的因果关系[17]。但日常规定有助于孩子产生安全感,这会让他在感情上调节自我,从而更好地和大家和睦相处。日常规定还能尽量减少你作为"警察"的工作,减少权力斗争。这对兄弟姐妹的关系很重要,因为亲子权力斗争的一个副作用是,孩子会通过压制兄弟姐妹来抚慰自尊心。这并不意味着你要按照硬性的时间表强迫孩子,而是需要采用那些对你们都有效的方法,找到你们都期待的日常规定。

2. **让移情成为亲子互动的基本方式。**大多数时候，我们作为父母只是督促孩子按照时间表行事，所以当他们表达负面情绪时，我们常会觉得厌烦。但用移情回应我们的孩子也许是预防性维护最重要的环节，因为它会巩固亲子关系，帮助孩子处理情绪。所以，当你的孩子说："我讨厌鸡！为什么我们还要吃鸡肉？！"你可能会忍不住教训他，说你如何努力工作，他的身体如何需要蛋白质，以及为什么他应该感恩吃到营养丰富的晚餐。相反，你完全可以尝试首先承认他的观点："你今天晚上不想吃鸡肉，是吧？我想我们最近经常吃鸡。我知道鸡肉不是你的最爱。我敢打赌，你希望每天晚上吃意大利面，对吗？"无论你的孩子是否喜欢吃鸡肉，但你们晚餐的气氛会更平和，也许还解决了营养搭配和偏食的问题。你的孩子吃过饭后会觉得与你的关系更为亲近。

3. **每日嬉闹（roughhousing）。**儿童每天都会积累焦虑（轻度恐惧），他们需要一种方式发泄出来。幸运的是，大自然已经为人类设计了一个伟大的方式，以减少焦虑和清除应激激素：傻笑。笑真的是最好的良药，让你的孩子欢笑的最好办法是身体接触的嬉戏玩闹，那样会激起非常温和的害怕反应。[18]欢笑也会释放催产素和内啡肽，所以，每次你和别人一起笑的时候，都会建立信任。[19]这意味着，当你的孩子们一起欢笑的时候，他们的关系会变好，这有助于预防兄弟姐妹间的争吵。找出那些让你的孩子们欢笑的东西，每天至少安排15分钟的玩笑时间，如玩躲猫猫、室内抓人、跳山羊，或者小孩和大人的枕头大战等。（嬉闹方法的更多介绍见第八章）

4. **特别时光。**每天和每个孩子的一对一时间能够建立信任、让你和孩子重新联结、帮助孩子表达情绪从而放下情绪。提倡"手拉手

育儿"的帕蒂·惠芙乐（Patty Wipfler）将"特别时光"方法提升至全新水平，她建议父母让孩子全面负责特别时光的安排。换言之，这段时间无须一起做饼干、读书，无关正规比赛和游戏，父母是更平等的参与者，只需让孩子决定做什么，充满爱意地关注他即可，避免你要发挥主导作用的冲动，描述你看到他在做什么（"现在所有卡车都撞到一块了！"）。如果他坚持要你参加，请承担他指定的任何角色，听孩子指挥。

大多数家长表示，特别时光开始后，他们与孩子的问题急速减少，这些问题包括兄弟姐妹间的争吵、发脾气或蔑视等。如果你无法每天进行特别时光，不妨每个周末来一段加长版的特别时光，偶尔在某个晚上带一个孩子出去转转，也有助于打破负循环，扭转乾坤。如果你是单身父母，或者经常一个人照顾孩子，我建议你偶尔请朋友来带孩子，或者每周两次请一个保姆，以确保你能和每个孩子有单独相处的时间。

如果父母双方都要离家工作，可能难以找时间进行预防性维护。我建议你考虑进行一个实验，它会给你的生活和子女间的关系带来积极的变化。请放下日程安排中不必要的琐事，不要在晚上进行无聊的社交应酬和处理工作邮件，尝试每日嬉闹和特别时光，坚持3个月。每周至少减少工作时间1小时，哪怕放弃那个小时的薪酬也值得。我保证你会在孩子身上目睹戏剧性的转变，你也一定不会再想回到从前的日程安排。

经常使用这些预防性维护措施将帮助孩子跟随你的领导。如果他做不到，则说明他无法管理自己的情绪，那么你如何帮助她？请看接下来的两节中讨论的"介入"和"有计划的宣泄"的方法。

当你的孩子行为不当：介入

> 哭喊和尖叫会持续几分钟，但最后他往往会抱着我，平静下来，甚至不用我问，他就会说对不起。他还不到3岁呢。
>
> ——卡特琳娜

"介入"（time-in）是"隔离"（time-out）的反义词。隔离带开孩子，介入则是对"坏"行为的打断，并通过与孩子重新联结防止它升级。

比方说，你的女儿开始心烦意乱地胡闹，最后，她把杯子扔过房间，你要让她隔离吗？

如果她能表达这是怎么回事，她可能会说："嘿，妈妈，爸爸，我现在觉得心情不好，我醒来时感觉自己非发脾气不可。我最喜欢的麦片吃光了。我在幼儿园想你们了。我需要安静坐那么长时间，还要听老师的命令。我的朋友告诉我，如果不按照她的方法玩游戏，我就不能去她的生日派对。最后我回到家，我觉得非常饿，想发脾气，我那个你们觉得很可爱的弟弟总是坐在你们的腿上，而且你们让我再等1分钟！我不知道是否有人关心我！也许你们找到了替代我的人，因为我对你们来说不够好！"

当然，她没法说出这些话。于是，她用不当行为来表达心情，她一天都在压抑泪水和恐惧，等待一个安全的机会宣泄出来。现在，所有这些情绪都上来了，所以她要"发作"出来。当孩子挑动人生气或故意违反规定，说明他们正在寻求帮助以排遣那些汹涌的感情。通常情况下，与父母的联结足以帮助他们重新规范自我，我们可以用"介入"来解决。

所以，请鼓起所有的同情，提醒自己，她是一个弱小的个体，她的行为是在呼救。你说："杯子不是用来扔的，你心情不好，对吗，亲爱的？让我们找个舒服的地方待一会儿。"你抱抱她，然后带她到孩子感到安全和舒适的一个专门指定地点，依偎在一起，你们将建立起温暖的联结，这也许是她恢复心情唯一需要的东西。然后，你可以逗她笑，因为欢笑能驱赶焦

虑，蒸发眼泪，她的阳光心态将会回归，愿意帮你洗干净扔到地上的杯子。

如果你用惩罚的方式，会不会也能让她学会不扔杯子呢？这样做是不必要和适得其反的。她已经知道自己下一次不会扔杯子了，而且明白了其他一些重要的事情：

- "我的父母站在我这边，即使我真的很心烦，我实际上也不需要扔杯子。父母总是愿意倾听和帮助我。"（加强亲子伙伴关系，使孩子想要合作。）

- "当我心烦意乱的时候，我觉得迫切需要表现出我多么不开心，但如果我花几分钟时间坐下来，感觉自己的情绪，它们就会走掉。"（学习技能来调节自己的情绪和行为。）

- "我的父母爱我和接受我，包括我心情不好的时候。"（自尊的基础。）

- "当我冷静下来，我总能想出办法把事情做好。"（明白"人无完人"的第一步，虽然如此，我们却总能承认和修正我们的错误。）

"介入"不是一种惩罚，它给孩子他需要的情绪调节的联结方式。大多数孩子每天都需要这种重新联结——如果他们曾经不在你身边，通常情况下，重新联结足以让整个晚上回到正轨。

但有时仅有"关注"是不够的。你的孩子会让你知道这一点，因为在你介入后，他的感觉和行为并未改善。这种情况下，他需要更多的帮助，他的情绪不是简单的联结就可以处理的。通常情况下，他会抵制你的联结，因为他正克制自己不让眼泪流出来，而感受到他对你的爱会打开泪水的阀门。如果你好言相劝，他可能暂时平静下来，但宣泄迟早会来。那么，我们为什么不引导孩子尽早宣泄感情呢？

帮助孩子处理强烈的情绪：有计划的宣泄

> 我的儿子心情非常不好的时候，往往会发脾气、好斗、打他的妹妹、做家长不希望他做的事情，然后他的情绪会一股脑地宣泄而出。尽管我已经学会了保持（大部分时间）冷静，这种状况仍然让我非常紧张。往往直到风平浪静，我才意识到，他刚才是在"发泄"。其实，这样可以卸下情感的负担，是很好的事情。
>
> ——琳赛

什么是有计划的宣泄（scheduled meltdown）？就是让本应在操场或超市里大发脾气的孩子有机会在家里宣泄。但是，请注意，不要在更小的宝宝睡觉的时候这样做。

这看上去有些奇怪：给孩子提供宣泄的机会。然而不管你欢迎或讨厌，你的孩子都会有那些感觉。幼儿大脑的推理部分仍在发展中，所以他们的情绪容易不堪重负。有时，孩子们（像大人一样）只需要哭泣就够了。一旦你给他机会去感受那些可怕的感觉——有你温暖同在的安全环境中，他们的恶劣情绪就会蒸发，在自己的生活中继续自由行进。其实眼泪能减少压力荷尔蒙在孩子血液中的循环，使他更快乐、更轻松。所以这是一个巨大的礼物——如果你能欢迎孩子宣泄，帮助他度过感情的暴风雨，他不仅会度过快乐的一天（或者一周），还能感觉更接近你，更愿意与你合作。

当然，不会有父母看到孩子发作时的第一反应便是："太棒了！现在他能向我展示那些不安的情绪，然后感觉好一点了！"我们大多数人对孩子的挑衅行为的反应是越来越恼火，直到我们准备把他们锁在自己的房间，或者采取更糟的措施。后来，我们才发现，当孩子哭出来之后，一切都变好了。他显然需要处理一些强烈的情绪——但我们怎么才能看出他的

需要呢？

答案是，当孩子撒娇、变得顽固或者故意行为不当的时候，这些就是情绪失常的信号，原因可能是身体上的问题例如感冒，也可能是情绪上的问题例如老师请了一天病假，或者是成长遇到的问题例如学习骑自行车等等。但有时往往没有具体原因，孩子只是没有机会玩或表达自己，正在无所事事，或者背上了我所谓的"情绪包袱"。

所以，如果你的孩子度过辛苦的一天，那么这一天的辛苦是由某些真实的缘由引起的，正如我们遇到过的那样。幸运的是，我们不需要知道孩子不快乐的具体原因，就能帮助他处理自己的情绪。孩子在遇到压力时总想发泄，除非继续受到压力，大笑或哭泣通常会使其自愈。所以，当你的孩子表现得非常别扭，请将这视为一个危险的信号。他不是故意刁难，而是在情绪上遇到了压力，他需要你的帮助。

你的目标是帮助孩子开口告诉你这是怎么回事。当孩子感到不安时，话语有时会适得其反，因为孩子当时无法思考话语的意思，并且他的情绪处在停工状态。此外，大多数的孩子不能说出他们为什么不高兴，至少要等到他们痛快地哭过之后。幸运的是，孩子天生就善于通过呈现伤痛来自愈，就像免疫系统会把感染挤压到身体表面以便愈合那样。你需要做的就是通过创造安全感来支持这一自然过程。

首先要承认你感到恼火，然后试图将心态切换到移情模式，从而可以体恤孩子。这在孩子挑衅时并不容易，不妨使用这一句"咒语"来提醒自己："孩子在最不可爱的时候最需要爱。"他现在最需要知道的就是，无论发生什么，你还爱他。

创建安全感。先从身体语言开始。如果他愿意，可以来一些轻微的嬉闹，让他笑起来（见第八章）。这会将他体内的压力荷尔蒙转换为联结荷尔蒙，也许更容易让他哭出来，但不会让他陷在愤怒之中。

通过设置友善的限制，发出宣泄的邀请。举例来说，如果孩子没有足够的时间单独与你相处，那么如果你说"恐怕我们只能玩一小会，亲爱的"，这句话就会让他想起没有你陪伴的痛苦，很可能流下眼泪。你还可以对他的行为或者想要的东西设定一些友善的限制。

如果他生气，增加你的同情。当我们表示同情时，孩子常常会生气，这并不意味着你做错了，他抢白你是因为你表达了理解，让他接触到了自己的感情，这些情绪目前正用伤害和恐惧威胁他。所以，他在做我们感到威胁时都会做的事情——猛烈还击。换言之，他的愤怒是捍卫脆弱感情的防线。你的目标是帮助他在愤怒中体会到足够的安全感。"哦，亲爱的，我看到你非常难过……你很痛苦，我真伤心。"如果你能表现出足够的同情——这对大多数人是个挑战——他会哭。哭能治疗，而愤怒不能。

如果他没有哭呢？请退后，过几天再使用预防性维护工具——如同情、嬉闹和特别时光——建立安全感和联结。然后鼓起尽可能多的同情，再试一次。

欢迎孩子表现出心烦。如果你能同情和温柔地安抚孩子的愤怒，他很可能会哭。哭得越厉害越好。恐惧被压抑在他的身体中，他可能折腾个不停，想要把什么东西推开，这些都有助于他的身体放下恐惧。如果他发脾气，请退后一步，不要让他伤到你。记住，愤怒无济于事。你的工作是提供足够的安全感，让他的愤怒消散，感受到愤怒之下更为脆弱的恐惧、悲伤和无能为力。

如果他大喊要你闭嘴怎么办？请停止说话。最深刻的愈合始终是无以言表的，所以当他不安时，不要问问题，不要自己说得太多，给他足够的安全感，让他哭出来。"你是安全的……我在这里……有时候，每个人都需要哭出来。"以后你将有足够的时间教导他。

如果孩子不让你拥抱他怎么办？那就跟在他身边，说："我就在这里，等你准备好，我会给你一个拥抱。"然后尽量陪着他经历痛苦，不要去想你的购物清单。不久，他就会哭泣着来到你的怀里。

如果他大喊着让你走怎么办？他在试图调节情绪的强度，因为他觉得和你在一起有安全感，在你面前，他的感觉更加尖锐，所以，他想让你走开,这样他就不会感到那些难以忍受的情绪。但他并不真的想要你离开,因为他需要你给予安全感。当然,如果你不理会他,他也会冷静下来,但他会把情绪压下来,稍后它们还会跳出来。为了解决孩子的情绪,我们需要亲自体验,年幼的孩子自己来面对这些可怕的感觉时,不会觉得有足够的安全感。你可以说:"我会回来的……我不会丢下你独自面对这些感受。我会在这里,在你准备好时拥抱你。"

一旦他停止哭泣,他很可能会想你拥抱他。他可能会改变话题,但他还是想知道,拥有这些感受并没有关系,你还爱他。你可以说:"这些感受都很强烈,很难对付,我猜我们需要一个大大的拥抱。"然后,以故事的形式帮他了解发生了什么:"你很生气,难过……你朝妈妈大喊,想要打我……妈妈说:'不准打!打人疼!'妈妈抱着你,所以你不能打。妈妈总是让每个人都安全。你很不开心。你哭啊哭啊。有时候,每个人都需要哭出来。然后你就哭完了,妈妈抱着你,拥抱你,我们靠在一起。这样我们都感觉好多了。"

如果你无法忍受孩子哭怎么办?这对我们大多数人来说是最难的。保持呼吸节奏,告诉自己,这不是紧急情况。只有你的认可才能医治孩子。你不必做什么或说什么,只需保持冷静和富有同情心即可。当我们能够在孩子面前体验自己的恐惧时,也能顺便治愈自己的伤痛。

这是否会让孩子变得"小题大做"?正好相反,它教导孩子接受自己的感情,让他可以处理它们,学会调节自己。一些敏感的孩子可能需要每天都哭,每周哭很多次,但他们随着时间的推移会哭得越来越少,因为他们感受到了自己曾经储存下来的所有这些情绪。

最令人鼓舞的是,你会发现同是宣泄,也有很大的区别。一旦你的孩子向你展示所有的痛苦并且感觉得到了理解——即使从外面看并没有什么变化——他也会觉得更接近你,对他的兄弟姐妹在情感上更慷慨。他会变得越来越快乐,更有能力管理自我。通常情况下,父母的评论是:"他找回了自我。"甚至对于那些在这方面努力多年的孩子,他们会说:"这个孩子和过去不一样了。"

而且,由于是你邀请孩子在你能够倾听的时刻主动宣泄,并且在一旁谨慎观察孩子的反应,所以,当他下一次需要你安抚的时候,你就能意识到。

孩子们都在经历情绪难关,如何帮到每一个

> 我发现,当其他孩子目睹我帮助其兄弟姐妹处理情绪的时候,他们也能意识到我在干什么,并且能够提供帮助。他们经常模仿我的做法,甚至能运用移情和理解互相帮助不开心的兄弟姐妹。
>
> ——西欣

拥有一个以上的孩子,最难的就是在他们都需要你的时候如何处理。毕竟,你的爱心可能是无限的,但你分身乏术。

这就是为什么预防性维护非常重要——保证孩子不会经常发作。

但这些情况难免会出现,而你是唯一在场的成年人,有一个以上的孩子需要你的关怀,他们的需要都很急迫,比如,一个孩子需要你完全关注他10分钟,但另一个也在场,不能顾此失彼。你该怎么做呢?

1. 当两个孩子同时需要你,尽量同时关注他们。(如果你挑一个,他们会认为你偏心。)向他们宣布发生了什么:"有两个孩子不高兴,他们现在都觉得受了伤害!你们现在都需要爸爸,对吗……过来,亲爱的,你在我左边,你们都到我怀里来……好了,你们可以尽情地哭了……然后我们解决问题,让一切都好起来……无论发生什么事,我们都能解决。"虽然并不容易,但这种情况可能出现,请把孩子分到两边,让他们互相够不着。

2. 如果需要从一个孩子到另一个孩子那里，告诉第一个孩子你不会走开。例如，当一个孩子（布莱恩）身体受到伤害，而另一个孩子（凯利）感情上受到伤害，你可以抱起布莱恩说："凯利，我听说你受了伤害，你需要我，我会帮助你。但我现在要先帮助布莱恩，然后再帮你。"

3. 让需求较少的孩子在你安抚另一个的时候干点别的。如果一个孩子似乎并不特别心烦，跟她简单地保证她没事，给她一个大大的拥抱，告诉她："我有些特别的事情需要你去做，你等几分钟，我先安慰一下妹妹。"然后请她去做她喜欢的一件事，比如听有声书或者玩玩具（见第九章）。如果你担心16个月大的孩子自己玩不安全，可以在网上买幼儿感应袋给他们玩，用胶带粘好，让他们无法把袋子撕开。在帮助另一个孩子的时候，让他处于你的视线之内。

4. 如果另一个孩子关心正在哭闹的兄弟姐妹，承认她的感觉，让她感到安心。"妹妹难过又生气……我会帮助她的……她会感觉好起来的。"

5. 如果另一个孩子坚持要过来，请坐在地板上，让他们一边一个，你的注意力要从一个转到另一个，但可以同时承认双方的感觉。

6. 如果其他兄弟姐妹介入，正在宣泄中的孩子经常会生气。只需承认他的不快："你不希望你的妹妹在这里……你已经受够了……有时候别人在旁边让你很难受。"然后给他安全感："妹妹只是担心你……她会离你远一些。我就在这里陪你。"

7. 保持幽默感。两个孩子哭闹会让你感觉像紧急情况。但是，如果你能保持冷静，就能帮助他们转移注意力。当孩子过度紧张，他们需要你理解他们为什么不高兴。（"你生气、难过……哥哥撞倒了你的积木。"）但同样重要的是，他们需要你的非语言交流，知道他们是安全的；这真的不是世界末日，即使他们觉得是。所以，请深吸一口气，让自己脱离"战斗或逃跑"模式，只要稳住呼吸，提醒自己他们在哭过后感觉（和行为）会好起来。

8. **不要试图说教。**我们着急的时候，常常试图通过指责来解决问题。（"如果你没有对你的妹妹那么做，一切就都没事。下一次，你要听我的……"）但是，当情绪高涨时，孩子大脑的学习中枢是关闭的，他无法学习。更何况，心烦意乱时，我们常会说出完全错误的话，因为它来自于我们自己的恐惧。所以，请尽量少说教，只用同情与孩子联结。"对不起，我知道你非常辛苦，亲爱的。"

9. **如果你也想哭呢？**哭吧！只需告诉孩子，你哭不是因为她，她无须改正什么错误。有时候每个人都需要哭出来，哭完后你会觉得好一些。你以自己的行动告诉孩子这并非紧急情况，这是健康的自我调节的第一步。（当然，如果每一次孩子生气你都哭，那么你就不能对他们有帮助，所以，请花时间自我治愈一下。）

当每个人都需要你的时候，安抚他们并不简单。所以，预防性维护是必不可少的，它确实减少了不可预知的宣泄。帮助孩子们处理尖锐情绪是件艰苦的工作，因为你必须调整自己。但是，当孩子看到你帮助他的兄弟姐妹度过情绪难关，他就会明白如何同情和帮助痛苦中的人，这个宝贵经验将使其一生获益。所以，半小时的艰苦工作对你来说是值得的！

第三章 孩子为什么竞争——父母如何改善？

从父母的角度来看，新到来的弟弟妹妹是无价之宝：哥哥姐姐终生的朋友。但从孩子的角度来看，至少在开始的时候，家里出现了另外一个孩子，对父母来说是礼物，对哥哥姐姐来说却是灾难，他们被迫和新生儿分享父母，自己得到的关爱也会减少。我们也不得不承认，孩子的恐惧是有一定道理的。作为家长，我们都觉得满足一个孩子的需要已经很难，更不用说两个或更多了。

因此，所有的兄弟姐妹都会互相怀有一些敌意，而且一些我们无法控制的因素也能造成同胞关系的紧张。但同胞之爱与敌意一样与生俱来，父母可以帮助孩子用爱意战胜不可避免的嫉妒。事实上，影响孩子关系的最重要的因素恰好处于父母的控制范围内。本章介绍了一些会影响兄弟姐妹关系的因素。本书的其余部分将向你提供一幅如何支持孩子发展出亲密、有益的同胞关系的蓝图。

孩子的观点：他/她不是朋友，而是来取代我的！

> 我6岁的时候，妹妹出生了。我现在34了，但我还记得当时我担心父母不会再爱我，而且害怕他们搬家后把我扔掉。
>
> ——黛德丽

阿黛尔·法伯和伊莱恩·玛兹丽施在《如何说孩子才能和平相处》一书中讲了一个广为传播的故事。一个男人把他第二个妻子带回家[1]，对第一个妻子说："我非常爱你，所以我带回了第二个妻子……难道她不可爱吗？……我们现在是一家人了……你会和她相处得很愉快的……"然后，街上的所有陌生人都停下脚步，羡慕地望着男人的新妻子，第一个妻子也站在那里看。当然，她因此产生的敌意会得到人们的原谅。这个故事是一个玩笑，但好的玩笑背后总包含着真相。

真相是，孩子们共享父母极为困难。毕竟，你只有两只手，如果你正忙于带宝宝，大一些的孩子就必须等待。孩子间的敌对甚至来自更深层的焦虑。如果他不得不与竞争对手分享稀缺资源，孩子的生存概率必然降低。当然，我们知道爱、食物和保护是足够的，可孩子却认为他不再最先获得他所需要的东西，这会引发他最原始的恐怖。毕竟，人类的基因是从石器时代进化而来的。在某些潜意识的水平，他会忍不住去担心。如果一只老虎从灌木丛中跳出来，你会先救哪个孩子？

作为父母，我们知道自己当然爱第一个孩子，这是我们决定让更多孩子加入到我们的大家庭的原因之一。但是，无论我们怎么解释，孩子却无法真正参透我们对他们的承诺。虽然他们无法表述自己的恐惧，同时对新生儿有一种天然的亲近之情，但大多数年长的孩子会不时担心他们不再被父母重视。他们甚至像《糖果屋》中的汉赛尔和格雷特尔那样害怕被父母抛弃在大森林里，因为你现在拥有了他的"替代品"。当然，小一些的孩子也有自己的忧虑，担心得不到和哥哥姐姐同样多的重视，而且他们什么都比自己擅长。

了解到这些竞争因素之后，我们可以看出，同胞纷争的最重要的解毒剂就是：必须用日常的经验说服每一个孩子，无论其兄弟姐妹得到什么，他们都能获得足够的爱、关注和欣赏——你对他们的爱是没有止境的。一旦孩子体会到和相信这一点，兄弟之争就会缓和，同胞之爱就得到绽放的机会。

可能加剧对抗的因素

研究人员已经确定了一些可能加剧同胞之争的具体因素：性格、年龄差和性别。

性格

拥有一个以上孩子的父母都知道，每一个孩子出生时都具有鲜明的气质（性格）。性格会在三个方面影响孩子间的关系：

1. **性格可能相配或冲突。**[2] 与成人一样，有些孩子会发现和别人在一起是一个挑战。我们都知道，性格不同的兄弟姐妹也许经常发生冲突。一个安静、敏感的孩子与活泼好动的兄弟姐妹相处时，面对各种躁动，可能会感到不知所措和不满。但这种情况也可能对你有利——如果你恰好有两个好动的孩子，他们彼此打打闹闹都还嫌不够，或者有两个喜欢过家家的孩子，他们总是一起玩"捉迷藏"。

2. **针对新生儿做出调整。**[3] 研究表明，父母认为"随和"的孩子对新生儿的态度更好。虽然他们仍然需要你的安慰和单独陪伴，但当不被你注意的时候，他们的恐慌情绪并不严重。相比之下，性格好斗一些的儿童很可能更难安抚，或者在弟妹诞生后出现更多的睡眠问题。[4]

什么是"难处理"的性格？这由父母来评判，一般是指那些需要父母更多耐心对待的孩子，父母认为他们不太随和。虽然所有小孩都需要父母大量的关爱，但那些似乎一直需要"更多"关怀的孩子对亲子关系的变化最为敏感。所以，他们觉得更怨恨自己的兄弟姐妹，更爱发脾气。幸运的是，随着时间的推移，你的关爱将缓和这种紧张局势。只要记住，如果你有个比较好斗的孩子，可以将其视为需要大量的额外关怀，父母可以借此帮助他适应与弟弟妹妹相处。

3. **兄弟姐妹发生冲突**。性格不太随和的孩子，通常也难以与兄弟姐妹相处。[5]例如，研究一再表明，父母认为情绪经常紧张或者比较爱动的孩子更可能对弟弟妹妹产生侵略性。[6]另一项研究指出，被评为高活动性的孩子与兄弟姐妹的冲突概率是普通孩子的4倍。[7]我们很容易想象，那个安静不下来的小尼古拉会对着小宝宝粗鲁地大喊大叫，他安静温和的妹妹瓦伦蒂娜则不会让父母那么头疼。

研究表明，如果年龄大的孩子更随和，那么他或她会定下基调，让年幼的孩子更容易适应同胞关系，兄弟姐妹的关系会更好处理。[8]所以，无论其出生顺序，脾气不好的孩子对父母来说都很棘手，但如果这个孩子年纪较小，那么兄弟姐妹的关系会好一些。

非常好的消息是，你可以解决上述所有问题。研究人员发现，能够与孩子保持强大的联系，化解其情感或身体焦虑的父母，可以创造出"保护性因素，改善影响孩子关系的困难性格"。[9]这意味着，如果你有一个具有挑战性的孩子，并且打算再要一个，要想建立积极的兄弟姊妹关系，最重要的事情是父母双方都要和大孩子保持深入、滋养和积极的关系，并且是第二个孩子出生前后都得如此。本书将帮助你做到这一点。

年龄差

> 对于分享父母这件事，安妮也曾困惑过，她渴望更多的关注，但我真的不能给她。两个孩子每天都哭着要我照顾，我只能坐下来同时抱着他们，看着他们互相推搡。我曾希望孩子们的年龄接近，这样他们会成为最好的朋友。而现在对我来说这无异于是个灾难。
>
> ——萨拉

自从婴儿可以使用奶瓶和辅食喂养，孩子之间的年龄差对我们来说就成了相对较新的问题。虽然女性的身体不太可能在分娩不久后再次受孕，而两次生育的间隔至少三年似乎是人类历史的常态，但现在的母亲具备很快再次怀孕的条件。

对生育间隔的研究显示，年龄越接近的孩子，彼此间的敌意更大，侵略性和竞争性更强，但他们也更容易亲近。[10] 所以，年龄接近的孩子经常在一起玩，因此更有可能吵架——但容易建立亲密的关系。研究兄弟姐妹关系的朱迪·邓恩（Judy Dunn）说："经常吵架的兄弟姐妹往往在其他方面相当友好和配合。当他们没有战斗和争吵的时候，会非常享受彼此的陪伴。难道说他们会通过竞争来学习——学到的东西有助于他们一起玩耍？"[11] 如果父母能支持年龄差距小的兄弟姐妹以建设性的方式解决争端，年龄上的接近就会给他们的关系定调，形成持续一生的密切联结。

但在你将孩子的年龄差设定得比较小之前，应该考虑其他重要变量，这些因素可能会降低你支持孩子建立亲密兄弟姐妹关系的能力。毕竟，争吵并不总是起到积极作用，不断的竞争也会给生活定下基调。

你还应该考虑哪些因素？一个明显的事实是，父母只有两只手和每天24小时，他们必须分别处理子女问题和其他事务。孩子越多，其需求的满足越构成挑战。孩子越小，其需求越迫切。18个月大的孩子可能看起来比新生儿大了很多，但他仍然只是一个婴儿。

大多数人认为，小孩不会记得婴儿期的事情，他会更容易适应环境。不幸的是，现在的研究者认为，有意识的记忆之前的经验，实际上对我们的影响更大，因为这些隐性记忆不易受到自觉的审查。正如丹尼尔·西格尔（Daniel Siegel）在《发展中的精神》（The Developing Mind）中所说，"这些隐性要素构成了部分我们对自己主观感觉的基础。"[12] 因此，问题不在于他能否记得，而是他如何能够长期忍耐，等待他的需求得到满足，以及在等待时他得出的关于他自己的价值和他人的可信度的结论。

孩子学会等待难道不好吗？当然是好事，但现在的问题是怎么让他们知道这一点。如果孩子相信自己的需要将得到满足，就愿意延迟满足的时间。所以小小的延迟能够帮助孩子建立信任，但这要建立在孩子得到满足的速度很快的基础上。要多快呢？这取决于孩子的年龄和性格：他在不高兴时转为紧急状态的速度有多快？他可能断定，除非自己变得非常苛刻，否则不会得到自己需要的东西，而且他可能在很长时间内都这样想。所以毫不奇怪，研究表明，相比年龄较大的幼儿，年龄较小的幼儿在家庭迎来新生儿的时候，在自我调整方面会更困难。[13]

你能把孩子的年龄差定得很小，同时仍然满足他们的需求，使他们茁壮成长吗？当然，许多家庭能做到。但这显然意味着为了满足孩子的需求你将有更多的压力。所以，如果你有幸能够决定孩子的年龄差，请问自己一些尖锐的问题：

⊙ 你的伴侣和大家庭对你的支持有多少？
⊙ 你有多少精力和耐心？想想最大的孩子让你疲惫不堪的时候，新生儿肯定也非常需要你。
⊙ 你的孩子会多么好相处或不好相处？
⊙ 你有健康问题吗？一般来讲，母亲分娩后至少18个月后再怀上的婴儿,其健康才更能得到保证,所以,最好考虑到这一点。[14]
- 家庭方面是否存在其他显著的压力?即使我们不能量化它,压力也会对身体和情绪造成有形的影响,同时较小的子女年龄差会为所有相关人员创造压力——包括家长和孩子。太多的压力使我们很难创造自己想要的密切的亲子联系。[15]

如果你已经有了年龄差很小的孩子怎么办?

有时候机缘巧合,我们恰好有能力决定孩子的年龄差,更多的时候,生活给你出其不意的惊喜,我们则无法控制。所以,如果你的孩子的年龄差已经很小,请不要恐慌。相反,把年龄差视作类似于性格、性别这样的因素,它们都理所当然地存在。仅仅意味着你将有更多的压力,父母需要耐心面对更多的子女要求。你的职责是好好照顾自己,这样才能同时满足多个孩子的需要,从而发展与每个孩子的积极关系,以及培养子女间的幸福共处模式,无论其年龄差如何。

性别如何影响竞争

如果你的孩子至少有一个是女孩,比起只有两个儿子(他们更趋于竞争),你的孩子们可能会更团结。[16]相同性别孩子的关系常常很亲密,但可能也会有更多的攻击性,特别是他们都是小男孩的时候。[17]

你无法控制宝宝的性别,但有办法来消除一些竞争的倾向。首先,孩子的年龄差越大,越可能会减少公开竞争,因为孩子不太可能把与自己年龄段不同的弟弟妹妹视为竞争对手。

其次,尽量减少孩子之间的比较。尽管你在理性上知道两个儿子是不同的人,但你却未必像对待儿子和女儿的不同那样对待他们,你更有可能比较这两个相同性别的孩子。毫不奇怪,与他们和异性同胞的关系相比,这两个孩子自己也可能认为彼此更为相似——从而更具竞争性。

第三章 孩子为什么竞争——父母如何改善？

最后，需要强调每个孩子的个性。这会减少竞争，因为他们无须为了争夺谁是"最好的"孩子而打架，因为他们是你唯一的"莱利"和你唯一的"多米尼克"。我们将在第七章对此进行详细讨论，但现在有一条简单原则，那就是尽量不要称孩子们为"男孩儿们"或"女孩儿们"，为什么不干脆用他们的名字呢？

家长在培养超级同胞关系时的力量

你是否担心家庭环境会激化孩子间的对抗？虽然你无法控制孩子们的性情和性别，也经常无法控制其年龄差，但幸运的是，你可以控制对他们来说最重要的因素——那就是你自己，父母！

为什么你是最重要的因素？我们已经探讨过平和育儿的三种方法——调节自己的情绪、与你的孩子联结、用引导代替控制——它们有助于孩子间关系的改善。我们也深入分析了情绪引导和爱的指导是如何极大地改变了孩子的关系。在这本书中，我们将使用平和育儿的方法帮助你培养你的孩子之间的亲密关系。

但促进孩子间的良好关系最重要的是，父母与每个孩子都建立深厚的关系。[18] 研究表明，如果你和每一个孩子的关系都是积极的，他们互相之间也更可能建立积极的关系。[19] 这是真的，即使你有两个男孩（或女孩），他们都具有好斗的性情，年龄也非常接近；这是真的，就算你的一个孩子性格特别难对付，如果你能努力与其保持温暖和积极的关系，也会给更为积极的兄弟姐妹关系奠定基础。事实上，是你在给孩子未来的人际关系创建蓝图。[20]

但是，我们如何创造这种牢固的关系呢？那就是我们在每一天都要回应每个孩子的需要。每个家长与子女的关系都是不同的，这取决于成人和孩子双方的努力，他们共同创造了一个"系统"，这个系统会在一次又一次的类似回应中得到加强。但无论你的孩子是什么样子，你都可以选择如

何回应他。你的回应将决定你们的关系,甚至在一定程度上塑造孩子的大脑及他与自己和他人如何相处。

大多数家长认为他们和孩子有良好的关系。毕竟,我们知道我们爱他。然而现在的问题是孩子感觉他们与父母有多亲近——尤其是当他心烦意乱之时。

- 他是否相信,当自己觉得有需要或害怕时,父母会提供帮助?
- 他是否相信,可以安全地向我们展示他的愤怒,我们会回应和理解,使他能够放心地流泪和表达驾驭其愤怒的恐惧?
- 他是否相信,我们看重他正是因为他是他自己,我们不是要改变他,也不担心他对我们的看法?
- 他是否相信,我们会理解他的犯错,而且可以指导他做得更好?他是否担心我们会因为他表现不好而惩罚他?
- 他是否相信,我们将管理自己的焦虑,从而有能力引导他处理自己的沮丧和挣扎,而不是直接插手接管?

我们与每个孩子的关系越近,彼此就越信任,孩子也就越能利用我们作为他的避风港。正是这种安全性让一个孩子茁壮成长,使他可以对别人——包括兄弟姐妹——在情感上宽容以待。

本书重点关注的是家人之间的联结,以及父母能采取何种具体行动来柔化和加深你与每个孩子的关系。你的目标是既要找到更多机会与每个孩子积极互动,又要尽量减少那些侵蚀信任的负面因素,并在其不可避免发生时加以修复。

(如果你希望在和孩子建立亲密关系方面获得更多支持,请参阅《父母平和 孩子快乐》第二部分。)

第二部分　教导平和

教导平和是什么意思？告诫孩子们"要乖！"或者"不要吵！"作用不大。就连"要听话"这句在很多家庭管用的口号都无法帮助处于情绪困境中的孩子。我们都希望我们的孩子"是很好的人"，但平和并不意味着没有冲突的需求和愿望。平和是成功地化解冲突。如果我们告诉孩子，他的行为比他的感受更重要，或者告诉他在他与兄弟姐妹产生问题时，应该接受父母的解决方案，这就相当于发送了一条破坏性的信息。学会遇到冲突时平和面对的孩子接下来也能成功自行解决冲突——使用平和教导教给他的技巧：确定和表达他自己的需要，倾听他人，多角度分析，解决问题，创造多赢的解决方案。

第四章　引导孩子们沟通感情和解决问题

一个拿走另一个的东西，被拿走东西的孩子常会哭泣。我会说："你要对约拿说什么？"肖恩回答："那个玩具我还没玩完，约拿，能让我拿回来吗？"一般情况下，约拿会还给他。我发现，如果我提醒他们互相谈一谈，他们经常能自己解决问题。现在我已经把他们教会了。

——艾米丽

情商始于了解自己的情绪，这样我们才能够管理它们，达成目标。情商的另外一半是与他人相处：理解其他人的感受，表达我们想要的东西，同时尊重其他人。因此，一个情商较高的孩子，当哥哥把他的玩具拿走时，他不会只知道哭，他也不会打人。他会说，"那个玩具我还没玩完，约拿，能让我拿回来吗？"

如果你认为这对于 2 岁到 4 岁的孩子来说太难了，你是对的。大多数兄弟姐妹不会采用这种方式。据家长们介绍，年龄较小的兄弟姐妹平均每 1 小时要争吵 7 次，但只有大约 10% 得以愉快解决，方式是"和解"甚至

"妥协"。[1] 大约90%的时间里,更强大的孩子心愿得遂,或者双方都撤出战局,这种情况通常发生在威胁或强迫之后。[2] 大多数家长都企图尽量不要插手,并且安慰自己说,随着时间的推移,我们的孩子将学会如何相处。毕竟,他们需要在足够的实践中解决冲突。

然而,许多研究表明,在兄弟姐妹中长大的孩子,社交能力并不比那些独生子女更好,而且大多数兄弟姐妹会争吵多年。这令人费解,对吗?宝·布朗森(Po Bronson)和阿什利·梅里曼(Ashley Merryman)在其著作《养育震撼》(*NurtureShock*)中提供了一个令人不安的解释:"也许这里的错误在于,假设那些成千上万的同胞互动都是积极的。也许正好相反,孩子从这些互动中学到了蹩脚的社交技巧,其概率与学到好方法相差无几。"[3]

换言之,孩子很可能从与他们的兄弟姐妹的互动中学到了欺凌的技巧。

那么,家长应该跳起来维护和平吗?如果我们的介入是这样的:"把妹妹的娃娃还给她!"那我们只是在教给孩子,更高的权威说了算,让他们觉得自己是受害者。他们仍然没有学到如何有建设性地解决冲突。

与此相反,在与同辈人的互动中,孩子们可以学到互谅互让的社交技能。[4] 为什么?如果他们想继续玩下去的话,大概是因为他们要听其他人的观点,以寻找双赢的解决方案。同辈人毕竟可以用退出相威胁。但对于兄弟姐妹,他们可能还没有那么多的动力找到使双方都满意的分歧解决方式。那些拥有亲密朋友并从中学习共处之道的孩子足够幸运,他们的同胞关系明显更为积极,而且,孩子们有时还会在学校或幼儿园学到"亲社会"的技能。[5] 否则,我们的孩子可能无法学会建设性的社会技能,除非我们加以引导。

这并不意味着我们要参与孩子之间的每一次互动,否则他们就不会有机会练习平和社交的方式。但如果我们希望他们能够说出:"那个玩具我还没玩完,约拿,能让我拿回来吗?"这种话,而不是打人,我们需要明确地给他们指导,让他们学会如何去做。

训练基本的情商技巧

我们第一章已经谈到了情绪引导和移情,这给孩子们提供了理解自己和别人情绪的基础。家长还可以做什么来帮助孩子发展情商和社交商,使他们能够彼此融洽相处呢?

1. 谈谈感受。当父母每天能和孩子们谈谈大家的感受和需要时,子女们会变得更加敏感,在情感上更能慷慨相待,也更容易理解对方的观点。即使当孩子很小,谈谈感受也很有用;如果母亲告诉尚在学步的孩子,躺在襁褓中的婴儿可能有什么感觉,他们也会发展出更多的同理心,更少的嫉妒。[6]

2. 询问孩子的感受、需求、愿望和选择。
   - "你感觉如何?"
   - "你想要什么?"
   - "你做了什么?"
   - "你怎么解决的?"
   - "你得到你想要的东西了吗?"
   - "你弟弟得到他想要的东西了吗?"
   - "你觉得他有什么感受?"
   - "下次你会做同样的事情,还是会尝试不同的东西?"
   - "你觉得你可以怎么做?"
   - "你觉得然后会怎样呢?"

   倾听,点头,重复,确保你能理解。保持亲切和非主观。保持你的幽默感,当孩子说"下一次,我会弄死他!"的时候,你可以简单地回答:"嗯……那会怎么样呢?"尽量不要跳脚,避免粗暴干预或说教。反思是儿童发展判断力的渠道。良好的判断往往来自糟糕的经历。

3. 解释和榜样。希望重复你自己。

　　当他们围绕某样东西的所有权争执不休时，我会说："雅各布，你可以说……'对不起，莎拉，当你玩完了，轮到我玩，行吗？'"然后等他重复我的话。接着我会转向莎拉说："莎拉，你可以说……'当然，雅各布。'"我不停地重复这样做，直到有一天，我在做饭时高兴地听到，他们正在使用这些话自发地解决问题，这是一个值得骄傲的时刻。

　　　　　　　　　　　　　　　　　　　——迪安妮

4. 实践发现双赢的解决方案。每个家庭每天都有机会给孩子指出其需求的差异，并确定可能适合每个人的解决方案。"嗯……你想去游泳池，而妹妹想去公园……我们如何能找到一个双赢的解决方案？"

5. 示范"我"的声明。这意味着要表达你的需要，而不是判断或攻击别人。举例来说，当你的女儿大叫"好了，你也是傻瓜！"的时候，你可以教她这样说："我不喜欢你骂人。"

　　示范"我"的声明可套用一个公式，描述你的感觉，你有什么需要，以及你对情况的看法。你可以在后面加上一个孩子要采取的具体行动。比如"我觉得＿＿＿＿，因为我想（或需要）＿＿＿＿，我观察到＿＿＿＿。"例如，"我觉得担心，因为我要准时到达那里，而我看到你还没做好准备……请你赶快穿上鞋。"

6. 做出亲社会行为的榜样。大人在家里处理彼此关系的方式为孩子设立了有力的榜样。让这一点为你所用，可以通过角色扮演教孩子们彼此相处之道。例如，你可以对你的伴侣说："只剩一只香蕉了，我们分着吃吧？"或者做出设定尊重性限制的榜样，比如说："对不起，我正在用那个，我用完了你就可以用了。"再加上微笑和拥抱。

你的新角色：翻译者

教给孩子沟通技巧，你可能需要将自己视为语言不通的双方之间的翻译者。当然，前提是两个孩子都在学习同样的语言。但当孩子们变得焦躁，脾气爆发时，他们就不会认真思想，也不会认真听对方说话。我们的工作是充当孩子之间的桥梁，帮助每个人表达其需要和感受，帮助另一方听到对方的声音。一旦你帮助孩子建立了沟通的桥梁，他们将越来越多地能够共同努力，解决不可避免出现的问题——在没有你帮助的情况下！

"你把小婴儿乔万娜抱起来的时候，她会大声哭叫。你听到了吗？听起来她好像希望你把她放下。"

"扎克说住手。他不希望你去拉他。"

"阿米莉亚说是她先拿到玩具的，安博说是她先拿到的……你们两个都觉得自己先拿到了玩具！"

成功的翻译需要我们运用同理心来了解两个孩子的视角。即使设置了保证每个人安全的限制，这也要求我们保持冷静，这样我们也可以避免先入为主的判断。如果我们选择站在某个孩子一边，另一个孩子就会自我防御，不愿意听你的建议。不妨试想一下孩子听到以下的话会有什么反应。

"你伤害了小宝宝！马上把她放下！"

"住手！你总是欺负弟弟！"

"阿米莉亚,你是姐姐,你应该更懂事。别再抓妹妹了。"

这些言辞没法创建桥梁,因为孩子觉得受到了批评。即便她能合作——但并不情愿——也会存在挥之不去的怨恨和更多的对立。

翻译是一种宝贵的教学工具,有助于孩子们理解社交动态。如果你能运用同理心和尽可能少地作评判,就可以帮助孩子觉得自己的意见得到了倾听,这会使他们的心绪得到平静,也使他们互相倾听。

引导孩子识别并传达他们的需求和感受

正如我们所看到的,要想尽可能减少孩子间的对抗,家长可以帮助每个孩子感受到他/她已经最大限度地得到了自己可以得到的爱。但无论你的育儿方式多么积极,孩子们有时也会发生冲突。如果你的孩子不能用语言表达自己的需要,他会用他的身体。因此,家长的工作是帮助孩子学会识别和表达他们的需求和感受,并帮助他的兄弟姐妹听到和给予回应。

和一个以上的孩子相处的每一天,你都有很多机会引导孩子识别和与别人交流自己的感受,让我们来看一些例子。

3岁的詹姆斯正在玩他的垃圾车。15个月大的维奥莱特走到他身后,使劲拉詹姆斯的衬衫。詹姆斯很厌烦地扭头看了一下。当他准备把妹妹推开时,妈妈说:"詹姆斯,维奥莱特在拉你的衬衫,看起来你不喜欢这样,你能告诉妹妹吗?推人很疼的。"

詹姆斯:"不,维奥莱特!"

妈妈:"詹姆斯,我听到你说不!你能告诉维奥莱特你不想要什么吗?"

詹姆斯:"不要拉我的衬衫!"

维奥莱特一直在看着妈妈和詹姆斯对话,眼睛睁得大大的。

妈妈:"维奥莱特,詹姆斯说,不要拉他的衬衫,你想让詹姆斯看到你吗?你想和他一起玩吗?"

维奥莱特微笑起来,拍着小手。

妈妈:"詹姆斯,你看到维奥莱特多么希望和你一起玩了吧?这就是为什么她拉着你的衬衫;她想告诉你她也想玩。我看到你正在玩垃圾车,可以带维奥莱特玩吗?"

詹姆斯:"过来,维维……你可以玩自卸车。用它捡垃圾,然后放到垃圾车里。"

4岁的约翰尼推门而入,5岁的克里斯蒂安正在屋里玩玩具飞机。约翰尼抓住飞机。

约翰尼:该我玩了!

克里斯蒂安:不对,还是该我玩……我要玩很长时间。

他从约翰尼手中抢回飞机,发出起飞的声音,约翰尼哭起来,伸手去抓飞机。

爸爸:我听到约翰尼哭了……你们两个还好吗?

约翰尼:他坏!

爸爸:约翰尼,我看到你生气了……你能告诉哥哥你想要什么吗?不能骂他哦。

约翰尼:他欺负我!我也想玩!

克里斯蒂安:但是轮到我了。

爸爸:约翰尼说,他也想玩,克里斯蒂安说他还没玩够……嗯……这有点难办……我知道等待很难受,约翰尼。

约翰尼:我不想等……我想现在就玩!我想用卡车给它加油。

爸爸：约翰尼，我听到你说想玩飞机，你还知道要怎么玩。你可以问问克里斯蒂安愿不愿意在他玩完之后把飞机给你玩。

约翰尼：等你玩完了，你能不能给我玩玩，克里斯蒂安？

克里斯蒂安：好吧。但我还要多玩一会儿。

爸爸：好吧……我们家的规矩是，你可以多玩一会儿……你能告诉约翰尼什么时候给他玩吗？

克里斯蒂安：等到洗澡的时间我就不玩了。

约翰尼：那我就把它放到我的床边，这样我明天一起床就能玩了。

爸爸：所以，克里斯蒂安可以玩到洗澡的时间，然后今晚飞机在约翰尼的旁边睡觉，明天约翰尼先玩对吗？这是你们的协议？

克里斯蒂安：这样很好。我要飞了，爸爸！

约翰尼：好吧……但我能当地勤，在你需要降落时给飞机加油吗，克里斯蒂安？

如果约翰尼无法忍受等待，直接发脾气呢？请帮助他等到轮到他玩的时候。（请参阅"引导孩子等待轮到他们的时候"，本书第131页）你可能需要诱导孩子发泄，但也有更糟糕的事情，就是约翰尼整个晚上都觉得不爽。发泄之后，他会找到一个积极的方式对待克里斯蒂安和飞机，或者找点别的事情做，而且大家都会度过一个更好夜晚。（请参阅"帮助孩子处理强烈的情绪：有计划的宣泄"，本书第37页）

5岁的塞巴斯蒂安与他7岁的姐姐克莱尔玩假装上学的游戏，克莱尔充当老师。

塞巴斯蒂安：我不想玩了。

克莱尔：你必须玩。我是老师，我说了算。

塞巴斯蒂安：爸爸，我必须和克莱尔玩吗？

爸爸：每个人都能决定和谁玩。你不想再玩了吗？

塞巴斯蒂安（小声对爸爸说）：她太霸道了。

爸爸：我听见了，但姐姐也需要听到你说的。

塞巴斯蒂安（再次窃窃私语）：你告诉她。

爸爸：听起来你好像有点害怕告诉克莱尔……你可以告诉她你的感受吗？

塞巴斯蒂安（对克莱尔）：你太霸道了。

克莱尔：我没有！

爸爸：塞巴斯蒂安，你能告诉姐姐你的感受吗，而不是你认为她在做什么？

塞巴斯蒂安：我不喜欢这样。我说什么都不算。

克莱尔：好吧……你想当一会老师吗？我可以当坏孩子！

你是否注意到这些家长都做了什么？帮助孩子识别和表达自己的情绪，而不是攻击其他孩子。他们是通过以下方法做到的：

- 描述发生了什么。
- 与每一个孩子移情。
- 引导孩子们把他们的感受说出来，而不是攻击其他孩子。

一旦孩子听到对方的需求，他们更有可能拿出对双方都适合的解决方案。

一些父母对此做出回应说："太好了，但每一次我都不得不参与。他们什么时候才能学会自己解决呢？"答案是，就像其他任何人际技巧一样——如要求更多的土豆泥、排队买冰淇淋——孩子们通过父母的引导和实践自然可以学会。但只是说"你要说出来！"并没有帮助，我们要告诉他们说什么。

一旦开始引导，你会惊讶于孩子学会解决问题的速度，即使是幼儿，也喜欢解决问题和与亲人恢复和谐。他们只是需要我们向他们展示如何去做。

引导孩子遵守别人设定的限制

当人们感受到威胁时，攻击是自然的举动。所以，小孩需要我们的帮助，以了解如何以尊重的方式向兄弟姐妹表达自己的需求和情绪，包括愤怒。同样的翻译技巧在这里也适用：

- 描述。
- 移情。
- 引导孩子来识别和表达自己的需求和情感，而不是攻击其他孩子。

如果必要的话，你还需要：

- 给孩子提供支持，如果一个孩子忽略了其他人设定的限制。
- 重申家庭规则，如果一个孩子忽略它们的话。
- 帮助孩子解决问题。

5岁的伊娃戴着玩具翅膀在房间跳舞，跟随音乐挥舞着魔杖。她撞倒了7岁的麦肯齐正在玩的玩具屋。

　　麦肯齐：哦，不！都让你搞砸了！我恨你，伊娃！

　　妈妈：你的声音听上去很生气，麦肯齐。你可以告诉妹妹你的感觉如何，而不是攻击她吗？

　　麦肯齐：我很生气，这就是我的感觉！伊娃，我刚把它摆好，你就撞过来了！

妈妈：哦，麦肯齐，怪不得你不高兴。摆好它很费事……恐怕你要重新摆了……

伊娃：我不是故意的，麦肯齐……我只是在飞……你要我帮你把家具放回去吗？

麦肯齐：嗯！可不是那么容易的。我刚刚摆好的。

伊娃：我很抱歉，麦肯齐。我可以帮你把家具摆回去。

麦肯齐：好吧……你可以把卧室做好……但要小心！

4岁的杰森把2岁的尼古拉斯推到一边。尼古拉斯在哭，想站到原地。

爸爸：你们玩得还好吗？我看到尼古拉斯正在哭啊。

杰森抬头，警惕的样子。

尼古拉斯含泪摇摇头表示没有。

爸爸：尼古拉斯，你可以告诉哥哥你不喜欢什么。

尼古拉斯：不喜欢！

爸爸：尼古拉斯，你不喜欢什么？你可以告诉哥哥吗？

尼古拉斯：尼古拉斯不喜欢推！

爸爸（翻译并达成一致）：杰森，尼古拉斯说，他不喜欢被人推，你能别推他吗？

杰森点点头，退到一旁。

杰森的点头使得他有可能尊重他的承诺。如果杰森不点头呢？说明他并没有承诺，他也不太可能停止推人。在这种情况下，爸爸需要继续他的干预。

爸爸：杰森，你好像不想停下来。尼古拉斯说他不喜欢被推。他需要你的同意，让他感到安全。你会停下吗？

杰森摇摇头表示否定。

爸爸：好吧，看来你现在需要推东西，但尼古拉斯不是用来推的。你还能推什么？你的波波玩偶？在这里，让我们给你拿出来，你可以随便推它。你能给我看看你多喜欢推波波玩偶吗？哇！这下推得真有劲儿，杰森！看看你！……现在我需要打扫厨房。尼古拉斯，你想帮我做泡泡洗碗吗？

15个月大的卡希尔打3岁的艾娃。

  艾娃（不动）：哎哟！

  卡希尔笑着再次打她。

  艾娃（咯咯笑）：哎哟！

  卡希尔：哎哟！

  他再次打艾娃，咯咯笑。

  妈妈：嘿，我听见艾娃说哎哟，但我也听到你俩都在笑。你们两个都很高兴吗？

  艾娃：我不想让他打我，但也不是很疼……

  妈妈：听起来你想和他一起玩，但你不确定自己喜欢被打……艾娃，你可以找到别的办法和他玩。你还能怎么做？

  艾娃：我认为他喜欢我说"哎哟！"。到这儿，卡希尔，打沙发。这就对了！哎哟！

  艾娃和卡希尔开始一边哎哟一边打沙发，同时都在咯咯笑。

放学后，妈妈和9岁的克洛伊和7岁的瑞恩回到家。瑞恩动来动去，脱鞋时撞到了克洛伊。

  克洛伊：瑞恩，你个傻瓜，停下来！

  瑞恩：我什么都没做呀！而且我也不傻！

妈妈：克洛伊，骂人会伤人。你要对瑞恩说什么？

克洛伊：别踢我！

瑞恩：我没踢你！

妈妈：嗯……我不知道发生了什么，但我想你脱鞋时也许碰到了姐姐……克洛伊，是这样吗？

克洛伊：我想是的……我觉得好像被踢了一下。

妈妈：就算不是故意踢的也会很疼……瑞恩，你好像没意识到你的脚碰到了克洛伊……有时会出现这种情况。但克洛伊不知道你不是故意碰她的，感觉就好像你踢了她，她还以为你是故意的……我们在这儿产生了很大的误解，结果你俩都不高兴，对吗？

两个孩子互相看看，还是生气。

妈妈：你们是不是可以说点什么，互相和好？

瑞恩：我不是故意要踢你，克洛伊。对不起。但我不喜欢你骂我笨。

克洛伊：我的意思不是说你笨……我只是生气……但是，我觉得你撞到了我。我不喜欢这样。你能小心一点吗？

瑞恩：如果你答应不骂我的话。

妈妈：听起来你们达成了协议。我们家的规矩是不许骂人，也不能不经过别人许可就碰人家。我想，我们可以避免你们不小心碰到别人……大家有主意吗？

瑞恩：我不会和她一起坐在长凳上脱鞋……我可以坐在地板上脱。

妈妈：哇，你觉得这样好吗？你呢，克洛伊？

克洛伊：我觉得很好。我喜欢你，瑞恩，我只是不喜欢有人撞我。

引导孩子互相倾听

通常，如果孩子们不能互相倾听，这是因为他们当时太难过，没有心思关注别人。你的首要目标始终都要是让两个孩子平静下来，以便他们更

能倾听对方。这意味着无论你觉得哪个孩子"有错",你都必须对两个孩子移情。如果你的干预感觉像在攻击其中一个孩子,他就不太可能移情他的兄弟姐妹。这是避免支持任何一方的重要原因之一。首先,深呼吸让自己平静,也许还要背诵一段有点像口头禅的话:"这不是紧急情况。我是孩子的榜样,要让他们学会共同解决问题。"然后:

1. 帮助你的孩子脱离"战斗或逃跑"状态。第一步永远都是用你的态度沟通,恢复其安全感,并在必要时用话语说服,告诉他现在并非紧急情况,并且可以解决。"看来我们有一个问题……我们可以解决这个问题。"

2. 鼓励孩子为自己发声(如在上一节中所述)。"你可以告诉她……"

3. 当一个孩子不听另一个孩子的话,提供支持。"你姐姐说停下来……你需要帮助才能停下来吗?"或者,如果受伤害的孩子说不出话,你可以说:"看看弟弟的脸……看起来他并不喜欢这样。"大孩子已经知道他伤了弟弟,他已经感到了内疚——他只是无法处理自己激烈的情绪。你的目标不是要羞辱他,而是要提醒他,无论他感觉如何糟糕,都不能伤害他的兄弟姐妹,并让他知道你会帮助他调节自己。

4. 如果一个孩子不认为有必要进行谈判,说明你们的家规,并鼓励孩子们制定出一个双赢的解决方案。"你弟弟说他要帮助奶奶用水管浇花园。我们家的规则是很长时间才轮一次。因为我们只能在奶奶家待一天,所以今天我们要缩短轮流的时间,让大家都有机会帮奶奶干活。你们想一想怎么做可以让每个人都高兴?"

引导孩子解决问题

在争论中,我不会集中在"谁做了什么",而是问他们,他们要怎么做来"解决问题",或者"正确做事"。

——翠西亚

帮助孩子们解决问题的基本步骤很简单。你只需陈述问题,鼓励孩子们拿出可行的解决方案,并鼓励他们同意解决方案之一即可。但是,当你学习这样做的时候,你可能要考虑一下具体方式。

1. **做出冷静的榜样**。这会让每个人都能更好地思考,更开放地接受解决方案。

2. **指出问题所在**。当孩子陷入争执,他们只看到其他人的问题;指出问题有助于他们不坚持己见。

3. **如果冲突的问题是某个东西,移走这个东西(或孩子)**,这样大家都不会再纠缠于这个东西。

4. **描述问题但不作判断**,这会使孩子们认识到,两个人的需求或欲望都是有效的。

5. **让每个孩子都对问题有一致的认识**。因为你可能不知道孩子对问题的看法,他们可能对问题在哪儿的认识也不一致。

6. **邀请孩子们拿出解决方案**。在某些情况下,解决方案可能是已经存在的规则:"我们家的规则是,我们不用轮流送礼物,但如果你们愿意，可以这么做。"如果没有规则可参考，可以说："你们该怎么解决这个问题？"

7. 即使孩子还不能读，也可以写下他们提供的解决方案。看到黑板上或一张大纸上写着可能的解决方案，有助于孩子清楚地"了解"解决过程，甚至用你的手机也可以达到同样效果。如果他们被难住了，你可以提出方案建议，但它不应该只是你的想法，不妨加入一些听来有些愚蠢或夸张的点子，让孩子放松地进行头脑风暴。

8. 即使有人反对，也写下所有的解决方案。这是一次集思广益，而不是评估。愚蠢的想法是伟大的，因为它们能逗笑大家，减少紧张。孩子们提出解决方案时，一边口里重复一边写下来。

9. 每次写下一个解决方案，并询问孩子们是否同意该解决方案。

10. 重申一遍孩子提出的反对、妥协和解决方案，然后问孩子新方案是否有效。这是一个重要的步骤。（通常情况下，最好的解决办法会在孩子反对列出的方案时出现。）这将帮助他们表达自己的愿望，并从其他孩子的角度看问题，从而探讨出适合双方的解决方案。在开始的时候，你可以帮助他们想出折中的办法，但随着时间的推移，他们会学着自己做。如果两个孩子意见不一致，解决方案就没有效果。

11. 一旦你们推出了双赢的解决方案，请监督其实施，直到问题解决。我们大多数人都倾向于跳过这一步，但如果你希望孩子随着时间的推移继续致力于这一过程，它是必不可少的。

如果他们在执行商量好的解决方案时很困难，不妨缩短解决方案的周期，以帮助他们克服纠结之处。

请注意，"重申"的作用有很多。有助于孩子们听到和明确彼此的评论，将整个过程"去个人化"，所以解决问题时就不会吵架。随着时间的推移，这会教孩子学会重申自己的观点，从而能够更清楚地沟通，更有效地解决问题——在没有你的情况下！

实际中如何应用？

妈妈：我听到了吵闹的声音……听上去你们两个遇到了问题？

泰勒（5岁）：他一直在敲我的麦格纳瓷砖塔！

朱利安（3岁）：我是想帮他。

泰勒：不，朱利安，你是故意的！你喜欢推倒它！

朱利安：它会倒的！

妈妈：所以问题是，泰勒想自己搭好麦格纳瓷砖塔，朱利安希望帮忙……他也想弄倒它？这就是问题吗？泰勒？朱利安？

泰勒：是的！

朱利安：是的。

妈妈：所以，哥哥想搭好麦格纳瓷砖塔，让它好好的，弟弟愿意帮忙搭，但希望它倒塌……这听起来像一个棘手的问题。你们还能怎么做来解决这个问题？

泰勒：朱利安可以让我一个人玩……我想建自己的塔。

妈妈（写在纸上）：好吧，这是一个可能的解决方案。泰勒可以自己建塔，不用人帮忙，还有别的解决方案吗？

朱利安：但是我也想玩！

泰勒：你可以建自己的塔，朱利安。别来打扰我！

妈妈（写）：那是另一种解决办法？朱利安也可以建立自己的塔？

你们各建各的？

朱利安：不，我不能。我不能搭得像泰勒的那么高。我的塔不好。

妈妈：你不喜欢这种解决方案。好吧，我们来商量一下所有的解决方案。还有别的方案吗？

朱利安（笑）：把塔都推倒！

妈妈：我觉得这有点粗野，朱利安。好吧，我写下来。这个想法是推倒所有的塔？

泰勒：我讨厌这种解决方案！

妈妈：我听着呢，泰勒。还有别的解决办法？

泰勒和朱利安看上去都很茫然。

妈妈：好吧，让我们来看看这些解决方案，找出同时适合你们两个的办法……第一个是各建各的，也不推倒泰勒的塔……你们同意这种解决办法吗？

泰勒：是的！

朱利安看起来还是很茫然。

妈妈：朱利安，这个方案是你可以自己建塔，你也可以推倒它……但你不能推翻你哥哥的塔。好吗？

朱利安：我不喜欢这样……我的塔都不够大。

妈妈：嗯……泰勒，你听到了吗？听起来朱利安喜欢推倒你的塔，因为你的塔更大。

泰勒：我们可以帮他把塔建得很高很大。

妈妈：这听起来像是另一种解决办法，我要写下来……因此，这个方案是"泰勒会帮助朱利安建一座高大的塔，然后让朱利安推倒"？

朱利安（高兴地跳起来）：耶！

妈妈：朱利安，你喜欢这样的解决方案。这意味着，你可以推倒泰勒帮你建的高塔……但你不会推倒泰勒的塔……对吗？

朱利安：好吧……但泰勒，你会帮我把塔建得像天一样高吗？

泰勒：好吧，我们可以建得很高……但你推倒它的时候，我可以帮你吗？

朱利安（笑嘻嘻）：是的！我们是高塔毁灭者！

妈妈：好吧，你们都喜欢这个解决方案：泰勒帮助朱利安建高塔，你们一起把它推倒……我们有了一个双赢的解决方案！但你们怎么才能在推倒那座塔时保护泰勒的塔呢？

泰勒：我在桌子上建塔，它就安全了。来吧，朱利安，让我们来建你的塔，看看推倒它的时候会发生什么！

一步一步解决问题

不带评判地描述问题。	邀请孩子们思考解决方案（或者重申规矩）。
"马修说，他想摔跤……威廉担心有人会受伤。"	"为了保证大家的安全，你们俩同意摔跤的规矩吗？"
"你们俩都想坐红椅子。"	"两个孩子同时想坐红椅子……你们怎么解决？"
"哈维尔说他不想让你扬沙子，吉米；沙子进他眼睛里了。"	"吉米，哈维尔喊停的时候，你需要听他的话。"
"索尼娅说，你的脚一直在踢她的腿，蒂亚戈。"	"共享沙发意味着你们两个的身体要和平相处，你们怎样才能做到？"
"你们三个都想靠窗坐，但有人必须坐中间。"	"嗯……后排只有两扇窗户，有三个孩子。我们要坐两次车——野餐和回家——也许可以轮流？"

不要忘记，解决问题前，先平静自己。然后用微笑或拥抱与两个孩子温暖联结，让每一个孩子都感到安全，都能更开放地面对解决方案。

一旦孩子们提出解决方案：

等待两个孩子都同意某一解决方案。	帮助孩子实施和改善解决方案。
"所以,你们都同意摔跤,但不能打人或者碰对方的脸?"	"马修,威廉说了停,也许我们需要再加一条规矩,当有人说停,两个孩子都要停止摔跤。你觉得怎么样?"
"所以,康纳早饭时坐红椅子,露西午饭时坐,你们都同意吗?"	
"吉米,你能别扬沙子吗?"(如果他现在同意,就不太可能再扬沙子。)	"吉米,看起来你很难不扬沙子。我们需要暂时离开沙坑,休息一下。"
"所以,中间放上垫子把你俩分开,同意吗?"	
"所以,解决方案是,野餐的路上杰斯坐在中间,回来时奥布里坐中间,因为金斯顿根本不用坐中间,所以野餐后他要帮爸爸妈妈打扫卫生,杰斯和奥布里可以在一边玩,行吗?"	"金斯顿,你同意为大家打扫卫生。如果你不喜欢这样,可以和奥布里商量换一下,回来的路上你坐中间。但除非奥布里同意换才行。我现在需要你的帮助——一言为定。"

解决问题与指责

> 每当争执出现时,我都试着不去批评任何人;我从来不问:"这是谁的错?"而宁愿寻找大家都满意的解决方案,因为没有批评就没有愤怒情绪。此外,由于没有人受到批评,也就没有人"有麻烦"。我的孩子们几乎能够一整天都在一起玩,相处得也很好。
>
> ——海伦娜

《纽约客》杂志上曾经刊登了一幅关于一家人在丛林中迷路的绝妙漫画,父亲说:"我承认我们迷路了,但现在最重要的事情是……搞清楚是谁的错!"事情出错时,大多数人都会自动开始责怪别人。我们觉得这样会让心情稍微好一点,因为即使事情出现差错,但我们正在努力弄清楚为什么!在许多家庭中,指责是如此习以为常,我们甚至不会注意到它。

"谁把这里弄得乱七八糟？"

"你嘲笑他，是你不对。"

"这是谁干的？"

我们通常认为，当我们责怪的时候，是在做一些积极的事情，是在让别人做出解释，并教给他承担责任。但如果孩子在将责怪当成一种生活方式的家庭中长大，他们会更戒备，更倾向于自卫、指责和攻击，而不是承担责任。毫不奇怪，专注于解决方案而不是责怪的家庭培养出的兄弟姐妹关系更好。一项研究发现，"如果家庭在讨论问题时都能保持和谐，兄弟姐妹的冲突会减少很多。"[7]

解决办法是什么？我们应该营造没有责备的家庭氛围，请把责怪撤出你的计划。当你准备怪罪别人时，要提醒自己用提问取而代之："谁能解决这个问题？"你将惊奇地看到，一旦无须担心被指责，你的孩子们会争相承担责任。

教给孩子谈判的基本工具

大多数人小的时候没有学过谈判技巧。但这些技巧可以使你更容易地解决日常生活中不可避免的冲突，所有的孩子都应该有所掌握。如果你把这些技巧教给孩子，你就会发现他们开始使用它们并自己解决分歧。

交易

"如果你让我用你的红笔，我会让你用我的蓝笔。"

使交易更诱人

"我真的想要那头大象。如果我把斑马、鳄鱼和大猩猩都给你，

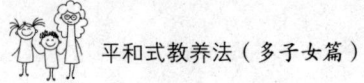

你能把大象给我吗?"

轮流和诱人交易

"我们先玩我的游戏,然后再玩你的游戏。因为后玩你的游戏,玩的时间可以长一点。怎么样?"

平分

"你可以把礼物分成相等的两份……一定要完全相等,因为我会先挑。"

合作

"如果你帮我收拾乐高,我会帮助你收拾积木。"

签订协议或"规则"

"我们想一个什么规则来保证大家的安全好吗?如果有人说'不许动!'大家都别动……你们同意吗?"

书面协议

"好吧,我们约定今晚我先洗澡,但以后两晚你必须先洗。让爸爸帮我们写下来。"

告状是孩子寻求帮助解决问题的方式

我重视自我声明技巧而不是"告状",因此,我会让孩子直接说出"我不喜欢你打我"或者"请不要不问就拿我的东西",而不是告诉父母别人冒犯了他。我希望孩子长大后能够明确表达观点,他们现在分别是2岁和4岁,在这方面仍然需要很多帮助,但它的效果非常好!

——玛丽

父母讨厌告状，部分原因是大多数人都不喜欢带来坏消息的人。告状向我们提出了需要解决的问题，这势必让我们更为恼火。但最大困扰是，我们觉得自己的孩子试图恶意让他的兄弟姐妹陷入困境。当然，我们不希望弟弟偷吃巧克力，但哥哥搬弄是非似乎更不对，我们会觉得孩子在以给弟弟找麻烦为乐。

爱的引导可以大量减少告状，因为没有任何人"有麻烦"。你可能会介入，但你是寻找解决方案而不是指责。如果你已经完全停止惩罚，那么你的孩子就不怎么愿意告状。

当然，当他们不知道如何处理兄弟姐妹间的问题时，孩子们还是会来找你。你希望孩子知道，他们可以随时来找你倾诉困扰。如果孩子不清楚如何处理现状，他来寻求你的指导是好事，你不但不能拒绝，还要提供帮助，但你的角色不是复仇天使。首先，你不了解整个过程。其次，你解决了问题，孩子就没有机会自己去解决。最后，如果你强行提出解决方案，两个孩子可能都不会接受。所以，当孩子向你"告状"，告诉你兄弟姐妹是如何对待他的时候：

1. 深呼吸，提醒自己，你的孩子正在以他知道的唯一方式解决问题。

2. 重申情况，确保你理解了他所说的。当然，你知道孩子的讲述也许并不总是可靠，但是你要承认他的看法。"让我看看我是不是听明白了。你哥哥说，如果你不按照他的方式玩游戏，你就不能参加他的生日派对，是吗？"

3. 如果"冒犯"是针对来找你的孩子的，你要先移情孩子，然后支持他去寻找解决方案。"如果弟弟说那样的话，真的会让你受伤……听起来你们两个人都生对方的气，所以弟弟才说出了难听的话……我想知道你现在想做什么来解决问题？你能对弟弟说点什么？"

4. 问问孩子是否希望你帮忙，或者只是谈谈就行了。"听起来你知道该怎么对弟弟说……如果你希望有人陪你一起去，请告诉我。"

5. 如果孩子告诉你的事情与他无关，先移情，如果值得赞赏再表示感谢，然后采取行动。
"克里斯托弗想爬到窗外去！"
"法蒂玛在墙上画画！"
"你哄宝宝睡觉的时候，何塞在玩电脑游戏！"

　　克里斯托弗在从事危险活动。法蒂玛在搞破坏。何塞在违反家规。事实是，你很高兴知道这些信息，但恼火你的孩子试图让她的兄弟姐妹陷入麻烦。你对此会如何回应？

　　把这看成孩子其实是关心别人的安危或财产，还在担心家庭的规则被违反。他来找你的时候充满担忧。家规是否重要？你会保证每个人的安全吗？

　　所以，要认可孩子的关心，向他保证，你会处理的。"让我想想，何塞在玩电脑游戏，这是违反规则的……你听起来很担心……别担心，亲爱的，我会和你哥哥处理这个问题。"

　　如果事情正在发生，请采取行动。"我的天，法蒂玛在墙上画画？谢谢！让我们去营救这面墙！"

　　然后与规则破坏者私下谈谈，就像孩子打破规则时你总是会做的那样。

第五章　当解决问题失败：教导解决冲突的办法

> 兄弟姐妹是我们的陪练，他们教给我们公平、合作、善良和爱心，而且常常以不那么让人舒服的方式。
>
> ——帕梅拉·达格代尔

在上一章中，我们看到你如何教给孩子传达他们的需求，共同解决问题。但还有一些不可避免的问题，这些技能可能无效，冲突则必然爆发，这时我们该怎么办？

来一件"我们和睦相处"T恤衫怎么样

你的孩子们争吵不休——又来了！你差点就要发作。你该怎么办？

1. 把他们送回各自的房间。
2. 找一件超大号的成人T恤，用黑色记号笔写上"我们和睦相处"，把它套在孩子们身上，让他们都进到衣服里面，强迫他们身体完全接触。现在,他们不得不与对方"和睦相处"!

3. 和孩子们坐下来。帮助每个孩子向另一个描述他们的烦心事,让他们感觉得到了倾听。帮助每一个孩子换位思考,发展出同理心。帮助他们来一个头脑风暴,让他们找到一个双赢的解决方案。

如果你觉得第三条比较麻烦,第二条听起来像一个有创意的解决方案,你不是第一个有此想法的人。"我们和睦相处"的 T 恤图片经常能在网上见到,穿着他们的是那些羞愧、闷闷不乐或者哭闹的孩子。很多父母在网上评论说,这些照片令他们眼前一亮,马上就想尝试一下。

我能理解为什么父母会想尽一切办法让孩子停止打斗。兄弟打架是许多家庭的家常便饭,所以父母为此生气并不奇怪。但这种方法不能教给孩子不打架。它能教给孩子什么呢?

1. 这表明父母不知道如何帮助孩子以尊重的态度解决分歧。
2. 它教给小孩子与人"和睦相处"——换句话说,就是将自己的意愿告诉大孩子,避免引起父母的愤怒。
3. 它教导大孩子"欺负别人"——换句话说,就是用自己的力量迫使小点的孩子按照他的意思行事。
4. 它告诉两个孩子,他们没有权利决定自己的身体能否被触摸。
5. 它侮辱了两个孩子,让他们觉得成人可以运用权力羞辱和征服比他们弱小的人。
6. 它告诉孩子们,如果他们公开表达自己的情绪和不满,父母会很生气,所以他们应该用更秘密的方式攻击对方。
7. 这让每个孩子变得更加不安和愤怒,为此,他们——自然地——责怪他们的兄弟姐妹。这样不仅无法教给孩子用同理心思考,还几乎肯定使子女间的关系变得更糟。
8. 它让孩子非常清楚地意识到父母不真正关心他们是否有良好的关

系，而只是希望他们不要大惊小怪。

当然，需要时间来帮助孩子以和平方式解决他们的冲突。简单认为如果孩子没有选择就能和睦相处的想法是相当诱人的，但这样做就相当于说："如果他们觉得很累，就会自动上床睡觉……反正我要先睡了。"这违背了我们作为父母的责任。

与之相反，一旦你开始定期使用某种冲突解决方法，你的孩子就能学会如何表达自己的感情，运用移情去倾听，寻找双赢的解决方案。他们会在分歧升级为冲突之前解决分歧，战斗也会少很多——你的参与也会少很多。你的孩子意识到，在每段人际关系中，都有可能出现分歧，但总是可能以尊重的方式解决问题，而无须否认自己的感受，勉强"和睦相处"。

为什么打架对教导孩子学习人际关系技巧必不可少

冲突是所有人际关系的一部分。道德发展领域（从皮亚杰开始）的专家们指出，儿童通过面对自我和他人的需求冲突学习道德。[1]为规则和公平而战是个历史悠久的传统，是必不可少的道德和是非判断力的发展步骤。所以一定量的兄弟争吵不仅是正常的，而且对我们的孩子非常有用。

事实上，如果"平和"植根于孩子经常被迫压抑他们的需求，以适应兄弟姐妹，这对任何孩子都没有好处。孩子需要发出他们的声音，学会如何表达自己的需求，并尝试满足他们的目标的战略。

当然，孩子们也需要学习倾听对方、表达对别人的认同和管理自己的愤怒，而不是恐吓他人。他们需要学习如何保持联结，同时满足双方的目标。

所以，冲突是必要的，但对于孩子而言，真正有价值的并非是冲突本身，而是冲突给了孩子成功推出双方都满意的解决方案的实践机会。所以，父母的目标不是通过代替孩子解决难题来维护和平，而是利用日常自然出现的许多冲突帮助孩子创造成功的解决方案。当然我们的榜样作用必不可少——帮助孩子们在行动中看到相关技能，孩子们也需要运用这些技能。

与兄弟姐妹多次合作解决问题的经历给了他们信心，知道即使处于情绪运行的热点，他们也可以依靠找到双赢的方案解决问题，避免诉诸武力。

因此，下一次你的孩子打架，请提醒自己，这是一个教育的机会。如同所有的教学时刻一样，当孩子能够通过经验发现教训，正是他们学到东西最多的时候。

如何帮助孩子学会自己解决问题

西奥多·德雷克斯（Theodore Dreikurs）是积极养育的创始人之一，他在50年前就指出，孩子打架是为了获得父母的关注，而家长能做的最糟糕的事情就是出面干预。后来的大量研究证实，如果父母能做到不介入，孩子打架的次数的确会减少。

但多年来的各种研究给以上理论增添了更多的复杂性。是的，没有父母的干预，兄弟姐妹的确较少打架，但现在已经明确的看法是，这是因为孩子觉得他无法说服兄弟姐妹考虑自己的需求，所以放弃了争取。没有父母的干预，大部分纠纷的结果是力量较强的兄弟姐妹获胜，弱者只能服从。[2] 事实上，成年人虽然不干预纷争，但如果父母在场，即使假装完全无视孩子的纠纷，也会提升争端的侵略性。[3] 很明显，正如一位研究者观察到的，"孩子……明白【父母】不会干预其行为，这可能会导致更频繁或更有攻击性的冲突。"[4]

这是千真万确的，如果父母干预，往往会由他们决定谁是正确的，并告诉孩子们如何解决问题，反而会增加打架的数量，其中至少有部分因素是因为这样会增加兄弟姐妹之间竞争的感觉。当一个孩子因为父母的干预而"赢了"——即使他确实没有错,孩子们也会觉得,他是因为父母的偏袒而胜利的,"输掉"的孩子就会心怀不满,更有可能引发另一次战斗。

但还有另一种更有益的父母干预方式:父母重申家规,帮助孩子向其兄弟姐妹表达自己的需求,让孩子有信心通过满足双方需要解决问题,并借此发展出更好的解决问题的能力。较弱的一方会更愿意站出来表达他的需求,孩子们更有可能想出公平的解决办法,争吵也会减少。甚至当他们打架时,父母的干预也会造成改变:更少的身体冒犯,更多的表达自己的感觉,更遵守社交规范(而不是简单地互相攻击)。[5]

因此,虽然我不认为成年人应该自动跳出来解决子女争端——因为,正如我们已经讨论过的,应该让孩子在实践中学习——我也不完全同意常见的看法,认为家长应该简单地"让孩子自己想办法"。虽然孩子经常找出解决事情的方法,让双方都高兴,但破坏性模式也经常得到发展,造成受害者反复受害,或者以孩子们互相憎恨告终。为什么我们不能在人类关系的这样一个关键领域指导孩子呢?

我怀疑人们建议家长应让孩子们自己处理冲突的原因是,大人的介入常常使事情更糟。这并不是因为我们一无所知,而是因为我们很难调节自己的情绪。当孩子感到不安,我们会感到一种强烈的冲动去解决问题,马上解决。因此,我们会迅速判断情况,决定谁是正确的,谁是错误的,并提出解决方案。哇!又解决了一次冲突,谢天谢地。

然而我们并没有解决。任何偏袒都会导致孩子的不满,它们迟早会爆发。为什么呢?因为如果你选择支持其中一方,就不能真正确保公平,即使一个孩子是永远的受害者,说不定他也会经常激怒另一个孩子或者以其他方式发起冲突。而这类特殊的冲突只是你不能完全明辨的众多冲突中的一种。

但是,还有一个更重要的原因。无论偏袒哪个孩子,都会让另一个疏远你。毕竟,她认为她是对的。即使她才 4 岁,而且冲着 11 个月大的妹

妹叫嚷——因为妹妹看了她的玩具。如果你支持妹妹，姐姐会觉得你更爱妹妹，这增加了她的敌意。无论你支持谁——即使你很客观很正确——一个孩子觉得赢了，另一个觉得输了，都会加剧对立。

所以，两边的意见家长都要听取——不是为了最终判断对错，而是让孩子们觉得自己得到了倾听——然后帮助他们用双赢方案解决问题，赋予孩子自行处理问题的权利。更好的期待是，他们不会觉得自己受到了不公平的对待，所以孩子间的竞争会随着时间的推移削弱。

因此，父母的干预并非问题所在，偏袒才是问题所在。诀窍是规范我们自己的情绪，以使我们能够保持冷静，同情两个孩子，抵制我们决定谁正确的冲动。这为孩子学习如何在彼此不伤害或怨恨的情况下解决问题创造了基础。

正如我们一开始非常投入地教给孩子使用便盆，最后完全退出参与一样，我们一开始也可以非常投入地帮助孩子们学习解决冲突的技巧，最终退出参与。后来你会发现，孩子们已经能够完全独立地找到自己的解决方案。

如果你认为孩子现在就应该知道如何和睦相处，这并非你一个人的看法。毕竟，你每天都要重复自己的话，声嘶力竭地试图教导他们。但是，请思考一下他们实际上听到了什么，你说的话是否跟下面这些话有些相似？

"不要抢宝宝的东西！还回去！"

"你必须分享。你已经玩了很长时间啦。"

"你年龄大，你应该知道的！"

"你们就不能对别人好点吗？"

"如果我猛推你，你会有什么感觉？"

"不要吵，否则你们都得回自己的房间。"

虽然这些告诫都是完全可以理解的，但它们并没有真正帮助孩子学习如何满足自己的需求，同时尊重他人需求的满足。如果我们想要他们友好相处，我们需要教他们具体怎么做。这意味着我们需要教他们说什么话，以及如何使自己平静到能够倾听他人。这也意味着，我们必须避免代替他们解决问题，克制急于在孩子之间打圆场的冲动。《没有坏孩子》(*No Bad Kids*)的作者珍妮特·兰斯伯里(Janet Lansbury)说："成年人想要摆平孩子间的争端，避免其情绪爆发，要让父母克服这样的倾向是一个很大的挑战。但是，我们的干涉不会让孩子有任何收获，只会让他们依赖我们解决此类问题，自己却无法处理冲突。"

儿童争吵的10大原因，以及如何解决这些问题

争吵是口头表达烦恼或敌意。争吵尚未完全升级为打架，但有升级的可能。或者，争吵可能一整天都在持续，直到惹得你火冒三丈。

孩子可以因为各种原因"斗嘴"，其中大部分可归入以下类别：

1. 因为需求引起的暂时冲突。
2. 兄弟姐妹之间出现了未解决的冲突或逐渐形成的不满。
3. 性格差异造成的烦恼。
4. 一个孩子嫉妒另一个，可能由最近的某件事引起，也可能因为一个持续的原因。
5. 他们感到无聊（在这种情况下，他们需要的是刺激）。
6. 他们希望得到你的注意。
7. 他们在争夺权力、尊重或地位。
8. 他们脾气暴躁或易怒，兄弟姐妹是最容易让他们发脾气的人。
9. 孩子被家庭以外的人粗鲁对待，他试图通过以同样方式对待兄弟姐妹来解决自己的困扰。
10. 兄弟姐妹的其中一个比其他人希望得到更多的联结。

一定量的争吵是正常的，因为孩子们还在学习如何适当地表达自己的需求。但争吵总是事情并不理想的标志，它就像汽车仪表盘上的灯，提示你需要换机油。当它第一次闪烁时，你不必采取行动。但是，如果你一再忽视，灯会一直亮着，然后在某个时刻，你的车会出毛病。

你应该如何干预？不妨使用你目前在本书中学到的引导孩子表达需求、解决问题并彼此设立限制的方法。

- 保持冷静，与两个孩子沟通，表示同情。
- 描述问题，不要判断。
- 翻译，引导每个孩子向对方表达感受，避免攻击。
- 重申家庭规则。
- 引导孩子解决问题。

以下是如何把它放在一起。

因为需求引起的暂时冲突

如果父母稍加鼓励，孩子们经常可以自行解决此类问题。

艾玛：让让！沙发不是你一个人的！

梅森：我先坐在这儿的。

妈妈：我听到你们都想坐沙发，这个问题不好解决，因为我们没别的沙发！你们能做些什么来解决问题吗？

梅森：我先坐的，还没轮到别人呢。

艾玛：我不喜欢坐在地板上看恐怖电影。沙发上感觉更安全。我们可以分享吗？

梅森：如果你别碰我，看到恐怖镜头的时候还不尖叫，就能坐。

艾玛：好吧。我们把这个枕头放在我们中间怎么样，免得我不小心碰到你?

梅森:好。但是,不要尖叫!

未解决的冲突或逐渐形成的不满

孩子们通常需要父母的协助。

凯莉:你总是睡上铺,这不公平。我已经够大了,我不会掉下去的。

帕克:你不能睡上铺是因为你是一个女孩。

爸爸:其实,我不认为这和她是女孩有什么关系,帕克。我认为你总是睡在那儿的原因是你年龄大。现在我听凯莉也很想睡在上铺。我们怎么来解决呢?让我们记下我们所有的想法,看看能找出什么方案。

性格差异造成的烦恼

孩子需要你的帮助来学习与他人相处,这意味着每个人都应阐明自己的需求,你要帮助他们弄清楚如何满足各自的需要。

莱昂纳多:闭嘴!我都不能想问题了!

苏菲亚:我只是在唱歌。

莱昂纳多:你总是唱歌!

妈妈:我听到有人在大声说话。苏菲亚,我听见你在高兴地唱歌。莱昂纳多,我听到你说这样太吵了。我们需要一个解决方案。我们可以做什么呢?

莱昂纳多:我只是想静一静!

苏菲亚:我有权利唱歌!

妈妈:苏菲亚,你当然有权利,我也爱听你唱歌。莱昂纳多说他现在需要安静,这也是他的权利。我们能做些什么,让你们的需要都能满足?

苏菲亚：莱昂纳多可以去他的房间。

莱昂纳多：我要留在这儿玩积木！你也可以去你的房间！

苏菲亚：我想留在这里听音乐！

妈妈：嗯……一种解决方案是你们待在不同的房间。但是，听起来你们两个都想留在客厅听音乐和玩积木，还有其他的解决方案吗？

两个孩子看着她，面无表情。

妈妈：嗯，比如说，苏菲亚可以到别的地方听音乐……或者莱昂纳多到别的地方玩积木……或者莱昂纳多戴上我的耳机——挡住声音。

莱昂纳多：我想要耳机！我要戴很长时间！

妈妈：你想戴多长时间都可以。

嫉妒，可能由最近的某件事引起，也可能因为一个持续的原因

搞清楚嫉妒的根源。在这种情况下，妈妈才能看清这是她自己的行为引起的。

安东尼：你想做什么就能做什么……爸爸妈妈什么都顺着你！

基娅拉：你只是嫉妒！

妈妈：安东尼，你好像对基娅拉感到生气……告诉我你为什么心烦。

安东尼：你总是说我年龄大，我应该表现得更像大孩子，所以总是得听她的。

基娅拉：我没有！

妈妈：基娅拉，我听到你说，你并不总是想做什么就能做什么。你等一下可以多和我说说，但现在我们要听安东尼说什么，他那样说，其实是对我生气，而不是对着你。安东尼，我听到你说，你觉得我不公平，因为你和基娅拉有分歧的时候，我希望你听她的，因为你比她大。如果我真是这么做的，看起来当然是不公平。你们都有权要

第五章 当解决问题失败：教导解决冲突的办法

求自己想要的东西，并试着找到大家都满意的方法。所以，如果我真是这样做的，我向你道歉。安东尼，当你觉得我做得不公平的时候，你能告诉我，然后我们想办法解决吗？

无聊

说明问题，重申家规，重新定向。

诺亚：爸爸，阿比盖尔缠着我。

阿比盖尔：我没有！我想告诉你一些事情！

爸爸：嗯……听起来好像阿比盖尔想和你谈谈，诺亚。

诺亚：嗯，我不想和她谈！

爸爸：那没关系。如果你现在不想跟她玩，你也不用非要跟她玩。但你必须尊重她。这些话可能会伤害她。你可以找到不同的方式告诉她你现在很忙吗？

诺亚：阿比盖尔，我正忙着做我的纸飞机。你可以过一会再来跟我玩。

阿比盖尔：但是我没有事干！我能做些什么？

爸爸：阿比盖尔，我听你说想找点事干，诺亚说他还没有准备好现在和你玩，他希望过一会跟你玩。你为什么不来到外面帮我洗车呢？你一直喜欢玩水管呀。

渴望你的关注

如果孩子每天能够得到父母一对一的陪伴，他们通常不会为了父母的关注而吵嘴。然而，如果你把注意力从孩子转到电话或显示屏上，他们往往会变得焦躁。毕竟，他们需要知道，如果有紧急情况，你会帮助他们。（我知道，这听起来很疯狂，但遗传基因就是这么编排的，幼儿需要父母的持续关注,因为这样增加了他们的生存率。)在你拿起电话或答复电子邮件的时候,不妨让孩子做些有吸引力的事。如果还是爆发了争吵,要向他们保证你会陪伴他们,并安排他们单独从事不同的活动。

阿里安娜:哈哈哈哈!我拿到你的毯子了!

弗林:那是我的!放回去!

妈妈(对着手机说):我等会给你打过去……阿里安娜,弗林,这是怎么回事?

弗林:我的毯子!

阿里安娜:你的宝贝。我正打算把它还给你呢……拿着。

妈妈:我需要安静,我要打电话。阿里安娜,你知道不能嘲笑别人。

阿里安娜:我觉得孤单。

妈妈(手臂搂住她):阿里安娜,亲爱的,我就在这儿,在我的桌子这里。我打电话的时候,你想过来坐在我旁边画画吗?你只需要安静几分钟。

阿里安娜:是的,我给你画一幅美丽的画!

妈妈:好吧。带上你的蜡笔和一些纸,把它们拿过来。

妈妈(拥抱弗林):你拿到毯子了……你准备玩什么,弗林?

弗林:多莉推车!

妈妈(弗林朝着娃娃走过去):太好了!你要带它们去走廊里散步吗?

争夺权力、尊重或地位

教给孩子价值观,满足他们被尊重的需要,为孩子们找到健康的竞争方式,确保你给他们做出了恰当使用权力的榜样。

第五章 当解决问题失败：教导解决冲突的办法

亚历山大：我赢了！我先进门的！

马蒂亚斯：这不公平！你总是第一。

亚历山大：那是因为我是最快的。

马蒂亚斯：你不是！你是最没劲的。你把我推开了。

亚历山大：你没有我快，没有我强，那我也没办法。我是个男子汉。

马蒂亚斯：我也是男子汉！

爸爸：听起来你们两个都觉得自己是男子汉。我也是！但是，男子汉是什么意思？

亚历山大：就是说你是赢家，你很强大，你动作快，没人能欺负你。

爸爸：嗯……就是说，男子汉可以欺负别人？

亚历山大：嗯……不是。

爸爸：你认为一个男子汉应该不在乎别人的感受吗？男子汉什么都可以占先吗？

马蒂亚斯：是啊！男子汉不会欺负人。如果有人不高兴了，男子汉会跳舞给他看。

爸爸（教导价值观）：我认为有时候人们会弄不清楚——男子汉是什么意思？但我知道，你们两个孩子都关心别人，我知道你们都不会只顾自己不管别人，我想要成为这样的男子汉。

亚历山大和马蒂亚斯（一起）：我也是！

爸爸（不偏袒任何一方，即使亚历山大常常推人）：你们好像都希望是第一个进门的，但如果推人的话，会有人不高兴的。有没有办法解决呢？

马蒂亚斯：我们可以轮流进。

亚历山大：但是我喜欢当第一！

爸爸：我听到你说的了。我想大多数人都喜欢当第一。但是，你想成为那种总是要得到自己想要的东西，即使这会让别人难过……甚至把别人推到一边吗？

亚历山大：嗯……

爸爸（为亚历山大找到健康的竞争方式）：我不知道你能不能参加别的方面的竞争，争取最好，做第一名。赛跑怎么样？你觉得你能在比赛中跑得最快吗？

亚历山大：能！

马蒂亚斯：但是回家不是一场比赛。

爸爸：说得对，回家不是一场比赛。所以你们两个怎么做才算公平？

亚历山大：好的，我们会轮流进门。但是爸爸，我们明天就练习赛跑好不好？

爸爸：当然可以。只要你和马蒂亚斯明天约定好谁先进门，然后我们就去跑步。

坏脾气或易怒

父母干预帮助发起攻击的孩子处理让他不快乐的问题。

路易斯：你画的画很难看。

玛雅：你是个坏蛋，路易斯！

妈妈：我听到了一些伤人的话。路易斯，你似乎想伤害妹妹的感情……而且妹妹被伤害了！你是生她的气吗，还是只是心情不好？

路易斯：我讨厌一切！

妈妈：哇！你心情不好。快来和我一起坐在沙发上，告诉我为什么。

孩子被家庭以外的人粗鲁对待，他试图通过以同样方式对待兄弟姐妹来解决自己的困扰

重申有关文明礼仪的家庭规则，了解孩子侵略行为的原因，帮助孩子以健康的方式表达他的感受。

第五章 当解决问题失败：教导解决冲突的办法

迈尔斯：贾克森是臭大粪！

贾克森：我不是！

迈尔斯：贾克森是臭大粪，贾克森是臭大粪。

贾克森：别闹了，迈尔斯！你真坏！

迈尔斯：贾克森是臭大粪和爱哭鬼……看看，你就要哭了。

爸爸：迈尔斯，我们的规矩是不能骂人，不能嘲笑人……贾克斯，你可以告诉你哥哥你想要什么。

贾克森：我想让他别再叫我臭大粪！

迈尔斯：你也是臭大粪，爸爸！

爸爸：迈尔斯，你现在又来骂我了，这是怎么回事？

迈尔斯：怀亚特说我是臭大粪和爱哭鬼。我不是。

爸爸：迈尔斯，怀亚特那样叫你，一定伤害了你的感情。我知道你想要感觉好一点，但骂我们不会让你感觉更好。你知道怎样有帮助吗？假装我是怀亚特，告诉我你想要什么。

迈尔斯：怀亚特，不要骂我。我不是真的哭了。你那样做伤害了我的感情，别再骂人了，否则我就不和你做朋友了。就这样！

爸爸：好样的，迈尔斯。看来你准备这样告诉怀亚特。下次他骂你的时候你就这样跟他说，怎么样？

迈尔斯：也许可以。

爸爸：好的，我们接下来可以练习一下，这样你明天就可以告诉怀亚特了。现在，你想和我玩一会吗？玩一会能让人感觉好很多。

迈尔斯：耶！

爸爸：好吧，让我们开始。但首先，你想对你弟弟说什么吗？

迈尔斯：我很抱歉，贾克斯。你其实不是臭大粪。

贾克森：好吧。我也能和你们玩吗？

爸爸：当然！迈尔斯和贾克森队对战爸爸！

兄弟姐妹的其中一个比其他人希望得到更多的联结

帮助孩子表达自己渴望亲近的想法,帮另一个孩子知道她的爱心,即使她现在还不能与前者联结。

伊森（跳到艾米丽的背上）：我抓住你了！你是我的小马,我骑着你！

艾米丽：伊森,停！下来！我必须做功课！

伊森紧贴艾米丽的脖子,她试图把他打下来。

妈妈：伊森,你听见了艾米丽的话吗？她让你下来。当有人说停止,你就要停止。

伊森下来,垂头丧气。

妈妈：伊森,你想告诉姐姐,你想要跟她玩？

伊森：我从来都没机会跟她玩！

艾米丽：伊森,等你长大了,你会明白,我要做家庭作业！

妈妈：我听伊森说他很想现在玩,但艾米丽要做功课……伊森觉得他没有得到足够的时间与艾米丽玩耍……我们能约一天让艾米丽和伊森一起玩吗？

艾米丽：嗯,我很忙。做完功课后,我想和隔壁的亚历克西斯玩。

妈妈：艾米丽,你自己的时间你说了算,如果你不想你就不必跟伊森玩。但我觉得伊森真的很想和你一起玩。

艾米丽：别担心,伊森。我依然爱你。我会尽快和你玩。我只是今天很忙。（她拥抱伊森,伊森笑着拥抱她。）

妈妈：伊森,你想骑小马？如果你愿意,我可以当5分钟小马,然后我们出去耙树叶……我敢打赌,你一定会喜欢在树叶上跳来跳去。

伊森：耶！

在上述每种情况下，父母本来都有可能批评"惹事"的孩子。然而这只会让他们更加难受，未来出现更多的争吵。相反，如果家长意识到孩子需要帮助，是通过争吵表达合理需要，随着时间的推移，这种教导可以帮助孩子识别和表达自己的需求，并听取他们的兄弟姐妹的需求，这样他们就可以自己解决问题，满足各方的要求，你甚至都不需要参与。

如何用开玩笑疏导争吵

> 让我自己成为目标总会解决孩子们的冲突困局。
>
> ——劳伦斯·科恩，《游戏力》作者

有时候，你会对争吵失去耐心。在这样的时刻，我觉得很难认真对待孩子的担忧。你们俩都需要这把勺子，真的吗？难道你们不能去厨房再拿一把吗？你们想让这种小事破坏我的星期天早晨吗？

你会觉得自己的情绪紧张起来，而且知道自己很快会提高声音，命令大孩子到厨房自己拿一把勺子。或者，也许你会拒绝偏袒任何一方，你会告诉他们，不用再去拿勺子。但是，你也知道，这样做不会让争吵停止，因为每个人现在心情都不好——包括你！你能做些什么呢？

让每个人都笑！笑声打破僵局。它实际上会通过减少应激激素和增加结合激素改变体内的化学反应。所以，当你的孩子一起笑的时候，他们的关系会变好，尤其是当他们笑你的时候！

帮助我让孩子们欢笑的专家是劳伦斯·科恩博士，《游戏力》一书（和其他几本书）的作者[7]。多年来我一直向家长们推荐下面的游戏，科恩博士在其中的大多数游戏上启发了我。其基本思路是转化孩子们互相的敌意，使你成为他们的目标。在这个过程中，你引他们发笑，让欢笑蒸发掉他们战斗的本能。他们联合起来反对你，就可以将敌意转化成兄弟姐妹间的团队精神。他们不能不注意到坚持要勺子是荒谬的，如果他们能意识到自己的争执有点傻，那就更好了。但是，你不能嘲笑他们，反而要

使自己成为嘲笑或竞争的对象,以转移他们对对方的攻击,并消解攻击。例如:

1. 这是我的!父母抢走勺子跑掉,做出兴高采烈和迷恋勺子的傻乎乎的样子,比如拿它跟家里的其他勺子比较,表示这一把是最好的。"你们两个加起来也没法从我这里把它抢走……我不会把它让给任何人!我要用生命捍卫这把勺子!"

2. 我呢?!"你们两个一直在争这把椅子,但我还从来没上去坐一下呢!"父母假哭,或者开启嬉闹模式:"把它搬过来,轮到我坐了!"一下子坐到孩子们的身上,如果他们想把你推走,开始和他们打闹,假装捍卫自己的权利——或者别去管他们。

3. 目标转移。当一个孩子挑衅另一个时,你需要介入。"嘿,我敢打赌,你不敢惹我!"然后做出吓坏了的样子跑掉。你甚至可以让比较"弱"的孩子控制局势,并敦促孩子们组队对抗你。"你们两个追不上我……你们一起来也抓不住我!"

4. 请问你们两个愿意打架吗?当孩子们处在争吵的温和阶段,还没大发脾气之前,父母说:"你们两个现在可以吵一架吗?"当她们开始吵架时,假装自己是电视评论员。"今晚,我们欢迎大家收看两姐妹吵架的现场直播!她们会不会解决问题?请和我们一起观看!快看,姐姐很霸道,但妹妹在挑衅!两个姑娘都想要同一块奶酪!她们会吵出结果吗?请不要换台……"孩子们会不由自主地被你逗笑,同时会联手采取行动对付你,并且她们会很快准备合作以解决争吵的根源。

第五章 当解决问题失败：教导解决冲突的办法

当孩子们争吵时

代替忽略或惩罚　　　　　　　　　试着设置限制

　　孩子挑衅兄弟姐妹是因为他们嫉妒，或者需要你的关注，或者这样能让他们有权力在握的感觉。忽略这些无法解决孩子的动机，惩罚更是会帮倒忙。

运用移情

左：承认孩子的感受，同时设置限制。
右："执行"你的限制时，要用联结满足孩子的深层需要。

当孩子们争吵时

和建立联结

左：嬉闹让孩子发笑，缓解紧张，帮助他们感觉到与你重新联结。
右：当孩子觉得与你联结时，重申家规。

　　如果笑完之后孩子们又回到同样的争吵中怎么办？或者你未能逗笑他们？这可能因为一个或两个孩子都特别不高兴。然后，就不只是争吵，随着情绪不断升级，争吵转为真正的战斗。出现这种情况时，你会意识到，因为不管你多么卖力地做出滑稽可笑的动作，正在争吵的孩子中的一个或两个都笑不出来。你尝试惹笑他们的举动甚至会让他们觉得你没有认真对待他们的感受，这只会让他们更加生气。或者，他们开始笑起来，但很快就会以流泪结束。无论如何，这是你停止的信号，请停手（无论你在做什么），深呼吸。然后再次努力，这一次用移情和翻译来帮助孩子表达其需求和感受，然后引导他们找出双赢的解决方案，如前面的章节中所述。如果冲突白热化，请继续阅读本章！

鼓励孩子站起来面对嘲笑

由于大多数父母小时候也被嘲笑过,所以许多家长看到孩子间的嘲笑,会觉得无伤大雅。如果嘲笑是互惠或者无害的,那它意味着欢笑和关系的拉近。事实上,一些成年的兄弟姐妹,特别是兄弟之间,几乎完全是通过嘲笑来表达感情的。

然而嘲笑也存在一定的不尊重成分,即使它是"为了好玩"。孩子们的嘲笑通常是为了伤害,即使孩子声称他在开玩笑。当一个孩子开始嘲笑他有而别人没有的东西,或者嘲笑别人的局限,嘲笑就成了刻薄和争夺高下的一种温和的形式。

"我的这块比你的大!"

"卡特不知道怎么做是正确的!"

如果你想知道是否要介入,那就看看孩子被嘲笑后的表情。被嘲笑者是唯一可以决定自己是否受到情感伤害的人。鼓励那个孩子站起来为自己发声:"卡特,你看上去挺伤心,难道你哥哥说的话伤害了你的感情?你可以告诉他,他那样说话伤害了你。"

学习受到糟糕对待时为自己辩护,这对孩子来说是一种很好的练习。通常情况下,这足以让嘲笑停止。如果没有,你可能需要调用你的家庭规则:"我们家的规矩是,我们要亲切对待彼此。安德鲁,你听见卡特说话了吗?他说,他觉得你的意见伤害了他。"

通常情况下,引导被嘲笑的孩子,提醒嘲笑者规则足以结束嘲笑。但是,如果被嘲笑的孩子崩溃了怎么办?

使用移情、给予支持和请求授权:"哎哟!听到哥哥这样说你,一定感觉很难受。你想让我帮你和哥哥谈谈吗?不?……你依然显得非常不高兴。你知道,你不必让哥哥决定你的感受……他可以说他想说的,但你的感受由你来决定……你不必给他那样的权力。"

如果一个孩子养成了嘲笑别人的习惯，这是他遭到别人嘲笑或者受到其他类型的伤害的警告。你可以使用笑声来抚平诸如此类的错误。只需让你自己成为被嘲笑的对象："嘿，我听说你骂他臭大粪。我是这里唯一的臭大粪。你们知道臭大粪会干什么？他要给你们一个大粪拥抱！"然后在房子里追赶孩子，威胁要拥抱他。他会尖叫与欢笑，这将有助于化解其受伤的感情。如果你经常这样做，你就会发现，当他心里感到糟糕的时候，他就会找你嬉笑打闹，而不再是嘲笑兄弟姐妹。

有没有捷径可走？你只需抓住戏弄人的孩子，给他一个熊抱，说："这些话听起来可能会伤人……你知道，在我们家，我们要互相善待……你必须让我再抱一次！让我们看看能做点什么！"

两个孩子互相嘲笑怎么办？忽略不管会让孩子觉得嘲笑并不要紧。可以用嬉闹的方式干预，或者——如果孩子们太生气，笑不出来——用与上面这些解决争吵相同的方式帮助他们。

刻薄语言

孩子需要有机会表达自己对一切事情包括对兄弟姐妹的负面情绪。所以，如果孩子说她讨厌小宝宝，你可以把这视为帮助她表达情绪的机会，而不是责备她说出这样可怕的话。（参见第十一章）但随着宝宝长大，能够听懂姐姐所说的话，你就需要对两个孩子的情绪做出回应。

举例来说，如果孩子说："为什么她一直在这里？我希望我没有妹妹！"你要像往常一样运用移情："有时候你希望我把所有的都给你。姐姐和妹妹要同时得到父母的爱，确实比较难。"

然后补充说："有时候，一家人也会生气，但他们仍然彼此相爱……你可以在对别人生气的同时爱他们……因为我们是一家人。有时候，我会单独陪伴你们每个人，这非常好；有时候我们都要在一起，这对我来说也非常好。你们两个我都非常非常爱。"

如果孩子口头上对他的兄弟姐妹表达敌意呢？允许孩子表达愤怒，只要他们不攻击对方。"我听说你对哥哥很生气。你可以告诉他你有多么生气，但不要使用伤人的话。"

需要明确的是，期望应出于好意。"那样的话会伤人，我听出来你有一些不安的感觉……你哥哥并不想有这样的感觉，即使你生他的气……那些都是你的感受。对不起，那个感觉如此糟糕……你可以告诉我你为什么不高兴；我想听听。"

当孩子说他恨他的兄弟姐妹

我恨她，爸爸。我不知道为什么，我就是恨。

——哥哥 4 岁时

当然，我爱她。但她也有很烦人的时候，但她是我的妹妹。

——同一位哥哥 10 岁时

听到孩子说他恨他的兄弟姐妹确实挺可怕。因为我们很多人小时候也有过类似愤怒引起的体验，所以我们经常因为孩子的愤怒受到惊吓。"恨"是一个很强烈的字眼。如果你任凭这个字眼启动你受惊吓的按钮，那么你的孩子就会像得到了保证，以后会常常使用它。

你的孩子这样说的原因很简单：他很愤怒。你要针对这种情况做出回应。如果你告诉他"恨"这个字不许在家里说，你且等着吧，他会在每次生气时都使用这个字眼。孩子们都抵挡不住诱惑，他们想要看看父母的强烈反应。

"恨"不是愤怒，甚至也不是一种感觉。恨是一种立场，或者是一种自我保护的姿态。你无法与人争辩他所持的立场。你必须对导致其采取

某种立场的感受做出回应。请记住,愤怒是为了抵挡更多令人不安的感受——如恐惧、受伤或悲哀等——的方式。比起严词指责,帮助孩子认识到愤怒背后的东西更能使他有办法驱散愤怒。让孩子知道,他虽然感到愤怒,但他并不是个坏人,这样可以帮助他接受他的愤怒其实是正常的,并且因此放下怒火,而不是卡在愤怒里不能出来。

那么,该如何回应呢?

不要抓住孩子仇恨的宣言不放。承认孩子愤怒的力量,但是之后要深入其中,用同理心理解孩子的受伤情绪(难过、孤独、嫉妒、恐惧),正是这些情绪挑起了他们的愤怒。

"你恨小宝宝?我听到你说的了。有时你连待在这里都恨得不行。我也看到你很生我的气,因为我总是陪着小宝宝。你更喜欢只有我们俩在一起。你觉得难过,因为现在和以前很不一样,我一直忙着照顾小宝宝。我怀疑你有时会觉得自己被排除在外?来,靠着我,让我抱着你,然后告诉我你伤心和生气的感受。如果你准备好了,我会吻你的鼻子和脚趾头,我们可以玩小宝宝的游戏,只有你和我,就像你是一个婴儿的时候我们玩的那种。"

当孩子当着哥哥或姐姐的面说他恨他(她)且哥哥姐姐能听懂他说的话的时候,情况则比较复杂。你同样要用同理心来回应,但也要承认被恨者的感受,使用你的翻译技能搭建桥梁。

"你现在这么气愤,甚至用了'恨'这个字。这可是一个带着强大威力的字,我觉得你很心烦才会用它。你想怎么生气都可以,但这种话会伤害别人。你可以不用伤人的话就能表达心烦……有时候你和布兰登真的很生对方的气,生气到甚至都不想去解决彼此的问题。这就是你说的恨,对吗?恨到不想解决问题。我已经听到了你特别气愤。当我们对某个人特别生气时,有时候我们甚至会忘记我们爱他们,但爱仍然在,只是隐藏了起来,像乌云背后的阳光……我们为什么不花些时间冷静下来,然后我会帮你和布兰登谈谈发生了什么,为什么你俩都这么愤怒。无论如何,我们是一家人，我们总是会一起解决彼此的问题。"

如果你的孩子继续对他的兄弟姐妹说"我恨你"，或者在对方面前告诉你"我恨她"呢？请使用同理心（移情），同时制定明确的限制。

"我听到你特别生气。你什么时候都可以告诉我是什么让你这么生气。但是，你的弟弟现在听得懂很多我们说的话，包括那些伤害的话。听到你这么说会让他很伤心。可以告诉我你有多生气，你可以用拿锤子敲工作台的方式让我知道，或者打你的波波玩偶，或者把你生气的样子画下来给我看。我会看着你。但是，如果你想说那些伤人的话，你需要在私下说，就是在弟弟听不到的地方。"

请注意，通过打东西等方式展现愤怒并无法治愈。事实上，研究表明，身体侵略行为反而会加强愤怒的感觉。[8] 治愈来自孩子有机会向你展现其深层的感觉，来自你富有同情心的回应。你的理解能提供足够的安全感，让孩子愤怒背后的泪水和恐惧涌现出来。一旦他能感觉到这些，他就不再需要投靠愤怒或"仇恨"了。

孩子对他们的兄弟姐妹喊"我要杀了你！"怎么办？他是在用他知道的最坏的词以确保你理解他是如何深感困扰——因为现在他处于战斗或逃跑状态，无论他的兄弟还是你，都看起来像敌人。但你可以预期的是，这种愤怒的目标需要你的一再保证："是的，我听说你哥哥说他会杀了你。他现在很生气，但你不必担心；我不会让他伤害任何人，不管他是多么生气。你是安全的。你哥哥很不高兴。我会尽快帮他处理他的情绪。"

干预孩子打架：基础知识

如果我们在争吵阶段不干预——有时甚至当我们试图干预时——孩子的脾气爆发，争吵变成口头或身体的暴力，你该怎么办？

1. 插到孩子之间，将他们分开，防止暴力深化。"哇！住手！"伸出你的手,高度与胸前齐平,或者把手放在孩子肚子上,不让他往前冲。

2. 帮助两个孩子都感到更安全,使他们能够停止攻击。深呼吸,用平静的声音。触摸每一个孩子,让他们觉得联结到你且更安全。

3. 如果有孩子受到伤害,安慰他。给予安抚,使用绷带、冰块,应用移情等。如果孩子受到的伤害太严重,将受伤的孩子带入浴室或其他房间,这样你就不太容易对着侵略者喊叫。如果你能够实事求是地与侵略者沟通("噢,这样一定很伤人,快,卢卡斯,去拿冰袋!"),你会帮助他从"伤害了兄弟的坏小子"转换到"帮助医治兄弟姐妹的改正错误的好孩子"。如果你想阻止未来发生更多的冲突,一定要实现这个非常宝贵的转变。

4. 根据孩子的心情低落程度,你可能需要一个冷却期。但是,不要把他们送到他们的房间,这会让他们感到更不安全。你的目标是教给他们一些自我镇静的技巧,使他们学会从低落状态走出,并重新调整自己。比如说:"我看到你们彼此生气,我想知道你们为什么不高兴。让我们冷静几分钟,然后谈谈。卢卡斯,请坐在沙发上。查尔斯,请坐这把椅子。现在,让我们一起来三次深呼吸……深呼吸……现在吹灭所有这些愤怒。再来一次。"

5. 把孩子们召集在一起,一只胳膊搂着一个,这样当你听一个说话时,另一个仍然觉得是与你相联结的。

6. 给每个孩子说话的机会,重复你听到的话。使用你的技能来听、移情和理解。"卢卡斯,你打了他,是因为他弄坏了你的消防车云梯？……你很不高兴！""查尔斯，你不是故意弄坏它？……你只是想看看，对吗？"

7. 重申家庭规则。"不能打架！打人会疼。"

8. 避免偏袒任何孩子，即使你认为其中一个显然是正确的。真的。即使有人受伤。你的孩子知道伤害他的兄弟是错的，而你刚才也重申了它。

9. 引导每个孩子告诉对方他/她的感受或需要是什么。"你能告诉你的兄弟，'不要打我！'吗？""你能告诉你的兄弟，当他想用你的消防车，他需要问你吗？"

10. 如果一个孩子攻击对方，请他表达自己的感受，而不是他对其他孩子的看法。"你是笨蛋，查尔斯！""卢卡斯，告诉你哥哥，你想要什么，你的感觉如何，而不是你现在对他的看法。""我希望你在拿走我的卡车之前先问我！现在云梯坏了！我很难过！"

11. 引导每个孩子向另一个重述其感觉。"你听到哥哥说什么了？"

12. 提高和好的可能性。"你俩都非常不高兴。但兄弟姐妹之间应该有爱，而不是伤害。你们该怎么办把事情做好？"

如果仍然存在有待解决的问题，引导孩子使用他们解决问题的能力。

1. 确认孩子认为的问题严重程度。"卢卡斯的消防车坏了。这是一个棘手的问题。"

2. 表达信心:这个问题是可以解决的。"我知道你们两个可以解决这个问题。"

3. 帮助孩子们集思广益,共同思考解决方案,使用第四章中介绍的解决问题的过程。

4. 申明解决方案。"好吧,查尔斯同意,他将帮助卢卡斯用胶带把梯子粘起来,看看能否修好。而查尔斯也允许卢卡斯玩一星期他的自卸车,对吗?"

5. 然后互相握手,表示同意,祝贺你的孩子们。"你们真的听了对方的话,而且努力拿出了两个人都觉得公平的协议。你们心里一定很高兴,哇,真是个好团队!"

应该因为攻击行为惩罚孩子吗

我3岁的女儿踢了1岁的孩子,结果小的那个发出令人毛骨悚然的尖叫,而我却要坐在这里陪着3岁的孩子,直到她心情好起来?不执行纪律,只是更多的关注……对于踢人这种行为真的好吗?

——一位两个孩子的母亲

惩罚孩子适得其反,因为这使得他们更加惊恐和不满,所有的情绪稍后会迸发出来,变成朝他们的兄弟姐妹的更多的侵略(见第二章)。但是,即使我们知道这一点,大多数家长都会觉得迫切需要惩罚打人的孩子。我们告诉自己,这是因为孩子需要学习教训。但事实是我们处于"战斗或逃跑"状态!有人踢我的宝贝?我身体里的狮子妈妈在怒吼。我最不愿做的事情就是对施暴者挥霍浪费我的爱。

然而，施暴者是我的 3 岁孩子，也是我的宝贝。她一定处于情绪失调的状态，否则不会做这样的事情。她向我发出了需要我帮助的明确信号。帮助孩子走出恐惧的深渊的唯一方法就是恢复我们自己的镇静。我知道，这是一个艰巨的任务。这是最难的工作。所以，你要练习一句口头禅，以备在快发作时使用，如："没人会死。这不是紧急情况。"训练自己忽略施暴者，同时照顾受伤的孩子。

现在你已经平静下来，你已经准备好提出极有价值的问题：为了防止此类事件在未来发生，什么才是最好的回应？传统的养育以惩罚作为行为矫正的方式，这是希望孩子将来想要发作时，能够想起之前受到的惩罚并约束自己。最起码来说，把孩子隔离开就会使父母觉得自己已经采取了行动应对这种情况。

问题是，事后惩罚无法阻止犯罪的冲动。愤怒的定义是，大脑的思维中枢不起作用，所以，我们忘记了所有学到的教训。如果你 3 岁的孩子看见别人踢她的妹妹，她会跑过去保护妹妹。但是，当我们处于战斗或逃跑模式，甚至我们爱的人看上去也会像敌人，我们会做出理智状态下我们绝不会做的事情。（是的，甚至成年人也会这样。）

因此，一次隔离不会阻止未来的攻击行为。那么更"令人难忘"的惩罚呢，真的会引起疼痛的那种？这将只会让孩子加倍报复她认为给自己造成痛苦的兄弟姐妹，如果必须偷偷去做——等你走出房间再去踢宝宝——她也会做的。（显然不利于兄弟姐妹的关系。）

但是，这并不意味着我们永远无法阻止孩子攻击别人。不，我们可以从源头上制止暴力：我们的孩子的情绪。

我们要把她从恐惧的深渊中带回来，进入她感觉更安全的领域，在那里，有人帮助她调节自己的行为："你很生气。我就在这里。我会让你们两个都安全的。"相反，如果我们吆喝，只会加剧她的恐惧。现在，她已经开始冷静下来，即使我们看不出来，因为她知道我们在帮助她。

然而现在还不是安抚孩子让她安静下来的时候，相反，你得帮她得到足够的安全感,让她表达正在推动她愤怒的伤害和恐惧。所以,你不是在做上面那个妈妈描述的:"就和她坐在这里,直到她心情好起来。"这不只是一次介入,借此你重新与孩子联结。其实,仍然充满痛苦的孩子与我们重新联结也极为艰难,这就像试图装满漏水的杯子一样。

而且,用隔离的方式让她冷静下来也有问题。她的情绪无法改善,而且现在她感觉自己就像一个坏人。因此,如果类似的挑衅出现,她还会旧病复发。为了帮助孩子平息愤怒,感到安全,你要尽量和蔼地看着她的眼睛,从而触发她所有不适的感情。你要说:"妹妹受到了伤害,觉得害怕。你一定很生气,所以才踢妹妹……一定有什么事让你的感觉如此糟糕。"

深层次的情绪愈合总是发生在沟通的背景下,用爱溶解恐惧。她肯定会先表达自己的愤怒:她讨厌小宝宝,她恨你,你总是在妹妹身边。不要往心里去。这只是她对内心深处的痛苦的防御。你要尽量表现出同情心,并且使用移情:"我很抱歉,亲爱的……你一定受到了很大的伤害……你对我怎么发脾气都可以,无论如何,我都永远爱你……我不会比爱你更爱别人。"如果你能保持自己的冷静和移情,并持续提供安全感,她会开始哭,这是因为你的同情心愈合了伤痛。

孩子在你的怀里哭过之后,就会脱离"战斗或逃跑"模式,她将能够反省自己的行为。但不要急于求成,给她时间来恢复平衡。一旦她对你的小玩笑做出了反应,你就知道她已经准备好谈话了。

如果你能避免指责,尽量和蔼,她就能够为自己的行为承担责任,从而不再重复此类行为。这是开启自律的关键,父母从外部强加的指责和羞辱则没有效果。

与其说"踢人不好",不如说"你很生气,生气没有关系,但踢人不好,很疼!下一次你生气的时候可以怎么做呀?"帮孩子思考其他选项:如果1岁的妹妹缠着她,请成年人过来帮助;走开;跺脚代替踢人。如果她能在实际场景中付诸行动,会发展出肌肉记忆,更可能在下一次失去控制之前以熟悉的行动做出反应。

她解决好了自己的不安，下一次出现状况时，她就会感觉有能力以更加建设性的方式表达自己的需要。最后，她已准备好承认自己把妹妹踢疼了，并愿意修复她们的关系。只要我们抵制惩治和羞辱，孩子会渴望自我救赎的机会。"你妹妹吓坏了，受到了伤害，你是不是能做点什么，让她觉得和你在一起是安全的？"这样是在帮助3岁的孩子知道，她可以修复裂痕，并加强孩子们之间的纽带，这都能降低未来孩子间发生暴力行为的可能性。（本章后文中，我们将详细讨论如何帮助孩子修复关系。）

难道说我们注意到孩子踢了小宝宝，就会让她再去踢？不。是隔离等惩罚方式给了孩子消极的关注，这实际上强化了消极的行为。在情绪平息后，孩子会觉得自己可以打兄弟姐妹，反正父母会介入并用隔离等方式迫使他停手。但这种重新调控不利于孩子打消攻击的念头，只会给他们背上情绪包袱，所以，惩罚只是让孩子暂时平静，并不能防止这种情况的发生，而且还会增加发生的频率。研究表明，惩罚不但无法减少侵略，反而使之增加。[9]

我们是在帮助孩子解决情绪问题，她急需这种帮助，这样她再也不会打弟弟或妹妹。这样做比隔离要付出更多，我打赌，比驯狮子还要麻烦。但只要做到了，就会取得非常有效的育儿效果，你就能培养出愿意守规矩并能管理自己情绪的孩子。这会减少冲突，改善同胞关系，更不用说恐怖的尖叫声，一定会销声匿迹。（在第十一章找到如何处理打人问题，本书第247页；还有图示举例，第252页。）

当较小的孩子攻击较大的孩子

> 我22个月大的小女儿非常有攻击性地乱抓我3岁半的大女儿。
>
> ——塔利

到目前为止，我们一直专注于年龄较大的孩子对弟妹的侵略，但在某

些时候,婴儿长成幼儿后,也会变成侵略者。我们该怎么办呢?

幼儿的额叶皮层还没有充分发育,所以他们的情绪经常会胜过"打人会疼"的知识。而且他们经常无法用语言很好地表达自我,所以更容易沮丧。因此,防止幼儿侵略就更困难。

但年龄大点的孩子理应在自己的家里感到安全,所以你不能坐视不管,也不能"让他们自己解决"。很明显,如果你立即介入,打人行为就能停下来。你会这么说:"哎哟!打人很疼!不能打!"

但是,如果孩子继续打人呢?与往常一样,如果你想改变孩子的行为,你要考虑导致其行为的感受和需求。了解孩子侵略的动机将会帮助你有效地进行干预,以阻止该行为。例如:

1. **孩子希望与哥哥姐姐联结。**是的,这样做比较笨,但他是一个幼儿,他希望得到大姐姐的关注。

   解决方法:教幼儿如何进行更积极的互动。说:"别伤害姐姐!哎哟!你想让姐姐注意你?可以说话!说,'保拉,我在这里!跟我玩!'"如果你家的幼儿以为自己是一只猴子,请确保大孩子知道如何以把双方都逗笑的方式把他安全地甩到沙发上。

   当然,与小孩子玩并非大孩子的责任,有时她会不愿意。所以,你必须给她一个安全的地方做她自己的事,而没有小孩子的"帮助"。教导她这样温和地拒绝小孩子的要求:"是的,我看见你了!你想玩这艘飞船吗?它飞得可快了!"但不要让大孩子单独应付小孩子,父母一定要在场,以备她需要你介入,代替大孩子与小孩子联结。

2. **小孩子想要大孩子有的东西。**

   解决方法:教导基本的社交技巧。对小孩子说:"哎哟!不能打哥哥!我看到你想要他玩的长颈鹿。你可以问他,能不能给你玩?比如说:'请给我玩一会!'"大孩子不会总是愿意马上给他玩,你可能要教给小孩子如何做交易,可能还需要"帮助"小孩子耐心等待(如第六章所述)。如果小孩子相信很快就会轮到自己而耐心等待的话,这将有助于说服其他孩子。所以,事情取决于大孩子,但如果他们刚好不想玩长颈鹿了,就让小孩子在大孩子一放下玩具时就能玩到,因为这会帮助小孩子们建立信任和耐心。

3. 小孩子报复大孩子的嘲笑或微妙的攻击,如抢夺玩具或做很凶的鬼脸。

　　解决方案:伸出胳膊搂住每一个孩子,说:"我看到这里有两个孩子不高兴……你们心情不好,是不是?……我很抱歉,我现在不是来帮你们的。"(教他们承担责任。)"你们能给我讲讲吗?"(然后对大孩子说):"弟弟抓伤了你,哎哟……这很疼……我很抱歉。"(对小孩子:)"抓人会疼!哎哟!不要抓人……你一定很生气。你生哥哥的气吗?用你的话……说'我生气了!'你现在能说吗?是的,你生气了!用话告诉我们,或者跺脚——不要抓人!"(对大孩子)"我不知道他为什么这么生你的气?你觉得是什么原因?……下一次你能做点什么不同的事吗?"

4. 小孩子心情不好,朝兄弟姐妹发泄。父母的介入——诸如给他食物、哄他小睡、鼓励、嬉闹或者有计划的宣泄——都可以帮助孩子感觉更好,所以他就不会把兄弟姐妹当出气筒。

　　解决方案:幼儿也有强烈的情绪,但他们的个性一般都很开朗。如果你的宝宝往往显得不开心和生气,应考虑是否存在比较大的问题。也许是身体上有什么问题,你还真要下点功夫弄清楚。

5. 幼儿会嫉妒父母与大孩子的互动。

    解决方案：每个孩子都需要和父母一对一的相处——没有兄弟姐妹在身边，理想情况下，每天都要如此。如果你家的小孩子似乎嫉妒你与大孩子的关系，请增加和小孩子的联结，包括每天的特别时光。在你和大孩子互动之前（例如帮他们做作业），先和小孩子待5分钟，满足他对爱的需要，然后给他一个玩具或者建议他进行某个活动。当他看到你和大孩子在一起，要求你注意他时，你要承认他的嫉妒："你看到我抱着你哥哥伊恩，你也想要抱抱，对吗？大家都需要抱抱，不是吗？我现在和伊恩坐在一起，但我随时可以拥抱你，戴维……过来，让我给你一个大拥抱……你也想和伊恩拥抱吗？大大的拥抱！好吧，戴维，让我们找一些有趣的事情给你做……你想坐在伊恩和我旁边的地板上和我们玩吗？"

6. 幼儿只是想被人听到。有时幼儿会用身体动作发脾气，因为他们不知道如何以其他方式表达感受。一定要教他用语言表达自己。和孩子练习如"住手！"和"请走开！"这样的话，把它改编成有趣的游戏，以确保他在没人理的时候不会发作。

指导孩子处理来自弟弟妹妹的侵略

大多数情况下，孩子通过我们的榜样学习。所以，如果你会用平静的同理心回应心烦意乱的小孩子，大孩子也能学会这么做。当然，他不会总是能够保持冷静，特别是当他担心弟弟毁了自己的城堡的时候。如果小家伙真的伤害了他，你真的不能指望不加练习就能掌控他的"战斗或逃跑"的反应。

然而，如果你已经引导过大孩子，他觉得与你亲近，从而减少了嫉妒，其反应就是可控的。即是说，他不会攻击 18 个月的小孩子，而可能拿着自己的玩具，离开房间，这个结果并不坏。(但我不是建议父母在 19 个月大的孩子发作时离开房间，因为这会触发孩子被抛弃的恐慌。兄弟姐妹在小孩子的生活中扮演着不同的角色。在这种情况下，当哥哥离开后，你应该留在那里帮助弟弟。)

如何指导大孩子处理小孩子的侵略？

1. **榜样**。对小孩子说："哎哟，这样会疼！我要离这些伤人的手远一点……你一定生气了！你能用话告诉我你想要什么吗？噢，你想玩红色的车吗？好了，给你。我可以玩蓝色的车。看，你不用打人，你可以告诉我们你想要什么。"

2. **教导**。"弟弟打人，因为他担心得不到他想要的东西。他还是个小小孩，他不高兴了，很难用口说出来。如果他知道你会试着帮助他，他就不会打人了。所以，如果你告诉他你明白他的心情，他就不会在心情不好的时候打人了。"

3. **移情，承认和解决问题**。"弟弟打人，你会很难受，我知道……我很欣赏你尝试耐心对待他……我看到弟弟特别喜欢红色汽车。你可能玩够了蓝色汽车，对不对？谢谢你这么灵活。如果你真的觉得很烦，告诉我。也许我们再来一辆红色汽车就好了，这样你俩每人都会有一辆。"

4. **以有趣的方式演绎各种场景**，帮助大孩子记得在紧张情况下应如何应对。确保孩子练习这么说："不！不要弄伤我的身体！"然后远离小孩子。

5. 设置限制。"弟弟的大脑还在成长当中,所以他生气时,不是想停就能停下来。但他会学习。我们教他永远不能打人。打小孩子也是不对的。所以,你离远一点,不让他伤到你,可以喊我:'妈妈,我们需要你!'让我们练习一下。"

6. 保护。确保大孩子有空间做他自己的事,而不受到小孩子的干扰。大孩子画画、玩积木或者拼图的时候,给小孩子在房间里摆一张桌子,这样他们也可以待在一个房间。或者把小孩子的玩具拿到厨房,让大孩子完全安心做自己的事。他和弟弟玩没有任何问题,但他的主要任务是成长、克服自己发展中的障碍,他没有照看弟弟妹妹的责任。如果他本身的需要得不到满足,你不能指望他耐心对待弟弟妹妹。

7. 确保大孩子知道你永远是他的后盾。告诉他:"你注意到了吗,弟弟一发脾气就会打你?我认为他其实是想哭。所以,在这时候你可以叫我,由我来接管他并帮助他处理他的情绪。"给大孩子工具固然很了不起,但即使成年人有时也会对侵略性强的幼儿一筹莫展。

你是否注意到,如果大孩子陷在孩子间的对抗之中,上面这些都不管用?大孩子需要与父母一对一的时间,觉得自己受到看顾和重视。他们需要知道自己在家里具有特殊的作用,知道小孩子仰慕他们(小孩子总会这样)。他们需要知道自己仍然是你的掌上明珠,你爱别人的程度永远不会超过爱他。

如何停止反复性的侵略

两天内,他对妹妹好了很多,我们现在感觉像一家人了,而不是

第五章 当解决问题失败：教导解决冲突的办法

像以前："我先来的，她是我的敌人。"我们不断鼓励他帮助受伤害的人（拥抱，带上纸巾和创可贴），他开始跟她说话，教她，和她一起玩。

——茉莉

每个孩子都有在自己家里安全生活的权利。如果一个孩子陷入在身体上攻击别的孩子的状态，阻止它就是你的当务之急。

孩子打人是因为感到不安全。有时候，这是因为兄弟姐妹以某种方式威胁到了他们，即使这种威胁表现为寻找自己的玩具或站在靠近他们的地方等温和的形式。有时候，他们打人似乎毫无理由可言，但这源于内心压抑的严重焦虑——通常是担心你不再爱他们，其中还混杂着悲伤和无奈。如果你能帮助孩子处理这种感觉，他就会停止打人。但除非与你重新联结，否则他不会信赖你的帮助。所以，你可以做的阻止打人的最重要的事情就是阅读这本书的第一部分，并使用创造安全感的平和育儿方式，帮助孩子处理他的情绪。

你可能很想知道这些强烈情绪的来源。值得考虑的是，你是否在不知不觉中助长了用暴力表达自己的愤怒的做法。当看到一个孩子打另一个，所有父母都会生气，以至于对打人者大发雷霆，打人模式因此就会变得根深蒂固。举例来说，如果你被哥哥打过，看到儿子打女儿，你就会非常难以处理。可以理解的是，你可能会反应过度。这种反应过度会助长侵略行为，因为它让儿子害怕你不再爱他。所以设置一个限制——"我不会让你打人……这是怎么回事？"——至关重要。爆发、羞辱或者惩罚只会带来更多的恐惧和抵触，让孩子被无法处理的情绪淹没，这将使其未来打人的可能性更大。因此，将管教变为移情和设置限制——甚至当孩子打人的时候——通常有助于孩子停止不良行为。我已经多次看到，当父母处理好了自己对打人之事的纠结情绪，孩子的打人行为几乎一夜之间就消失了。

另外一个停止反复打人行为的关键是重新与孩子联结。在一个我曾经帮助过的家庭，儿子几乎每天都打妹妹，他打妹妹时，母亲会打他巴掌，

但是这并未能阻止打人,相反,男孩变得更加挑衅。最后,他的母亲开始关注我的预防性维护计划,并且每天花时间一对一与儿子相处。儿子打人时也不打他,而是与之联结并帮助他哭出来,同时也设置严格的限制。一个月内,孩子的打人行为就完全消失了。

然而几个星期后,有一天,妈妈看到儿子站在女儿身后,他的拳头举在妹妹的头顶,好像很想落下来。母亲愣住了。她的目光锁定了儿子。就在他们这样的互相注视中,哥哥的手手慢慢地张开了……他开始轻轻抚摸妹妹的头发。"我只是想摸她的头发,"他自豪地对母亲说。

发生了什么?是男孩害怕被妈妈处罚吗?我不这么认为。他已经被多次处罚,并没有停止打人。我觉得,事实是,比起打他的妹妹,这个孩子有了更想做的事情——与他的妈妈保持温暖的关系,他不想失去这种最新建立的亲密。

最后,如果侵略成为孩子之间互动的模式,不要只是希望它停下来就可以了。相反,在你采取预防性维护措施的时候,让他们彼此分开,而你与他们各自保持联结。不让他们单独待在一起就可以,直到你确定暴力已成为过去。还要与打人者达成协议,让他明白他如何保护自己和弟兄姐妹玩要的权利:"如果你还会打人,我就不能让你和妹妹玩了……让我们签一个协议,说一说你如何停止打人,即使在你非常生气的时候。"与孩子坐在一起,引导他思考几个代替打人的备选方案,并帮助他进行练习。下面是4岁的凯尔口述给他妈妈的一个协议示例。

凯尔的计划

打人会疼。无论如何,我今天都不会打基拉。如果基拉有我想要的玩具,我会跟她交易。或者等待轮到我了再玩。如果基拉挡了我的路,我会找妈妈或爸爸帮忙。如果我想打人,我会转身离开,使劲抱住自己,大喊"住手!"住手是我的暗号,妈妈如果听到我喊住手,就会过来。如果我忘记了,打了人,那么基拉在厨房玩的时候,我就

第五章 当解决问题失败：教导解决冲突的办法

要在客厅里玩。

需要注意的是凯尔承诺他在想打人时会转身离开，抱住自己，并用暗语向妈妈求助。因为孩子帮忙制定了计划，并告诉你该怎么写，说明他为此投入了精力。然后，父母可以和孩子玩一个游戏，逗他开心，以此释放打人事件的紧张气氛。不妨用愚蠢夸张的形式假扮一个让他想打人的情形，逗他开心。想打人的孩子会把这股冲动转化为拥抱自己的动作，而不是挥出拳头。一个打人的孩子的母亲给我写信说："昨天，我带他去了一座人很多的房子，一个孩子推了他。他停下来，抱着自己，叫我的名字。真是奇迹。"

当然，你如果采用惩罚的方式来使用这样的协议肯定不管用。孩子必须要确信你站在他那边，你相信他自我管理的能力。而且没有预防性维护工作协议也不会有效。所以，如果你的孩子每天从幼儿园回来都会打人，不要让他靠近其他孩子，直到你用嬉闹或有计划宣泄的方式帮助他笑或哭出来（见第二章）。否则，世界上没有任何协议能阻止他打人，他只会觉得自己是个坏孩子。

教导技巧：介入孩子间的争斗

妈妈正在做饭的时候，听到很大的声音。

查理：简，你是不是玩了我的城堡？你把它都弄乱了！
简：我没有弄乱你愚蠢的城堡。
查理：它不蠢，你蠢！
简：滚出我的房间！
查理：你不是我的老板！
简：我是我房间的老板！出去！
查理：你搞坏了我的城堡！我会弄乱你的房间！

（哗啦！）

简：我恨你，查理！妈妈！！

妈妈应该怎样做？

妈妈（思考）：嗯……我应该参与吗？我正忙着做饭，有时候，他们会自己解决。但这次他们吵得很厉害，也许这是一个很好的机会，我可以教给他们更好的技巧……（她关掉炉子，深吸了一口气，并提醒自己要保持冷静。）

妈妈（边说边进入简的卧室）：我听到一些声音很大，像在发火，这是怎么回事？

查理：简弄坏了我的城堡！

简：查理破坏了我建的动物园！

妈妈觉得还是先不要弄清楚谁引起的。

妈妈（移情）：你们两个真的很心烦！

简：我恨你，查理！

查理：我更恨你，简！

妈妈（深吸一口气以保持冷静，移情和设置限制）：我听到你俩说很生气。在我们家，规矩是，彼此善待，互相尊重。我听到了尖叫和伤人的语言。让我们都坐下。来吧，查理，坐下来，就在这里，我旁边。简，在这里，我的另一边。现在，我们每个人都需要三次深呼吸，这样我们就可以静下来倾听对方的意见……一……二……三。好了，我想知道你们为什么生气。你们轮流说，上次是查理先说的，这次简先说。简，怎么回事？

简：查理撞倒了我的动物园，我和奥特姆辛辛苦苦才建好的。我们打算明天还玩。

妈妈：查理撞倒了你的动物园，你真的很生气，是吧？我看到所

第五章 当解决问题失败：教导解决冲突的办法

有的动物都倒了……简，还有别的事吗？

简：我告诉他离开我的房间，他不走。难道他不应该出去吗？

妈妈：你希望你告诉查理离开你的房间时，他就出去。这是我们家的规矩，你是对的……查理，你能告诉我们，从你的角度看发生了什么事吗？

查理：简弄坏了我的城堡！她也进了我的房间！她也打破了规则！

妈妈：这么说你生气是因为简进了你的房间，弄坏了你的城堡。你去她的房间是为了告诉她吗？

简：但是他进来就不走了，他弄坏了我的动物园！

妈妈：一个时间一个人说话。简，现在轮到查理说话。一会儿就轮到你。查理？

查理：好吧，我弄坏了动物园，但那是因为她说我的城堡蠢！

妈妈：让我想想我听明白了没有。查理，你很生气，简在房间里玩你的城堡，你觉得她把它弄乱了。然后，她又说它愚蠢，伤害了你的感情。然后，她告诉你离开她的房间。对吗？

查理：是的！

妈妈：你很生气，你撞倒了她的动物园？

查理：是的！

妈妈：好的，谢谢你告诉我们。我知道你受了伤害，很生气，而且你努力保持平静，这样我们就能想出解决的办法。简，你看我理解得对不对。你在玩，查理很生气地走进来，你叫他离开，对不对？

简：是的。

妈妈：他很生气，他打翻了你的动物园？

简：是的，现在我更生气了！整个大象屋都给毁了。

为什么要经过上述步骤？

1. 让每个孩子都觉得得到了倾听。
2. 让每个孩子都有机会反思，都看到愤怒让他们做出了什么。良好的判断来自经验，但只有与反思结合才可以。
3. 让每个孩子都从别人的角度听到这个故事，从而发展出移情能力和理解别人动机的社交智慧。
4. 让每个孩子都发展出更多控制冲动的能力。他们都很愤怒，但是他们在愤怒中坐下来深呼吸，然后用语言把它表达出来。相比任由情绪爆发，这样做有助于他们的大脑处理情绪，并建立神经回路来调节他们未来的愤怒。

妈妈（移情，然后帮助每个孩子反思另一个孩子的感受，以及每个人对解决问题能有什么贡献）：所以，这里有两个很生气的孩子。查理，我听说你很生气，简走进你的房间，玩你的城堡，并把它弄乱了。简，我听说你生气是因为查理撞倒了你的动物园。你们都受伤了，你们的东西都乱套了，对不对？（孩子们点头。）通常，当我们受到伤害，我们会很生气，对吧？（她在教导孩子情商。）所以，你俩都非常生气，并互相指责，对不对？现在，我希望你们每个人都想想对方会有什么感觉。简，你觉得查理走进你的房间时感觉如何？

简：他很生气。

妈妈：是的……当他和你说话时，他的感觉是不是好一些？

简：嗯……我猜没有。

查理：你知道你企图让我感觉更糟！

妈妈：查理，简在说话，你和我要注意听，深呼吸，我们保持冷静……简，你觉得查理在你的房间时心里会怎么想？

简：我说他的城堡蠢……他更生气了……我让他离开……他更生气……

妈妈：嗯……你觉得你可以做点什么不同的事吗？

第五章 当解决问题失败：教导解决冲突的办法

简：好的，我知道了。我可以为城堡道歉……我不是故意弄乱的。它只是倒了。我想我应该在玩之前先问问……但他也玩我的东西了。

妈妈：现在我们谈谈刚刚发生了什么。你可以做什么使事情有所不同？

简：嗯，但他也撞倒了我的动物园！

妈妈：是的，他撞倒了。但现在我想知道，你是否觉得自己还可以怎么做来改变这件事的结果。

简：我的态度可以更好，可以道歉。我不必说他的城堡愚蠢。

妈妈：所以，你认为如果他第一次走进来的时候你就道歉，或许他就不会变得如此生气？……查理，如果简这样做了，你的感受就会改变吗？

查理：我还是会生气，她弄坏了我的城堡。但我不会撞倒她的动物园。

妈妈：太好了，谢谢你，查理。简，你听到了吗？他是因为你玩他的城堡生气，但如果他觉得你感到抱歉，同时你想让事情变好，他就会更好地控制自己的愤怒。对吗？

简点点头。

妈妈：查理，你觉得在你们的争吵过程中简的感觉如何？你可以怎么做来改变事情？

接下来，妈妈会问每个孩子他们可以怎么做来弥补对方，到了谈话结束时，查理和简甚至可能携手重建动物园了。

当然，你不可能每天晚上都做到这一点，因为妈妈还有晚餐要准备。但好消息是，你不必每天都这么做。如果你坚持这样做几个月，你的孩子就会开始学习你所教的技巧。而且你会惊奇地看到，他们无须别人干预就会自己解决问题。你很可能会发现，你家的每个人都变得更冷静，都成为更好的倾听者，甚至连你都变了！

帮助吵架后的孩子修复关系，而非强制道歉

兄弟姐妹之间的争吵过后，大多数家长会坚持让孩子向对方道歉。如果你问孩子对此举有何看法，他们会告诉你：

- "当我生气时，我讨厌道歉。它只会让我更生妹妹的气。"
- "当父母让哥哥向我道歉时，我不喜欢这样，因为他的表现不像是真心的，这会让我再次生气。"
- "如果不是真心的，道歉就是说谎。"
- "当父母让哥哥向我道歉时，我觉得我赢了。这个感觉很好，但不会让我更喜欢他。"
- "后来我总会再次喜欢姐姐。那时候我可以道歉，但不是在我生气的时候。"

听起来，强迫孩子道歉是不是像是在教导一个错误的功课，并且我们可能要重新考虑所有这些练习？不强迫孩子，我们该怎么办？

1. 专注于帮助孩子沟通，而不是道歉的惯例。如果你按部就班地帮助孩子表达自己的需要和需求，倾听彼此的心声，并重申他们听到的兄弟姐妹说的话，孩子们将在更深的层次治愈裂痕，后来，道歉往往几乎是多余的——对大人来说也是如此。

2. 等待，直到愤怒平息。如果孩子还在生气，他需要先感到自己被倾听，然后他才能倾听别人的观点。

3. 一旦孩子不再生气，鼓励他与兄弟姐妹修复关系。"你弟弟爱你，尊敬你。当你朝他大吼大叫时，真的伤害了他的感情。我想知道

你可以做些什么与他和好。"

4. 如果孩子提议要道歉,要听他的语气。如果他听起来闷闷不乐或者还在生气,承认这时道歉并不能发自内心,并问他是不是觉得这样做会使兄弟姐妹感觉更好。"道歉是把事情做好的美妙方式,亲爱的,但我不希望你道歉,除非你是真心的。我不是逼你说不真实的话,我不认为那样会让任何人感觉更好。"

5. 如果孩子要求,请提供和好的建议:
   - 帮助重建引起争吵的塔楼。
   - 建造一座给兄弟推倒的塔楼。
   - 修理或更换损害的东西,比如玩具。
   - 画一幅画,或写卡片,列出你爱兄弟姐妹的三条理由。
   - 大大的拥抱。
   - 玩大家都想玩的游戏。
   - 帮助兄弟姐妹做家务。
   - 两个人达成协议并签字,承诺不重复违规,并说明今后如何处理类似情况。

   但请记住,你这样做并不是把某种"后果"分配给孩子来还债,而是鼓励他把自己视为一个慷慨的人,伤害了别人之后,他有能力弥补。所以他有权利选择自己的方法把事情做好。你可以给他出主意,但要说:"我知道你会找出完美的方法……我等不及要看你的做法了!"拥抱他,然后离开房间。

6. 如果孩子说"我不想与她和好!"呢?

   承认他仍然很生气,也承认他生气的原因。如果可以的话,帮他处理愤怒。然后,在他感觉更好的时候设置你的期望,按部就班地修复关系。"我猜你还是那么生气,你现在不想跟她和好……我知道，即使你和姐姐打架，但你们还爱对方，这会让事情变得更好，如果你可以做一些事情弥补的话……也许你需要一些时间，然后才愿意和姐姐和好，怒气消散需要时间……我现在无法在感觉方面多帮你，但稍后我们可以谈一谈……你准备好的时候，你就会知道如何正确地把事情做好。"

7. **做出榜样**。儿童向我们学习如何修复关系。你和孩子的关系出现裂痕的时候，确保你会道歉并且设法重新联结。

帮助吵架后的孩子获得治愈

不要强迫道歉　　　　　　　　鼓励孩子修复关系

 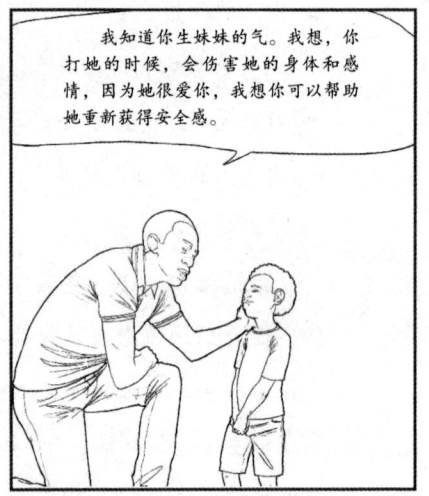

左：强迫孩子道歉，特别是在他仍然生气的时候，这是在教他撒谎。因为并非真心，所以无助于修复关系，只能让对方觉得自己赢了。

右：等到愤怒消散，帮助孩子想想他可以怎么做来重修旧好。

第六章　为什么他们不能分享？
　　　　为什么孩子会争夺东西？

> 三胞胎的故事告诉我们，每个人都希望有一些个人财产，这意味着每个孩子都会被玩具吸引，觉得那应该是自己的。
>
> ——约翰·凯弗·奥斯本《三个婴儿如何颠覆了我们的世界》

孩子们吵架的最常见原因之一是，他们都想要同样的稀缺资源——比如某个玩具。最大的孩子总觉得他"拥有"所有的玩具，毕竟他是第一个使用它们的。所以，如果你希望孩子们分享玩具，你需要创建有关财产权的家庭规则。

家庭中"私有财产"的概念可能会让你大吃一惊。我们有充分的理由希望所有的孩子使用所有的玩具，比如根据年龄使用或者轮流来玩。"所有权"的整体思路是否与家庭的意义相矛盾呢？

不矛盾，起码从一个孩子的角度看并非如此。作为成年人，你和你的配偶不会为了谁拥有烤面包机或沙发而争吵。你们交替使用它们，或者一起使用。但是，孩子们却会将玩具视为珍贵的财产。事实上，对于年幼的孩子，玩具比财产还重要——它们是孩子自我的扩展。孩子用玩具探索世界，与玩具建立关系。孩子可能会用贝壳或树枝打造他的整个梦想世界。树枝是他的，他需要靠它成就自我。所以，你经常会听到小孩子大喊"这是我的！"但"我的"实际上是什么意思？"我的"并不是自私，而是意味着他需要控制如何使用这件东西。所以，即使他两年都没碰过小时候的玩具，但看到弟弟在玩时，他也会生气。他的幸福感取决于控制一直与自己关系密切的东西。

当你介入并强迫孩子与兄弟姐妹分享玩具时，情况会变得更加复杂。当两个孩子想要一个玩具，如果你选择一个孩子拥有它，即使是暂时的并且有很好的理由，两个孩子都会觉得你偏心。对他们来说，你是在把你的爱从一个孩子那里拿走，交给另一个孩子，自然，他们会抓住每个机会与兄弟姐妹争夺。毕竟，他的生存依赖于拥有尽可能多的你的爱！

值得庆幸的是，这并不意味孩子将永远不会愿意出让任何玩具。随着他一天天长大，他会有新的寄托，并逐渐放弃旧的。但强迫他放弃却很可能导致更多的手足之争。诀窍是周到地就"分享"，以及谁拥有什么，谁掌管什么建立起适合孩子发展阶段的家庭政策。政策这个词听上去似乎很正规，但事实上你可能已经在分享方面确定了政策，只是没有讲出来。大多数家庭的政策是，父母决定孩子玩多长时间玩具，通常基于别的孩子抗议的强度。但这看起来只是权宜之计，它加强了孩子间的竞争，同时降低了两个孩子的自信，并教导孩子们，如果他们小题大做，就能得到想要的。但接下来你将会发现，我们还可以从其他角度解读"分享"这一概念，这个发现会让你如释重负，也会带来更富建设性的指导。

我们的目标是让孩子成长为慷慨的人，能够看到并对别人的需求做出反应。当然，我们也希望我们的孩子能够满足自己的需求，其中包括追求他们自己的工作和娱乐，因为这是他们发展的关键。家长需要认识到，这里有个明显的矛盾。我们不希望孩子觉得他们应该被打断，只因为另一个孩子"问"他要，就应该努力把某样东西给他。另一方面，我们也希望孩子注意到，如果另一个孩子愿意轮流分享玩具，可以至少给他玩一次。当别人拥有我们的孩子想要的东西时,我们希望他能够控制自己的冲动,不是去抢夺,而是会用语言来表达需要,达成协议,以便能够在未来使用它。换句话说,我们希望孩子表达自己的需要,同时尊重他人的需求,并能够延迟满足,等待自己想要的东西。对吗?

所有这一切都意味着我们需要重新思考孩子如何"学会分享"。

反思分享:根本的解决办法

我的儿子 2 岁时,他收到了一辆可以开的玩具车作为生日礼物。他喜欢这个车,恨不得一直坐在上面,在我家车道上开来开去。有时候,他会假装开着一辆翻斗车,有时候假装是一列火车的工程师,有时是校车司机。这辆车使他所有的幻想成真,改变了他认识自己的方式。

汽车来到我家一天多后,我弟弟一家人带着儿子来串门,那个男孩和我儿子同龄。当然,我的侄子也想开车。但我的儿子不愿意,即使我们劝说了很长时间也不行。很显然,在客人来之前,我应该把车放起来,但这是我第一次见到儿子拒绝给另一个孩子玩玩具,所以我还不知道怎么处理。与此同时,看到表兄开车,我的侄子也越来越激动。"如果你想让他学会分享,"一位成年人建议道,"你需要让他下车。"

我并不害怕儿子情绪失控。但通过阅读朱迪·邓恩(Judy Dunn)等研究者的书,我知道,幼儿并没有做好"分享"的准备。我了解我的儿子,如果我让他下车,他会感到被出卖了,并且永远不会明白为什么他被要求放弃自己最宝贵的财产,交给另一个孩子,即使只是暂时出让。(24 个月大的小孩又怎么会理解暂时是什么意思?)我本能地知道,强迫孩子无法帮他学会慷慨地"分享"。但我不知道如何解释我的想法,以及如何公平对待我的侄子。事实上,我花了几年时间来学习表达这些想法,这其中伴随着我的孩子的不断成长,也有我与其他家长一起合作。

我多么希望希瑟·舒梅克(Heather Shumaker)的著作《不分享也没

关系》(*It's Okay Not to Share*)那时可以帮我形成自己的想法(我2岁的儿子都22岁了它才出版)。如果你只读一本关于如何帮助小孩子与同龄人相处的书,就应该选择这本书,你会发现,舒梅克书中的建议也适用于兄弟姐妹。

舒梅克认为什么是根本的解决方案?"按照大人要求进行分享,会中断游戏,削弱亲子信任,并教导虚假的慷慨。不妨用轮流来代替。"[1]听起来合理,对吗?但这只是舒梅克迈出的第一步,他坚持认为,拥有玩具的孩子有权决定轮流的时间长短。所以,在我儿子的例子中,我们应该请孩子们商量,让我儿子承诺给表弟玩,但玩多长时间由他决定,而且,在轮到表弟之前,他自己想玩多长时间都可以。

你当然看到了问题所在。我可怜的侄子会一直在车道上尖叫踢腿。2岁的孩子很难有耐心等待。这就是为什么我们做父母的都喜欢给孩子定时,强迫他们轮流。我怀疑这样做极少因为我们觉得这是一个学习分享的很好方式,更多的是因为我们不能容忍等待中的孩子表达自己的不满。

然而,不要忘记,如果我的儿子觉得我是强迫他分享——把他从车上拉下来,让表弟上去,他会学到什么?他会因为表弟看上去很高兴就学会宽容吗?不,他会感到敌意,他的表弟显然已经成了他的敌人。这不会帮助他"学会分享"。事实上,除了更强大的人把他珍视的财富夺走,他看不到一点所谓分享的意义。强制分享的问题在于,我们做出了抢夺的榜样。当孩子知道大人会抢走玩具,他们会变得更加有占有欲。对孩子而言,他可能会觉得,如果我坚持让你把车给我玩,因为你玩了很长时间,所以我要求轮流也是理所应当的。

相比之下,自我调节的轮流分享让孩子自由使用玩具,这样他就可以充分享受它,然后以开放的心让给别的孩子玩。他会体验到给予别人想要的东西,看到对方开心的样子之后那种温暖和美好的情感。儿童社会发展方面的著名研究者南希·艾森伯格(Nancy Eisenberg)说,拥有这种体验的孩子更愿意与人分享。[2]然而,艾森伯格指出,需要注意的是,这种体验一定是孩子经过自由选择之后获得的。如果我们强迫孩子分享，他们会愠怒地走开，从而感觉不到慷慨的魅力。毫不奇怪，他们也就不太可能在那之后分享。

自我调节下的轮流：孩子会学到什么

> 当孩子 A 想要孩子 B 的东西，我们请 B 使用完后分享给 A，然后 A 决定她在等待时做什么。两个孩子都很自豪，因为他们是"自愿"分享的。
>
> ——艾琳

自我调节的轮流适用于那些有决定权的孩子，但需要等待的可怜的兄弟姐妹呢？他可能会大声抗议，给你带来不方便，他自己也会痛苦不堪。此外，一个孩子必须等待，另一个则可以随意玩喜欢的玩具，这似乎不公平，不是吗？

从必须等待的孩子的角度出发来考虑，我们有两个选择。

选项1. 我们告诉第一个孩子，他玩玩具的时间足够长了，然后拿走玩具，给他的兄弟姐妹。第二个孩子学到：

- 如果我哭得够响亮，就能得到我想要的，即使它是别人的。
- 这种事由父母说了算，但他们的决定是随意的，这取决于他们一时的想法和我抗议的程度。
- 我的兄弟姐妹和我都在不断的竞争中获得我们需要的东西。我不喜欢他。
- 我想我是一个贪婪的人，但为了得到我应得的，我需要这样。
- 我还是"快点玩"，因为我不会拥有这个东西很长时间。
- 我赢了！但我很快会再次输掉。等我快玩完的时候，我最好大声抗议，能多玩一分钟是一分钟。然后一轮到我的兄弟姐妹，我就再次抗议。如果我让我的父母苦不堪言，我会得到更多的时间玩玩具。

请注意，这个孩子的注意力很少在玩具上，他不能自由地玩，他所能做的就是感受时钟的滴答作响。因此，强制共享的传统方法破坏了孩子玩耍的乐趣，通过创造竞争破坏了兄弟姐妹的关系，两个孩子都得不到慷慨和分享的愉快体验。

选项2.我们告诉第二个孩子，他可以询问第一个孩子何时会轮到他，我们还向他保证，我们会帮助他直到第一个孩子决定给他玩具。这一次，第二个孩子学到：

- 我可以要求我想要的。有时候，很快就会轮到我玩，有时我不得不等待。
- 哭没关系，但是哭并不意味着我能得到玩具。
- 我不会得到我想要的一切，但我会得到更好的东西：当我心烦意乱，我的父母总是理解和帮助我。
- 哭过之后，我感觉好多了。
- 我可以用另一个玩具来代替，我真的很喜欢它。我越来越擅长等待。
- 我无须抱怨和哭闹，让我的父母说服他们让我玩一会儿。每个人都必须等待轮到自己的时候，大家迟早都能玩到玩具。
- 我喜欢当我的兄弟姐妹给我玩具时的感觉，我喜欢他。
- 我想玩多长时间都可以，在我准备好之前，没有人强迫我把它送给我的兄弟。我心里很高兴——我愿意给他玩一会，我是个慷慨的人。

孩子借此得以开发控制冲动和延迟满足的能力。我们通过不夺走玩具,让孩子更自由地玩,帮助两个孩子发现自己的大度,通过减少竞争支持了温暖的同胞关系。

这可能让父母和孩子们觉得是个有挑战性的新办法,但随着孩子明白他们最终会得到玩具,并且其拥有和使用玩具的权利也将受到保护,他们就会更好地管理自己的急躁。事实上,父母每次帮助孩子等待的时候,他们都获得了延迟满足的能力。而很快你会看到孩子开始询问对方能不能轮着玩,并在自己玩完的时候把玩具交给兄弟姐妹。

没有家长的强迫,孩子愿意与兄弟姐妹轮流分享,这是大多数父母很难相信的。但是,如果你采用强制策略,冲突将每天都在你家中上演。你还不得不购买两份玩具,还要在其他孩子来访前把它们都藏起来。但如果不强制分享,你可以教导孩子学会等待,使他们在没有大人干预时主动分享。为什么不试试呢?

引导孩子等待轮到他们的时候

> 5岁的姐姐在玩汽车,2岁的弟弟想玩一会。他走过去打她,夺走了汽车。这通常会导致一场大战,还有我的大呼小叫。但这一次,我走过去,蹲在地上和他一样高,然后说:"你生气了,因为贝莉在玩汽车,你也想玩,对不对?等待很难受。"他扑进我的怀里,哭了:"是啊!"然后从容地问姐姐,能不能接下来给他玩一会。然后他就到一边愉快地玩去了,直到她玩完汽车。真是奇迹。
>
> ——珍妮弗

即使孩子们习惯了你的家庭规则——玩玩具的人决定自己可以玩多久,在看着别人玩时,他们还是会觉得有些向往。你可以帮助孩子:承认他的情绪,帮他表达想要什么,引导他与别的孩子达成协议,并支持他决定在等待时做什么。每次你这样做的时候,就是在帮助孩子养成表达自己要求的自信,以及控制冲动和延迟满足的能力。比如下面这对5岁的双胞胎,当他们得到满足后,总会顺利地转向别的活动。

萨凡纳:妈妈,艾拉玩弹簧高跷很长时间了!

妈妈:萨凡纳,我知道你很想赶快玩到弹簧高跷,你能告诉艾拉吗?

萨凡纳:她不听我的。

妈妈:可能她今天真的需要多玩一会。你要我帮忙告诉她吗?

萨凡纳:是的!

妈妈和萨凡纳走到正在玩的艾拉旁边。

妈妈(微笑地看着艾拉,搂着萨凡纳的肩膀):看起来似乎很好玩!

艾拉:是的!

妈妈:萨凡纳想告诉你一件事。

萨凡纳对着艾拉喃喃自语。

妈妈:我不认为艾拉能听到这么小的声音,你能大声告诉她吗?

萨凡纳:我也想玩一会!

艾拉:可是萨凡纳,我今天需要玩很长时间。

妈妈:嗯……听起来,艾拉还没准备好分享。萨凡纳,你要问艾拉能不能在她准备好的时候给你玩一阵吗?

萨凡纳:艾拉,接下来可以轮到我吗?

艾拉:当然!

萨凡纳看上去并不快乐。

妈妈:萨凡纳,你可以问艾拉她多久能准备好。

萨凡纳:艾拉,什么时候能轮到我?

艾拉:我需要很长时间,因为我有很长时间没玩了……我想我需要10个小时。

妈妈:艾拉,听起来你好像要玩很长时间!你知道,我们家的规

第六章 为什么他们不能分享？为什么孩子会争夺东西？

则是轮流不要过夜，所以，1小时后你进来吃饭时，你就不能玩了，明天让萨凡纳先玩，好吗？

艾拉：好吧。反正我跳累了。

萨凡纳：但我明天才能玩！我要等这么久！

妈妈：等待很难受，不是吗？你愿意做个记号来显示明天轮到你玩吗？

她们拿出马克笔，妈妈写道："萨凡纳明天早上的第一件事就是玩弹簧高跷！星期天！"

妈妈：萨凡纳，我知道你还不认识字，我写的是："萨凡纳明天早上的第一件事就是玩弹簧高跷！星期天！"好吗？……等待很难受。你想让我帮你想想现在干点什么吗？

萨凡纳（忙于玩马克笔）：不用，妈妈，我想我要在这些字旁边画上花边，然后用胶带粘在冰箱上，让大家都记住。

幼儿很容易被自己的情绪压倒，遇上他们怎么办？这种方法难道不会让他们情绪失控吗？是的，经常会。但是，这并不全是坏事。事实上，如果孩子因为他想要别人的玩具而情绪失控过，那么这说明他需要机会哭一下。

我们怎么知道的呢？因为一旦他哭出来，就常常不会那么在意触发危机的玩具。这意味着事情从来与玩具无关。这是他试图管理所有从情绪包袱中倾泻出来的感情的绝望尝试，他认为，如果能得到那个玩具，事情会好起来的。（我们都会有这种感觉：如果我们可以得到那双鞋、那辆车、那份工作……）但是，当然，一旦他得到那东西，他的兄弟姐妹拿起新的玩具时，他又会拼命想要那个玩具，好让自己感觉不错。

支持孩子在等待时情绪失控对父母来说并不容易。我们大多数人都愿意做任何事情来帮助我们的孩子感觉更好。我们会恳求其他孩子放弃玩具。不过，我劝你还是放弃这种做法。孩子的固执表现更多的是因为情绪的困扰，而不是任何玩具。孩子的眼泪需要倾泻，而这是一个绝好的机会。你一定要相信,等孩子向你"展示"了自己压抑的情绪后,他可能甚至不会在意自己在等待的玩具。

鉴于我们上面所说的,一个家庭可以做出什么样有关财产权利和分享的协议呢?

一个家庭的财产权利与分享协议的示例

1. 大部分东西在我们的家庭属于每一个人。当不止一个人想要使用某件东西时,大家轮流使用。

2. 在我们家,使用东西的人可以决定多久之后轮到别人。玩的时候,轮流的时间要短一些,要让大家都有机会玩。

3. 轮流从每天早上重新开始,不能持续超过一天。

4. 家庭中的每个人都有格外珍惜的东西,如礼物或对我们有特殊意义的东西。其他家人在使用这些东西前一定要问一下。它们通常保存在特殊场所(如特殊的架子,或在孩子的卧室,而不是客厅),所以每个人都承认他们的特殊性,并记得要先问,然后再用。

5. 对于客人,我们要把不愿意分享的玩具放好。有客人时,我们轮流的时间要更短,可以让每个人都在我们家得到玩的机会。

第六章 为什么他们不能分享？为什么孩子会争夺东西？

帮助孩子学会轮流

不要强迫分享

教导孩子自我调节的轮流

比起"分享"，孩子们更理解"轮流"的意思。

支持孩子培养慷慨

帮助孩子等待轮到他们

左边：承认孩子的感觉帮助孩子管理情绪，从而能够等待。
右边：孩子不高兴时，经常不是真的为了玩具。

相信孩子准备好时愿意轮流

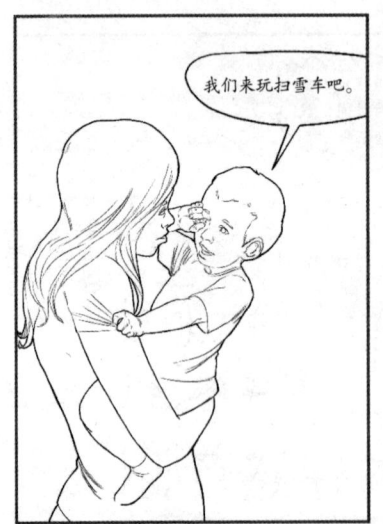

左边：孩子向我们展示强烈情绪后，会更放松和灵活。
右边：如果我们允许孩子选择分享，他们会变得慷慨。

第七章 缓和竞争

"这不公平！"

这句话使家长疯狂。你尽力想做到公平，但你的孩子却坚持在每一件事上都要竞争一番！为什么？

☆ 公平感先天就有。研究表明，即使连婴儿都有一些平等的概念，这似乎是一个人心灵中内置的生存机制，以帮助我们生活在群体中。

☆ 他们急切地想知道相比其他人你更爱他们，因此他们的生存得到保证。这一点是与生俱来的。孩子的基因想知道，如果来了一只老虎，你会救谁。如果你更爱其兄弟姐妹，他们就完了。

☆ 孩子和成年人没有那么不同。整个法律系统就是基于人的欲望得到公平对待而建立的。现在的问题并非你的孩子想要公平，而是他们认为你应该是公平决断的所罗门，但任何父母想出的任何解决方案都不可能令两个孩子觉得完全公平。这不仅仅是因为我们人类容易犯错误，还由于寻找公平的孩子总是由恐惧驱动，因此总是不理性的。回到先前的观点：他们需要证明同胞不被看好，以确保他们的生存。

这样说来，我们该如何处理公平的整体概念，无须发疯，又在某种程度上可以帮助孩子安全感更多竞争性更少呢？

1. **移情**。你的孩子对这个问题有着强烈的情绪。毕竟，在无意识的水平，这是关乎其生存的大事。试图说服孩子不要感情用事是无效的，承认其感情则会让他感到被理解，这也意味着他可以停止战斗。帮助孩子处理不公正的感觉是你能做的最重要的事情。

    避免争论："我能肯定，有时候是你先玩的，所以不要夸张说自己从来没先玩！"

    移情："这感觉就像你永远都不会先玩，是吧？"

    避免解释："他年龄大，所以他可以晚睡。"

    移情："你希望你也能晚睡……停下游戏去睡觉真是很难……我确信，等你和哥哥一样到了8岁，你也可以晚睡。"

    请注意，你不是同意孩子的想法，你甚至可能相当肯定他昨天晚上是先玩的。你只是展示你理解他的感受，仅此而已。如果你想起自己小时候被人理解的体验，你就会明白这是多么伟大的礼物。

2. **关注每个孩子的需要，而不是关注他们因何比较或竞争**。当孩子指责你偏爱自己的兄弟姐妹时，凭直觉你会知道，这是一个严重的指控。在一定程度上，他们是说你没有足够地爱和保护他们，因为你向着他们的妹妹。可以理解的是，你希望说明究竟是怎么回事。但这场战斗你永远不会赢。请在下一次：

避免争论："我没有给他更多——你看，你的东西和他的一样多！"

承认孩子需要表达自己，无须提及他的兄弟姐妹，并让他确信你总是会给每个人足够的东西："你好像想要更多的面条。告诉我你要多少，我会给你盛的。"

如果没有更多的面条呢？或者你不准备多给他们甜点呢？换句话说，你的孩子认为他受到不公平待遇，你不能（或不愿）给他什么加以弥补，他认为这样不公平。请象征性地申明他感觉到的不公平现象，但要以爱的方式向孩子指出。这是他真正担心的，即使他并不知道。所以你可以这样说："哦，不！他的那块更大？我简直不敢相信——太可怕了！我坐在这里，就是为了确保两块一模一样大，你却告诉我，我分得太差劲了？你知道那意味着什么。即使你的那块小了百分之一，我也要给你补偿——用一百个拥抱和亲吻！"你搂住他，让他心中充满爱。你不会嘲笑他，也不轻视他的需要，你实际上是满足他真正的需要——明白他对你的重要性不亚于他的哥哥。你让他知道，你总是有足够多的爱给他，不管他的哥哥得到了什么。笑声也会帮助他放下对你会偏心的恐惧。

3. **基于需要给予物质；但确保爱是无限的。** 如果一个孩子的运动鞋不合脚，需要买新的，你应对其他孩子做出解释：今天爱莎需要新运动鞋，阿米拉的鞋不合脚时，你也会给她买。然而应注意帮助阿米拉应对爱莎炫耀时的羡慕："看到妹妹得到新东西，你却没有的时候，是很难过的……不要担心，你需要新鞋的时候，你也会得到的。你知道，不管妹妹得到什么，都不会缺了你的。"然后给她一个大大的拥抱。她真正需要的是安慰，知道你爱她不亚于她的妹妹。

平和式教养法（多子女篇）

4. 不要害怕以不同的方式对待孩子。有趣的是，一些研究在询问孩子父母是如何对待他们和他们的兄弟姐妹后发现，如果他们想要的结局是公平的话，孩子们不介意被区别对待。[1] 因为哥哥可以晚睡，他们可能会让你觉得不好办，但他们也能明白，年龄较大的孩子可以得到更多的特权，也负有更多的责任。事实上，你可能想在每个孩子生日之前与他谈谈这个话题：他觉得自己的新责任是什么？他已经准备好了吗？

5. 教孩子基本的"合法"技能，以使他们能够维护公平，也使你不必总是扮演法官。

    ⊙ 一个分割，其他人选择。孩子一到一定年龄，家长就无须帮忙分东西。如果你来分，肯定会引发谁得到更多的比较（谁得的多就表示你更爱谁）。替代办法是，请一个孩子负责分割（在你的监督下），而其他孩子挑选。

    ⊙ 把它写下来！甚至在他们可以阅读之前，孩子们对文字的力量就怀有极大的敬重。让他们敲定协议，帮助他们写下来，并让他们用自己的"记号"来签名。"加布里埃尔和以赛亚同意，无论什么电梯，加布里埃尔在电梯向上时按按钮，以赛亚在向下时按按钮。"

    （欲了解更多的合法技能，请参见本书第75页"教给孩子谈判的基本工具"）

6. 装满每个孩子的杯子。孩子们竞争的原因是为了确保他们在危险和资源稀缺的情况下能够生存。所以，你的工作是要爱每一个孩子，让他从来不需要怀疑你可能更爱他的兄弟姐妹。那是不可能的，因为他知道你对他的爱是无限的。在实践中，这意味着：

    ⊙ 你要经常主动拥抱他，朝他微笑，和他一起看萤火虫，只是为了告诉他你很高兴你是他的妈妈。

- 他需要你的时候你就要出现。如果你正在忙着，跟他道歉，并告诉他接下来你会找他；然后信守诺言。

- 用小纸条、小礼物和活动让他感到惊喜。这需要一些精力，不太容易做到，一个解决办法是让小纸条出现在你的待办事项清单上，让你每一个星期都为每个孩子做一件很小但特别的事情。

- 你要抽时间与孩子度过特别时光，并进行其他预防性维护措施。有时候你可以轮流陪伴每一个孩子，在周六下午进行特别的冒险之旅。如果他们为了谁先参加而发生争执，你可以让他们互相提出交换条件，或者让后参加的孩子玩的时间更长一些。

欲了解更多关于保持联结的方式，请参考《父母平和 孩子快乐》第二部分中父母与孩子联结的方法。

永远不要比较

> 如果我不能驾轻就熟地成为最好，就会无可救药地沦为最差！
> ——阿黛尔·法伯[2]

我们大多数人都禁不住比较自己的孩子。这是很自然的倾向，当我们生气时，就会觉得拿孩子们互相比较能激励他们学习别人。而当某件事让我们印象特别深刻时，我们心上和嘴上的第一件事，可能就是比较："即使你哥哥也从来没在一场比赛中连进三球！"问题在于，我们的比较固化了自己对孩子的看法，因此形成了我们对待他们的方式。也许更糟的是，我们每一个比较都会鼓励孩子拿自己去跟别人比较。

毫无疑问，喜欢拿孩子比较的父母更有可能引起子女间的竞争和斗争。[3]他们知道自己需要打败谁；当听到比较时，孩子即明确了这一点："你

能不能坐下来,像你弟弟一样做功课?"其实你不必用比较的方式提醒孩子,只要这样说即可:"我们的规则是,放学回家后先做作业,然后再玩。"

可能会让你大吃一惊的是,即便是积极的信息,也会引起竞争。你这样说的时候孩子可能感觉良好:"你是我的好孩子……你从来不像你弟弟那样让我为难。"但是这样说,你的儿子不仅因为要保持"好"孩子的形象而承受巨大压力,他现在还会积极地让弟弟一直扮演"坏"孩子。他需要还做什么才能保住自己在你心中的特殊位置呢?

争夺位置是造成孩子间习惯性吵嘴、嘲笑和敌对的原因之一。同胞关系的著名研究者朱迪·邓恩把这一点讲得很透彻,她指出,在每一项多子女母亲与孩子互动的研究中都可以看出,"父母对多子女的差别对待明显地反映在孩子们的冲突频率上……也反映在兄弟姐妹的关系质量上。"[4]

如何打破比较孩子的习惯呢?《如何说孩子才能和平相处》的作者阿黛尔·法伯和伊莱恩·玛兹丽施说:"关键词是描述。描述你看到的东西,或描述你喜欢什么。或说明你不喜欢的东西。或描述什么需要做。最重要的是要坚持区分每个孩子的行为,他的兄弟怎么做与他没有半点关系。"[5]

因此,避免:"埃文,你还没开始打扫,看看你哥哥做了多少。"

描述你所看到的需要做的事情:"埃文,我没有看到你打扫任何地方……需要把它们扔进垃圾桶。现在。"

避免:"我希望妹妹会按照你的方式练习,你的钢琴弹得比她好很多。"

描述你看到什么,你喜欢什么:"麦迪,我一直在听你练琴,有半个小时了,你一直在练最难的部分,我真的印象深刻,现在听起来非常流畅!"

如果你留意,就会发现比较是从你的内心开始的。从内心停止要比它到了嘴边再停止更容易。训练自己重新组织想法,如同你只有一个孩子。

举例来说，如果你发现自己在想："哈珀没有阿丽莎爱学习"，一定要命令自己改变说法："我担心哈珀似乎更不喜欢上学。"你会注意到，当你更把孩子视为一个个体，而不是与他的兄弟姐妹比较，你就会开始更清楚地看到他的挣扎，以及他在哪里可能需要你的支持，而不是只看到他与兄弟姐妹相比缺少了什么。

如果你的孩子自己进行比较呢？

> 每个孩子都觉得他在父母眼中是特别的。孩子们一直被拿来作比较，他们生活的各个方面都会被人品评一番，比如在学校的成绩、棒球队击球的顺序、比赛和游戏的名次等。家是唯一不按照这些东西评判孩子、也不拿他们相互比较的净土。
>
> ——威廉·西尔斯博士[6]

人类的大脑似乎倾向于比较，但如果我们足够幸运，特别是随着年龄和智慧的增长，我们就能学会抵制比较。为什么会这样？毕竟，最强之上总有更强，最弱之下总有更弱，无论在哪个方面都是如此。

然而，由于孩子仍然受到身份的局限，他们会在一定程度上把自己与别人进行比较：是的，我像她一样……不，我不像他那样。他们不可避免地拿自己与别人比较。当你的孩子提出比较的看法时，你要训练自己让孩子认识到他作为个体的价值，而不是成为别人的反衬："现在我只对你有兴趣，包括你的感觉，你想要什么，你做什么。你是我唯一的莱拉。"

当孩子认为他们的兄弟姐妹幸运地拥有他们没有又拼命想要的东西时，这一点更是显得特别重要。

"在学校里本杰明从来不会像我那样惹麻烦……因为他没有多动症。没有人喜欢我，他们更喜欢本杰明。连你也是这样！"

大多数家长会对此做出回应，指出本杰明没有多动症，所以他做事会更容易。但这只能给嫉妒添加燃料。（为什么本杰明做事更容易，而我就

要受罪？）相反，你要使用移情，让他安心，因为他不需要更多的东西，做他自己就足够了——不要用他的兄弟姐妹作为参照。这是他真正想知道的东西。"我永远不会更爱别人，艾登……我知道在学校你需要很大的努力来控制自己，但每次你这样做的时候，你都在训练你的大脑，你也会越来越好。要知道，即使你的大脑和身体就像赛车一样很难慢下来，对我、对这个世界来说你都是最为特别的，因为你才是唯一的艾登……我很高兴你就是你！作你的妈妈，我觉得好幸运。"

抵制贴标签

很多家长认为，让每个孩子变得出色的办法就是鼓励孩子发挥潜能，同时鼓励他的兄弟姐妹在其他方面出类拔萃。这样一来，你的音乐家女儿就会和她的运动员哥哥获得同样多的荣誉。但事实是，如果一个孩子是"艺术家"，一个是"运动员"，你就限制了他们每个人，你破坏了他们的自我评价，在孩子中创造出了更多的竞争。

这是什么意思？请想想你自己的生活。在你长大的家庭，是不是有个最聪明的孩子？还有最漂亮的？其他孩子会被动地让人拿去比较，并且仍试图证明自己在这方面的价值。但是，那个公认为"最"的孩子也会苦不堪言。首先，她需要保持自己的声名，打败竞争者，结果就出现了一些讨厌的手足之争。她的兄弟姐妹的每一项成就都会威胁到她。第二，压力山大。如果她在某些时候不是那么聪明怎么办？她还会那么好吗？也许最好还是不要选修物理课；找一些挑战性较小的目标才安全。这就是给孩子定位会损害其自我评价的原因。

当然，另一个大问题在于，人类并不是只有一维。也许你是那个聪明的，你的妹妹是那个漂亮的，但实际上你们都聪明，你们都漂亮。为什么要因为一个孩子更出色而惩罚另一个呢？例如，你的儿子足球踢得很好，但你的女儿也喜欢踢球。或者，也许她是一个有才华的钢琴家，但他也很喜欢弹钢琴，或者渴望尝试小提琴，却又怕他不具备妹妹那样的音乐实力。为什么你要剥夺孩子探索他们所有的天赋和兴趣的喜悦呢？

可悲的是，我们往往会把童年的角色携带到成年。在《如何说孩子才能和平相处》中，育儿组的成年被试者描述了他们的父母是如何不假思索地规定各个兄弟姐妹的角色的，例如，"负责任"的孩子或"野"孩子。[7] 每次阅读他们的评论，我都会流泪，为这些成年后仍然携带童年角色的人感到心痛。永远不必贴标签来激励孩子或者让他们感到特别。贴标签引起的疼痛可能持续一生，并成为一直钉在孩子之间的楔子。

1. 不要固定一个孩子的实力。这样说："你爱踢球。你不必成为你的哥哥。你是一个不同的人。你可以作你自己，并按照你的兴趣发展。如果你多练习，就会越踢越好。"

2. 注意你按照性别或年龄指定角色的倾向。"这是我家老大，这是我家老小。"其实，这是格蕾丝，这是汉娜。关注孩子在家里的排行会强化出生顺序，给格蕾丝设定为承担责任的老大角色，而汉娜则落入爱社交，或者艺术家，或者"班级小丑"的身份中。

　　或者，也许你会按性别介绍他们："这是我的女儿，利亚，这是我的儿子，亚伦。"是男孩还是女孩有什么特别的意义吗？在我们的文化中，性别角色与大量的实质含义有关。你一定不希望孩子认为忠于他们的性别角色是使得你爱他们的重要原因，特别是亚伦喜欢芭蕾舞，而利亚热爱篮球和数学的时候。

3. 避免一个大标签。乔纳森不是你"未来的科学家"，他是乔纳森，他有许多兴趣、优点和缺点。让他顺其自然追寻自己的激情，而不是通过贴标签决定他的去路。

4. 欣赏每个孩子的独特性，而不是比较他们。他就是他自己，不只

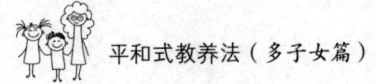

是哥哥的弟弟。避免说:"你扔球几乎和哥哥一样远。"而要说:"哇!看你可以把球扔得多远!"

如何在不加剧竞争的前提下赞扬每一个孩子

> 我注意到,我越是给每一个孩子更多无条件的爱,他们之间越能无条件相爱。我越是享受与他们共处的时刻,而不是告诉他们该怎么做与如何感觉,他们的关系就越加轻松,越加互相支持。
>
> ——布伦达

所有的家长自然愿意表扬孩子,所有孩子也都值得表扬。然而,这可能会让人觉得非常棘手,因为兄弟姐妹的成就可能成为一个自我感觉不太好的孩子的敏感点。即使对于有安全感的孩子,看到父母对其兄弟姐妹感到非常自豪,也会让他们怀疑自己的价值。

但我不认为解决办法是避免表扬孩子。更好的办法是确保每个孩子都得到充分的表扬!这是因为孩子们的关系实际上会在他们相互肯定彼此的成就中得到巩固。研究证明,他人欣赏我们的成就时,我们会觉得与他们相连。[8]还记得那个发现只要觉得父母做到了公平,孩子们就不介意被区别对待的研究吗?孩子们实际上愿意看到辛苦努力的兄弟姐妹得到赞扬,只要他们觉得自己的努力也能获得认可。[9]

因此,尽管可能需要一些敏锐的指导才能使每个家人得到表扬成为家庭文化的一部分,但这种文化的确能帮助子女认识到这样一个真相——兄弟姐妹的成就不会对自己造成任何损失——他们能够因为家庭中别人的努力和好运气而感到自豪。

1. 经常在饭桌上赞扬每个人的成绩。注意准备足够的祝酒词。
2. 鼓励孩子互相参加彼此的演出和大型活动,要互相祝愿"祝你好运！"并说"演得很好！"之类的话。难道每场比赛和练习之前都要说吗？当然不是，因为那样可能变得乏味，但重要比赛之前一定要说！

3. 以每个人都参与的方式庆祝生日。为了避免孩子间的嫉妒，可请其他兄弟姐妹参与策划孩子的生日庆典，这样他们就得到了授权。过生日的孩子决定吃什么样的蛋糕，其他人则负责制作。所有的孩子在生日当天（或者前一天或前一周）聚在一起，制作装饰品，帮忙选择和包装礼物。过生日的孩子为每个兄弟姐妹选择一点小礼物，形成在生日那天分发礼物的长期传统。因为一整天几乎都在家庭活动中度过，所以人人都可以参与。

4. 不要让一个孩子"拥有"某个兴趣，如上所述。如果亚历杭德罗在学校的演出中总是演主角，而托马斯终于得到了一个小角色，要确保托马斯在不与兄弟对比的前提下得到表扬。你不需要说："如果你坚持努力的话，就会像你兄弟一样成为好演员。"只需说："为我们的海盗托马斯干一杯！当你对着观众们怒目而视的时候，看起来真的很吓人！"

5. 表扬要周到。想象一下，你的孩子冲进房子，在他的兄弟姐妹面前大声说："妈妈，我踢进了制胜一球！"你一定希望分享他的喜悦，认可他的骄傲："哇！给我们介绍一下吧！……你所有的努力都得到了回报！……你一定很自豪……我们击掌！"但要避免夸大其词："你是最好的足球运动员！"

虽然看上去"你在追随哥哥的脚步"是同时表扬两个孩子，但可能会引起问题，因为它触发比较。孩子可能会想："为什么我就不能自己把任何事做好？为什么每次都是他先把事情做好？"

从而觉得他需要超越他的哥哥。一般来说，应该远离比较，单纯地表扬每个孩子。

即使你真的很自豪，等不及要分享好消息，也不要说："让我们给你爸爸打电话！"因为你会让兄弟姐妹觉得你夸大了孩子的成就。关键在于，你要移情孩子的兴奋和骄傲，而不是鼓吹自己对他成就的骄傲。这意味着，你不能当着其他孩子的面在奶奶面前吹嘘某个孩子，即使你一次夸了三个孩子，他们也忍不住想知道奶奶会对谁的成绩印象更深刻。

你可以私下告诉你的孩子你多么为他骄傲吗？当然可以。千万不要错过这个机会，只要兄弟姐妹不在场就好。他不需要听到他几乎像哥哥一样擅长拼写——或者——他比哥哥的拼写好得多。这只是孩子自己的事情。你要确保他不会觉得你是因为他的成就才爱他。"我的印象很深刻，因为你非常努力……所以我一点也不奇怪你赢得了拼字比赛，我知道竞争非常激烈，我很为你骄傲！你一定也很自豪！"

谁可以按电梯按钮

我真搞不懂，谁可以按电梯按钮有什么大不了的！

——朱迪

也许是因为它可以亮起来，也许是因为它控制你的方向，也许是因为它是一种稀缺的商品——只有一个人能按按钮。

但我认为这样一个童年常见的冲突有其深刻的根源。想象一下，你在和姐姐一起参加晚宴，主人问了她一个问题。她非常优雅、智慧、热情地做出了回答，在座的人都被她迷住了。结果，剩下的时间里，你姐姐一直是人们关注的焦点。没有人看见你。没有人对你说话。所有的目光都集中在她身上。晚宴结束时,你是否会有一丁点的嫉妒?

兄弟姐妹得到按电梯按钮的机会时,你的孩子也会有这种感觉。我知道,这两种情况没有可比性。然而,感觉是相似的。

那么,当你和孩子们进入一个公共电梯,孩子们尖叫着推搡电梯里的老太太,都想去按电梯按钮的时候,你应该如何处理?

1. 如果一个孩子已经按下按钮,另一个孩子不高兴,运用移情。然后让孩子自己去解决。比方说:"库珀想按下按钮,但卡尔登已经按了。有什么解决的好办法吗?"第一次这样做的时候,你可能需要提供建议。"现在库珀按'关门'按钮关上了电梯门,下楼过程中你们俩再商量好谁按哪一个按钮,怎么样?"

2. 如果你们经常坐电梯,孩子们经常这样争执,应该以此为契机,帮助他们学习解决问题。"每次我们去我的办公室,你俩都希望按电梯按钮。每一次你们都要吵架。在我们家,当我们有分歧时,我们要一起寻找解决方案。所以,你们的任务是在明天去我的办公室之前共同找到一个解决方案。"

对于年幼的孩子,你需要参与讨论。随着孩子年龄的增长,变得更能够与对方进行谈判的时候,你可以说:"请现在讨论一下吧。晚饭时,我会很高兴听到你们已经就这个解决方案取得了一致意见。"要确保解决方案被记录下来,并贴在你家的公告板上,在去你的办公室之前,你们可以参考它,直到协议变成一种习惯。

你可以使用此方法来解决任何反复出现的问题。如果孩子为了选择车内播放什么音乐而争吵,指导他们找到一个解决方案,比如轮流选择。务必把解决方案贴出来,下一次出现问题的时候你就可以按照协议得心应

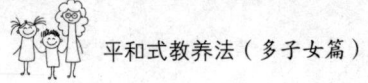

手地处理了。

如何确保你不会无意间促进竞争

我们已经谈到过父母不知不觉促进竞争的很多做法。

1. 选择支持一个孩子，反对另一个。"别去惹你的妹妹！"
2. 比较自己的孩子。"你能不能别大惊小怪的，像你哥哥那样让我安心刷牙？"
3. 给孩子贴标签。"他是个聪明宝……她是调皮鬼。"
4. 允许自己与其中一个孩子的关系恶化。

然而，还有一种看似无害的方法——而且对于管理孩子非常有用处——我们大多数人都尝试过，就是激励孩子互相竞争。"谁先穿好睡衣，妈妈就先给谁讲睡前故事。"但这种方法使孩子习惯于互相争夺你的爱。当然，其中必定会有一个输家，这自然会使怨恨增加，竞争更激烈。你真的想让家庭生活的背景乐变成以"我赢了！"……"不公平！"……"我是第一！"……为主题的永无止境的合唱，还穿插着"失败者"的啼哭声吗？

帮助有竞争情绪的孩子

打牌、下棋、捉迷藏、垒球，无论我们进行什么样的竞争活动，最后都会在某个人的哭泣和宣泄中宣告结束，因为他承受不了失败的压力，甚至不能面对失败的可能。

——诺拉

大多数父母喜欢"家庭游戏之夜"的想法，认为这是促进孩子关系的好机会。然而，现实是，大部分游戏都只能有一个赢家，这意味着你至少需要安抚一个情绪失控的孩子，也许更多。所有的孩子都很难学会应对失败。

我想，失败后一定程度的心情低落是可以预期和尊重的。只要你能产生情感共鸣，只要孩子并不总是失败，失败的经历对孩子来说就是有益的，他学到的是，生活还会继续，太阳还会升起。失败还可以培养韧性。

当然，也有一些方法可以帮助孩子处理这些感受，让每一个人都更享受游戏和比赛。

1. 让失败变得更容易接受。例如，制定有益的游戏规则，如赢家总是负责游戏后的打扫，这至少可以给失败者一些安慰。（而赢家不会介意这些，特别是在你还提供帮助的情况下。）

2. 如果有一个孩子经常失败，请和他组成一个团队。

3. 寻找需要团队合作而不是竞争的游戏。研究表明，比起玩竞争性游戏的孩子，玩需要合作的游戏的孩子更愿意合作，也不那么激进和好斗。[10]

4. 劝阻幸灾乐祸。"你赢了，感到高兴这很好，但不要幸灾乐祸……我们家的规则是，要彼此友好对待……如果赢了就高兴地跳舞，这可不符合运动精神，无论那些专业运动员是怎么表现的。"在孩子赢得比赛的时候这样强调会让大家都感到满意，你的家人也会享受游戏的乐趣，彼此欣赏。

5. 孩子们需要拥有获胜的经验，因为他们在生活中更常遇到的是失败，无论和同龄人还是和兄弟姐妹在一起都是如此。所以，当你跟他玩的时候，让他赢。这对于天生好胜的家长比较难办。许多爸爸问我，如果我们让孩子赢，孩子怎么能学会"公平竞赛"。但是，父母每次依靠体格、实力和经验的优势胜过孩子，明显是不公平的。更重要的是，孩子会觉得自己是个失败者。不出意外，他会转而积极寻求使他的兄弟姐妹觉得他们是个失败者。

到了一定的年龄，他会请你不要让着他："你觉得我努力的还不够吗？好吧，我会更加努力！看这个！"这时你可以稍微发挥一下真实水平，然后循序渐进地全部发挥出来，最终，你的孩子会战胜你——公平而公正——而且他的自尊完好无损。

6. **帮助孩子共同商定规则。** 孩子经常会恼火弟弟妹妹不遵守游戏规则。这样做则有助于教导他们，小孩子们仍然在学习有关规则，他们不是想要"作弊"。你可以告诉较小的孩子："哥哥们说，他们今天想按照真实的规则来玩，你似乎想根据我们没有见过的规则来玩……就是那些《圣地亚哥的傻瓜规则》吗？你是想按照真实规则和哥哥们比赛，还是和我去厨房做三明治？"

7. **如果孩子习惯性地作弊，父母可以一对一地和他玩，把他逗笑。** 《帮助青少年茁壮成长》（*Helping Young Children Flourish*）的作者阿莱莎·索特尔（Aletha Solter）说："作弊是孩子们表示自己需要处理无奈感受的方式。"[11]你和孩子玩的时候，允许他作弊，假装你没看到，但要大声后悔你的糟糕表现，并对自己因何失败表示不解。你的孩子会高兴地笑起来，那些促使他作弊的"我不是足够好"的所有感情都因此得到了处理。赢得几次与你的比赛后，孩子就不太可能对兄弟姐妹作弊了。

8. 如果孩子在比赛中的实力不对等,建议他们考虑让年幼的孩子先行一步或给他特别的照顾,比如下棋时可以适当悔棋等等,以弥补经验和年龄的差距。

9. 鼓励孩子笑对输赢,缓解紧张气氛。大多数孩子输掉后会感到不开心,因为它触发了常见的焦虑——他们暗中担心自己不够好。而笑声缓解焦虑。怎么样才能逗笑孩子?劳伦斯·科恩在他的著作《游戏力》中建议,你每次掷色子的时候都要呻吟一声,尽量不要掷出你想要的数字……当其他玩家做得好的时候,你也要呻吟……输了更要呻吟。[12](确保你总是输掉比赛)。我想补充的是,你要做得让孩子发笑,而不是为你失败感到内疚。嘲笑你的失败不会让孩子变得刻薄起来,而是会帮助孩子处理他们的恐惧,同时在失败的时候变得更为大度。

出生顺序与竞争

一些竞争感来自于孩子对其出生顺序的意识。即使父母非常努力地不给最大的孩子特权和给最小的更多关注,孩子们仍常常觉得自己没有优势,因为他们既不是老大也不是老小。然而,大多数研究人员现在认为,孩子的气质而不是他们在家庭中的位置对其个性影响更大。[13]还有,对于父母而言,好消息是,你的育儿风格可以抵消出生顺序的影响。正如托德·卡特梅尔博士(Dr. Todd Cartmell)提醒我们的:"出生顺序效应不是你孩子先天气质的结果,而是孩子对老大、老二和老小在家庭中的经历的观察结果。"[14]换言之,父母对待孩子的具体做法是我们所认为的出生顺序效应的来源。

因此,我们可以通过把每个孩子作为个体来观察和珍重,并确保每个孩子得到他需要的注意来减轻出生顺序带来的任何负面影响。这样做容易吗？不容易。因为拥有多名子女的父母往往缺少时间。但是，体贴的干预措施可以给每个孩子以支持：

1. 老大往往更负责任，更喜欢忧虑，更希望通过听话来取悦父母。家长可以通过以下方法支持他们：通过移情理解他的忧虑，而不是指望他们总是充当"小大人"；帮助他们笑对生活以减少焦虑；鼓励他们追求自己的激情；并记住所有的孩子有时都需要得到宠爱。

2. 中间的孩子常常感觉不到父母的疼爱，因为他们在家庭中没有特定的角色，他们往往受到父母较少的关注，因此他们可能会发脾气。家长可以通过不被其过分举动激怒来支持他们，将他们的行为视作对交流的渴望，并且抽时间单独陪伴孩子。

3. 最小的孩子倾向于扮演与年龄较大的孩子互补的角色，所以他们更容易在社交或艺术方面脱颖而出。家长可以通过郑重赋予其责任、接纳其意见和兴趣的方式予以支持。老小也需要经验与比自己小的孩子相处时自己年龄更大或更负责任这样的社交关系，因为他们总是觉得自己在兄弟姐妹中缺少话语权。

如果您想更多了解如何支持每一个大小不同的孩子，请链接 AhaParenting.com 找到相关文章。

如果你偏爱某个孩子怎么办

> 童年时的几乎每次沮丧体验都是因为别人受到了偏爱。
>
> ——阿尔弗雷德·阿德勒，现代心理学的奠基人之一

许多父母会发现自己的某个孩子更讨人喜欢。既然你的孩子非常希望知道你爱她远胜于任何人，那么，如果她是你最喜欢的孩子，为什么不能暗示给她知道呢？

1. 孩子可能会对兄弟姐妹感到强烈的负罪感，这可不是同胞关系的良好基础。
2. 孩子可能会觉得她需要削弱其他孩子的地位以维持你对她的青睐。
3. 孩子可能会怀疑你也告诉别的孩子他们是你的最爱，这破坏了她对你的爱的信任。
4. 她可能在争吵中把你的话告诉别的孩子，即使她没说，他们也可能看出来，而这对于其他孩子来说是非常难以接受的，可能会使其生活苦不堪言。

因此，在这个问题上，你孩子想要的东西——知道你最爱他——却对他并没有益处。他真正需要的是知道你不会爱别人超过爱他。还记得有兄弟姐妹的孩子需要听见的两件事吗？（好吧，你不能爱别人甚于爱他，并且无论你有多么爱他的兄弟姐妹，都不妨碍他得到足够的爱。）

如果有一个孩子，你就是觉得与他难以亲近该怎么办？也许他总是反对你，与你斗气，心怀不满；也许他让你想起你的前任——总是不尊重你，态度粗鲁；也许他只是难以相处。我希望能借此机会热情地向你提出建议：每个孩子都需要父母无条件的爱。无条件意味着——没有条件，而不是"要是你不那么让我难堪……"或者"要是你更像哥哥一点"。无条件。孩子的出生不是他自己要求的，他也没有对自己的先天和后天成长条件向你提出要求，当然，他可以做出更好的选择，如果他没有让你难堪，我愿意与你分享你的快乐。但每个孩子都值得父母110%的关爱，即使他的哥哥比他更易于相处。他需要你无条件的爱，这是他需要得到的最独特的礼物。很多成年人曾经告诉我，他们认为"我的母亲（或父亲）总是更爱我的兄弟姐妹",所以他们终其一生都觉得受伤。不要让你的孩子也加入他们的行列。

1. 有意识地寻找孩子积极的一面,告诉孩子你看到了什么。"我喜欢看你踢足球!"
2. 如果现在发现不了积极的信息,不妨从过去的经历寻找。"还记得上一次你表现得非常勇敢吗……"
3. 花更多时间陪伴你觉得比较疏远的孩子。设计一些正面、有趣的共享体验。想方设法每天与他们共同欢笑。
4. 当你发现自己做出否定的判断,即使你心里就是这么想的,也要改变说法,找到积极的表达方式。把"他为什么不能安静下来?!"变成"他的精力充沛,可以完成许多目标。"

如果你真的觉得和某个孩子相处有困难,不要等待,请获取专业的帮助。每个孩子都值得你无条件的爱,每个孩子都应该是你的最爱。

第八章 预防竞争与培养联结的工具

本章的各种方法将帮助你建立有益于兄弟姐妹亲密关系的家庭文化,但它们不会自行生效。我将该主题留到第二部分的结尾,是因为这些方法相当于锦上添花——蛋糕上的糖霜,虽然糖霜会让蛋糕变得更漂亮,但你首先需要把蛋糕做好。如果没有第一部分中列出的平和的养育方式,以及第二部分前几章的沟通和解决冲突的技巧,本章中的工具对你的帮助不会太大。

所以,等你把本书的其余部分付诸行动,并且做好了微调的准备,我们再来考虑如何在实践中创造欣欣向荣的家庭文化。

期待孩子互相尊重

> 防止兄弟之争的最佳方法是尽可能早地帮助孩子真正学会互相尊重,让他们知道自己与兄弟或姐妹的关系是特殊的,这份关系将持续一生,而且他们真的可以依靠对方的帮助。
>
> ——劳里·克莱默教授,同胞竞争问题研究者[1]

影响子女关系最根本的方法之一，是塑造你对他们的期望。维吉·斯塔克（Vikki Stark）在她的著作《我的姐妹，我自己》（*My Sister, My Self*）中采访了400多名女性与其姐妹之间的关系，包括成年人、青少年和小女孩。"我发现那些关系亲密的姐妹，往往来自重视这种关系的家庭。"她说，"这是一种家庭文化——你们是姐妹，你们的生活互相依赖，我希望你们拥有密切的关系。"[2]

这种积极性并非强制而来。不能始终期望孩子彼此做出相爱的举动（即使成年人也做不到！），住在一起的人互相看不顺眼是完全正常的。但如果我们期望家人之间努力搞好关系，兄弟姐妹紧密团结，并且珍视和保护这些关系的话，就应该把这样的期望传达给孩子。如何去做呢？

1. **举行家庭活动，让兄弟姐妹们都参加。**家庭传统和仪式帮助孩子联结在一起。家庭身份感——"我们都在读某人的书！"或"我们都在研究某件事！"——让孩子觉得自己像一个团队的一部分。

2. **明确教导价值观，包括善良和支持。**能够表达价值观的家规和家训（参见下一节）会给孩子的关系树立积极的行为框架，告诉他们家庭意味着什么："我们是一家人，我们互相照顾……互相支持……我们总是一起解决困难……我们分享彼此的喜悦。"

3. **明确教导孩子提升情商。**向孩子们指出，没有人是完美的，我们都依赖彼此的爱和宽容。一旦孩子明白感情的重要性及其对行为的驱动力——但我们总是负责选择自己的行为——彼此间就会变得更加宽容。

4. **尊重个体和差异。**父母要经常指出，每个家庭成员都是独一无二的，所以更应该互相尊重，他的价值只是因为他是他自己。每个家人都应该保持完整的自我。你要找出每个人的不同，谈论它们，喜欢它们。"是的，你喜欢巧克力冰淇淋……而我更喜欢焦糖布丁。每个人都与众不同，这难道不是很好的事情吗？世界正因为如此才变得更有趣。"这也有助于孩子看到自己独特的个性，所以他们不会感到有太大的必要互相竞争。

5. 创造一本"手足之书"，以帮助孩子积极看待他们的关系。一本个性化的书将帮助他们意识到，即使自己有可能与兄弟姐妹吵架，但他们之间的关系也是实实在在的。你可以在 AhaParenting.com 上找到实例——兄弟是永远的，下载 Word 文档，并且根据你家的情况加以个性化。

6. 告诉孩子们，拥有彼此是多么幸运。问他们："因为有一个哥哥，你觉得什么事让你最幸福？"或"你教给过妹妹（或向妹妹学习过）哪些最酷的事情？"

能够促进同胞关系的家庭例程

> 如果他们受到伤害，我退后一步，让他们互相安慰。这种情况下，父母很难控制自己不去拥抱受伤的 2 岁孩子，而是看着 5 岁的孩子拥抱她（反之亦然！）。我的孩子寻求彼此的拥抱和安慰，我喜欢看到这一幕。
>
> ——梅琳达

1. 早晨的亲近。每天大家起床之后，请保证拿出 5 分钟的时间拥抱每一个孩子。我知道，这听起来似乎不可能。但是，如果一切杂务都已经完成，你可以抽出 5 分钟时间放松一下。与孩子的联结将改变你早晨的心情,也会把孩子一天中所需的爱交给他们。经过一晚上的隔离,你也应该重新和他们联结,让他们有动力合作,而不是反对你——或他的兄弟姐妹。如果不止一个孩子跑到你的床上怎么办?拥抱每一个人!

2. 家庭亲善日志。买一个漂亮的本子,或者把一些活页纸放进夹子,给它取名"我们的家庭亲善日志",请孩子们装饰它。你可以在第1页写下关于亲善的格言警句,例如:"得时不得时都行善。"然后,注意和记录孩子之间的善意行为,写上日期。
"布拉迪帮助凯特琳不让她的城堡倒塌。"
"凯文与迈克分享他从学校带回的饼干。"
"娜塔莉亚帮助尤里够到电灯开关,尤里很高兴。"
"今天在杂货店,伊维建议我们给达米安买橘子。"

不久,你的孩子也会注意到他们之间的小善意,并要求你记录它们。在你意识到之前,他们会受此启发,更加互相善待。你甚至可能要明确鼓励家里的每个人互相日行一善,指出善行可以温暖双方——给予者和接受者——的心灵。

3. 养成习惯,每天对孩子互相帮助的行为加以评论。例如,说"我注意到你在利亚姆受伤时安慰了他……他一定非常感激你。"或者"我看到你帮助维多利亚穿睡衣,真是个好姐姐!"

4. 完成杂务的时候要组成团队来进行。所有孩子都希望感到自己在为团队做贡献。所以,与其把家务视为琐事,不如利用它促进家庭的团结,让孩子乐于服务家庭。如果你想要教给孩子掌握某种家务技能,你通常需要与孩子合作。但让孩子们互相协作却是一种了不起的壮大同胞团队的方式。不妨给他们下达组成团队的任务，让他们自己弄清楚如何共同进行这项工作。

5. 让孩子们互相照顾。如果一个孩子受到伤害，让其他孩子停止玩耍，都来照顾这个孩子。家长首先要观察一阵，看看兄弟姐妹们是如何互相关心的。派一个孩子去拿冰袋或者创可贴，甚至可以让他们做你的医疗助手，帮忙照顾伤员。让所有孩子都参与进来，包括那些难辞其咎的孩子。威廉·西尔斯博士（Dr. William Sears）曾说："如果一个孩子身体或感情上受了伤害，应该鼓励其他孩子提供舒适的环境来帮助伤者缓解疼痛。我们称这种做法为'按手疗法'。遇到压力（无论是马上就要考试了还是受到了情绪或身体的伤害）的孩子可以坐在兄弟姐妹们中央，大家每人都伸出一只手放到他身上，为他祈祷，让他平静下来。"[3]

6. 当你拍照的时候，既要拍孩子们的合照，也要拍每个人的单人照。孩子把你给他们拍的单人照视为你对他们单独的爱的标志。兄弟姐妹们在一起的照片则象征着同胞之爱的价值。

7. 每天的晚餐桌上，让每个人给大家讲述今天最好的事和最糟的事。如果最好的事与孩子的某位兄弟姐妹有关，父母要进行庆祝。如果最坏的事与兄弟姐妹有关，则要向讲述者表示同情。（"和茉莉争论那个游戏的规则时，听上去你真的很生气……"）由于孩子的愤怒已经平息了，所以他们可以握手言和。否则，看看你能不能帮助他们和好，但不要偏袒任何一方："对同一个游戏持有不同观点的两个人很难玩到一起……有时候他们非常想在一起玩，两个人都愿意改变一点自己的想法，所以他们仍然可以一起玩……也许明天你们可以这样试一试。"

为何要冒险揭掉伤口上结的痂呢？因为这给了你一个愈合

裂痕的机会。有时候孩子们会自己做，有时候你需要通过"讲故事"的积极方式做到这一点。如果事实证明仍然存在受伤的感觉，而且无法在晚餐时解决，你可以制定一个问题解决议案——"听起来你们两个在玩沙盒时产生了矛盾……有不同的想法并没有错……我们能解决，但我们需要先吃晚餐，明天早晨再讨论，好吗？"这样你就解除了紧张气氛，让他们以另一种方式了解现状，这样他们就不会怀着对别人的怨恨睡觉了。

8. 学会感谢。在晚餐时或睡前，对家中的每个人表示感谢。尤其是大家习惯于每次都在不得不感谢别人的时候才说谢谢的情况下，这样做非常有必要。（该方法属于"感谢"的一部分，参见本书第178页的"家庭会议"。）

9. 每天睡觉前，给孩子们创造互道晚安和说"我爱你"的机会。有一些家庭在睡觉前由大孩子给小孩子读书，这也是一个很好的联结方式。

10. 创造培养孩子紧密关系的家庭传统。幸福的家庭不仅拥有珍贵的传统，还会发展新传统，通过创造温暖的联结和安全感，帮助孩子应对不可避免的成长烦恼。请从孩子关系的角度审视你的家庭传统。哪些定期活动（每周、每季度或每年）将促进兄弟姐妹间的亲近？你可以在每个学年结束的最后一天让孩子们在客厅里过夜，或者夏末时让他们在后院露营。孩子们将发现这些传统非常有意义，使其在一年中都能回味这些美好的记忆。

11. 考虑每年进行孩子间的庆祝活动。举例来说，即使你不是印度人，也可以庆祝自己家的"兄妹节"——庆祝兄弟姐妹关系的印度传统节日——孩子们互赠小礼物，包括自制的卡片，上面写着感谢的话。父母为他们准备特别的晚餐——例如到意大利餐厅吃饭——进餐时向孩子们祝酒，庆贺他们成功组建了团队，或者自己安排节日时间，如每年的"兄弟生日"——哥哥和弟弟生日中间的那一天。

支持孩子亲近的家庭规则和家训

如果你有超过 6 岁的孩子，就会知道孩子们热爱规则。他们喜欢争论和执行规则。他们最喜欢的规则是他们自己也出力制定过的规则！许多家长在孩子帮忙制定家规方面有疑虑，但我向你保证，家长的地位是不可动摇的，你拥有否决权。但是，当孩子们参与制定规则的过程时，他们更可能遵守规则。

我也想提醒你，不要制定太多的规则。如果规则太多，孩子们不会记得它们。他们会忘记某些规则比另一些重要，例如，他们会粗鲁地把弟弟从沙发上拽下来，因为规则不允许他跳上沙发，但却忘了应该待人和善的规则。

请和孩子们坐下来，拿出一张大纸，问问他们你家已经有了哪些规则。孩子们会惊讶于自己竟然记得那么多的家规，如"爸爸说去睡觉的时候，要听话""不要吵醒小宝宝"，但他们可能忘记"要善待别人"。写下他们说的每一条，然后问他们是否还有需要添加的内容。写下所有的建议。然后告诉孩子，你要从头看一遍，选出最重要的 5 条或者 3 条作为家训。将选好的条目整齐地写在另一张纸上，让孩子们装饰它，并把它挂起来。你的规则可能是这样的：

1. 我们是善良的一家人。
2. 我们不伤害别人，也不损坏财产。

3. 我们接触别人的身体之前会先询问对方，任何人说停下来我们都会停下来。
4. 我们总是要自己收拾弄乱的东西。
5. 我们按照爸爸妈妈的话去做。

什么是家训？家训是指那些非常重要，以至于需要成为孩子的指导方针的规则。你应该经常执行它们，这样才能使其成为家中的格言警句。你可以在 AhaParenting.com 的 Facebook 页面上找到一些家训作为参考：

- 选择爱！
- 在这所房子里，我们奉行爱和善良。
- 勇敢，善良，尊重。
- 怎么干最有效？团队合作最有效！
- 人比东西更重要。
- 一家人永远在一起。
- 爱无止境。

如何在孩子之间创造更多的良性互动

> 我永远不会忘记我 3 岁的孩子爆发笑声的那一刻，那是我听过的最快乐的笑声。当时他正和 1 岁的妹妹玩，她的古怪行为把他逗笑了，我甚至不知道他竟然会笑得那么欢乐。他的许多朋友都无法逗笑他，但是，他所爱的妹妹却激发了他身上美好奇妙的情感……在爱里面，我们不仅扩大了自己的能力，而且让我们的性格更加丰富。
>
> ——玛丽·赖斯·哈森，道德与公共政策中心

如果你的孩子们相处时有困难，你自然会专注于帮助他们学会以平和

方式解决分歧。但重要的是，请记住，他们想要愉快共事的动力取决于他们的关系是否建立在一个积极平衡的基础上。宝·布朗森（Po Bronson）和阿什利·梅里曼（Ashley Merryman）在他们的著作《养育震撼》（*NurtureShock*）中说，"在许多同胞关系中，冲突的频率都较高，但后院和地下室中度过的快乐时光可以很好地抵消它们。这种纯粹的积极体验预言了孩子们将来的良好关系。与此相反，那些根本无视对方的兄弟姐妹虽然冲突较少，但他们的长期关系却是冷漠和疏远。"[4]

如何才能为孩子之间的良好关系打下基础？大多数情况下，最好的办法是共享快乐的时光。西雅图爱情实验室的约翰·高特曼博士（Dr. John Gottman）发现，夫妇需要5~7次的良性互动才能抵消一次负面互动。[5]这个比例经过了许多研究的验证，研究对象包括配偶之间到同事之间。据我所知，目前还没有兄弟姐妹间的类似研究，但我们可以将以上比例作为参考。

这可能让你感到失望，毕竟，如果他们每天吵架6次的话，你怎么能帮他们建立36次积极互动呢？请记住，一个微笑算作一次积极的互动；所以，互动不只包括那些重要的时刻。为什么不尽量为孩子创造无论大小的各种正面互动呢？

1. **注意并鼓励孩子一起玩。**改善同胞关系的研究表明，孩子在进行他们都喜欢的活动时，关系更好。[6]而找到此类活动有一定的难度，特别是父母和孩子存在代沟或兴趣差异的情况下。但如果你留心的话，通常可以提出一些让两个孩子都感兴趣的建议。举例来说，如果她想玩商店游戏，他想玩宇航员游戏，为什么不在月球上开一家商店呢？又如，两个孩子都喜欢玩厨房游戏，或者在一起画画或盖城堡，你就可以提出与这些游戏相关的建议。一定要鼓励孩子们每天至少共同玩一个他们喜欢的游戏。

2. 如果孩子们玩得开心,不要打断。你可能还记得一句古老的谚语:"不要唤醒熟睡的婴儿。"我将这句话改编为:"不要打断愉快玩耍的孩子。"所以,当兄弟姐妹一起开心玩耍的时候,不要觉得这种情况很常见,不当回事,要支持他们玩下去,除非很有必要,否则千万别打断他们。

3. 运用催化元素让孩子联结。欢笑。户外活动。跳舞。唱歌。嬉闹。依偎。每天尽量多安排带有催化元素的活动。

4. 在孩子之间启动"特别时间"。《如果我要再告诉你一次》(*If I Have to Tell You One More Time*)的作者艾米·麦克里迪(Amy McCready)建议家长为孩子们安排她称之为"头脑、身体和灵魂"的时间。[7]即让两个孩子相处10分钟。如果你的孩子们年龄差距较大,或者其中一个不喜欢和别人玩,这恰好是个突破口,因为这样做将孩子的共处时间融合到日常安排中,可以保持他们的联结。如果他们难以决定一起做什么,父母要准备一些有趣的建议。(但要让他们远离电视或电脑。)

5. 告诉每一个孩子别人是多么爱他,以及别的孩子为他做了什么具体的事。"哥哥和你分享好吃的,多了不起啊!能拥有彼此,你和你哥哥真的非常幸运!"这些评论通常在孩子单独与你在一起并且乐于和你交流的时候最有效。

6. 如果他们度过了糟糕的一天,安排一些他们都喜欢的活动,例如做饼干或跳舞,帮助转换情绪。

创造同胞团队的策略

> 我们通过让女儿们与爸爸竞赛——赛跑、打球或者游戏——来培养团队协作。只有孩子们团结一致的时候,父亲才让她们赢,当然,她们不知道这一点。但我们以后回想时会说:"还记得你们两个团结起来打败爸爸的时候吗?"
>
> ——伊丽莎白

孩子们的竞争本能都与掌握优势的趋向有关。所有人都喜欢比赛的兴奋,我们天生就愿意努力争先(并在这个过程中获得多巴胺)。所以,不管你多么提倡良性互动,竞争势必会出现在你的家庭中。但如果你的孩子不会成为竞争对手,反而是同一个团队的合作伙伴,岂不是更好?

1. 首先,创造一种团队氛围,例如将两个孩子都包括在你的评论中,甚至在较小的孩子还不具备为团队做贡献的能力之前就这样做:"你们两个一起玩那个玩具,似乎非常开心,多么了不起的团队!"

2. 与其让孩子互相竞争,不如找到持续的方式团结他们实现共同目标。"你们能一起合作,努力在上午 8 点准时出门吗?这样我们就有时间在上学的路上去看工地的推土机了。可以?你们的团队真了不起!"

3. 通过创建家庭活动提倡孩子组成团队的想法。举例来说,给他们一大张纸,让他们在上面一起画画,一起给奶奶写信。设计一个寻宝游戏,让孩子们互相帮助,而不是相互竞争。当你们嬉闹的时候,永远是大人迎战孩子团队。

4. 让孩子们共同负责一个项目。例如，让他们一起洗车，赚取你花在洗车店的钱。或者让他们负责父亲节的装饰，或者计划有趣的家庭郊游。让孩子们一起作策划，你只是在外围参与，以确保安全和最大的乐趣。

分分合合：如何让孩子们保持联盟

如果你有两个以上的孩子，你可能已经看到了这一类的问题。也许在你的家庭，女孩会组队对抗男孩，或者老大讨厌老二，但喜欢老小。孩子们之间的联盟可能会像风一样不确定，也可能非常固化，总会将某个孩子排除在外。那么，你能做些什么来鼓励所有的孩子彼此欣赏吗？

1. 给"同胞团队"分配任务，让所有孩子一起合作："如果你们三个可以一起准备睡觉，我们就有时间在睡前读三本故事书，所以你们每个人都可以选择一本书。"

2. 让同胞团队与父母"竞赛"："好吧，枕头大战！孩子们对父母！"

3. 重组目前的团队。例如，通过玩棋盘游戏决定团队的设置。如果杰德和亚历山德拉总是密谋对付李维斯，就把杰德放到你的团队，亚历山德拉与李维斯组队，所以，如果她想赢，就不得不想办法与李维斯合作。

4. 混搭。要确保孩子有机会一对一互动，而不总是以小组的形式出现。如果你有两个孩子，他们无法自然联结的话，要为其创造机会。带他们参加特殊的外出活动，或者找到他们能在家里共同参与的活动，越是纯粹他们两个人在一起，越是能建立亲密的关系。

5. 直接打断不友善的言行。"对不起,你表现得不友好,不是吗?你不能故意排斥别人,对吗?在我们家不能这样。"

6. 做好介入的准备。无论你如何尽量避免,某个孩子有时也会感到被排除在外。但你可以邀请他和你度过一些特别的时刻,这样做的价值甚至比孩子与兄弟姐妹在一起还要宝贵,因为他可以单独与你相处。

为什么嬉闹活动能减少同胞竞争

> 当我的2岁和4岁的孩子玩不到一起的时候,我就变身为"妈妈怪兽",并开始追逐他们,他们边笑边跑,并想方设法组队打败我。这种"孩子们对妈妈"的游戏,似乎每次都有效果。
>
> ——珍妮弗

当孩子打闹时,大多数家长会变得焦躁不安。难道这种情况永远都要以眼泪告终吗?嬉闹是人类的天性,特别是孩子的天性,他们通过嬉闹学习、缓解日常生活的紧张并互相联结。儿童依靠身体的娱乐化解关系的紧张,运动有助于情感的锻炼。

笑声甚至更加重要,因为它产生催产素和更多有利于人际联结的激素,并通过减少应激激素降低焦虑。如同其他年幼的哺乳动物,当孩子们"嬉闹"的时候,他们学会管理侵略意识,这使他们在愤怒时不太可能大打出手。所以,孩子们玩摔跤或枕头大战的时候,是很好的现象。嬉闹活动是如此的珍贵,值得你花更多时间研究如何利用它来促进家人的关系。

1. 帮助孩子创建打闹时的安全规则。如果你担心有人受到伤害,请尝试不要在只有你自己觉得焦虑的时候贸然叫停。相反,你要帮助孩子制定规则,以保持每个人的安全:"玩摔跤很了不起,只要你们有规则来保证安全。你们的规则是什么?哦,当有人大叫'停下!'两个人都要停下来?而且不会打人?这些听起来像是很伟大的规则!它们是如何生效的?你们还需要任何其他规则吗?"

2. 在你发火之前设置限制。在你开始担心有人会受伤的那一刻,这是一个信号:你要做点什么。不,不要大吼大叫,而是要积极干预,确保一切都安然无恙。许多家长努力想要有耐心,结果让事情变得不可收拾,搞得孩子哭,大人叫。这可不是你想要的模范情绪调节方式。你应该以坚定而亲切的语气,说出你的规则或期望:"这样的比赛不属于这个房间。我担心你们可能会弄坏台灯或电视机。"

3. 评估危险。这样做真的有危险吗?也许孩子们虽然非常吵闹,但他们玩得很开心,而且也没有实际的危险,任何人或者你的家具都不会有问题。有时候,也许一个小的变动就能产生效果,例如把床挪近梳妆台,让他们可以安全地跳到床上。如果孩子们在进行扔积木比赛,你可以把积木替换成填充玩具。

4. 在纠正孩子之前先与他们沟通。在房间里大喊大叫只会煽动狂热情绪,与之相反,你要亲自走到孩子身边。当一个孩子失去控制,除非你能以亲密友好的方式与之接近,否则无法说服他。在你向孩子提出要求之前,一定要先和他们积极沟通。"你们两个玩得很开心,是吗?"

5. 在提供建议的时候使用移情,或者把选择权交给孩子。"我知道很难停下来,但只能在地下室里的垫子或者外面这样玩。外面玩,行吗？我们走！"

6. **观察每一位参与者，以确保每个人都享受目前的活动。**"每个人现在仍然觉得有乐趣吗？"如果一个孩子玩得比较疯，另一个似乎有点紧张，你可以帮助他们互相观察。"贾登，你看到你哥哥不笑了吗？让我们停1分钟，确保每个人都感到安全……亨利，当你想要停止的时候，你可以随时告诉贾登。你想现在就练习一下吗？"

7. **眼泪并非世界末日。**通常情况下，孩子在玩闹时吃了比较大的亏才会哭。有时候眼泪会缓解伤痛，而且如果你能迅速地拥抱他一下，孩子就会做好准备再次加入活动。有时，他们会号啕大哭，看似反应过度，但这是一件好事，这意味着笑声让他们积压在内心的情感包袱宣泄了出来，他们借此机会向你倾诉平时隐藏起来的伤痛。痛快地哭完后，孩子会感到十分轻松愉快，因为这些感情会"离开他的胸口"。因此，你没有必要因为有人受伤了就觉得自己是个坏家长，请放松，借此机会帮助孩子处理那些更重要的感情，要为他有机会哭出来而感到高兴。随后，问问两个孩子是否认为需要添加新的规则，以便让每个人下一次玩的时候都更安全。你可以把规则写下来，张贴出来，即使孩子们还不认字。这样，你就可以很容易在孩子们下次玩得比较疯的时候提醒他们。

8. **帮助孩子们平静下来。**有时候，你需要引导孩子进行一个更为平静的活动。但当孩子们真的兴奋起来时，往往静不下来，因为他们的情绪太激动了。如果你觉得他们的激动背后酝酿着危机，不妨与他们交流，试探一下，然后设定限制。"好了，宝贝们，该冷静下来了，你们疯得差不多了。"如有必要，给孩子一个熊抱，如果他冷静下来，太棒了！如果他流泪，也很棒！这些感情更应该在你的怀里倾泻出来，而不是发泄到弟弟身上。

9. 确保孩子在安全的环境中嬉闹。孩子需要打滚、摔跤、爬和跳，但现代生活中并不总是能为他们提供这样的机会。如果你没有院子或者铺着垫子的地下室，可以把他们的房间布置成安全的玩闹场所，并确保他们得到足够的时间在游乐场或公园欢蹦乱跳和厮打。如果不这样做，你的沙发会变成蹦床，你的台灯也将处于危险之中。

为孩子们设计的嬉闹游戏

父母可以通过嬉闹游戏化解孩子们的矛盾，将他们的戏弄对象变成自己，在兄弟姐妹之间营造团队感，帮助年龄更小或个性较弱的孩子建立自信，解决他们之间的竞争问题。你的目标是尽可能地制造各种欢声笑语，成为搞笑大王。在每场游戏中，你的工作是笨手笨脚地犯错误，让孩子赢。孩子们热爱这样的游戏，玩多少遍都不腻。

下面的一些游戏可以领你入门。如果想参考更多的主意，我强烈建议你去阅读贝基·贝利（Becky Bailey）[《我爱你，仪式》（*I Love Your Rituals*）]、劳伦斯·科恩 [《游戏力》（*Playful Parenting*）]、帕蒂·惠芙乐（Patty Wipflr）（HandinHandParenting.org 网站）和阿莱莎·索尔特（Aletha Solter）[《迷恋游戏》（*Attachment Play*）] 的著作，我从他们那里借鉴了很多游戏。

有助于孩子团结的游戏

1. 孩子队对父母队——枕头大战、摔跤。
2. 追着孩子们围着房子跑，以促进团队合作："我闻到小孩的味道了！我要追上他们两个！摆脱我的唯一方法是，你们手拉手……

这是一个安全魔法!"

(还可参见"帮助大孩子与宝宝建立联结的游戏",本书第 257 页。)

力量游戏

1. 让孩子把你推倒。
2. 赛跑——当然故意让他赢。
3. 玩角色互换游戏,让孩子发号施令。

以上游戏可以:

⊙ 减少孩子们的互相竞争。

⊙ 让孩子体验到自己是强而有力的,抵消日常经验的负面影响。

⊙ 帮助意志坚强的孩子感觉不到那么多的压力。

通过满足孩子对爱的需求征服嫉妒的游戏

1. 爱之神:当孩子觉得你更关注其他孩子的时候,你可以说"我是爱之神,我的拥抱比你需要的多得多!"然后抓住孩子,一个接一个地多次拥抱他们,做出笨拙的动作,逗他们笑。

2. 为情所困的小狗:跟在孩子后面,感叹他是多么好闻,坐在地板上凝视他,让他发笑。当其他孩子注意到你的举动并发表评论时,立刻把你的注意力转向他们,让他们竞争,看谁先摆脱你对他们那种可笑的崇拜。

(还可参见"使用游戏帮助嫉妒的孩子",本书第 227 页)

中断争吵和嘲笑的游戏

见本书第 95 页的"如何用开玩笑疏导争吵"。

为什么不能胳肢孩子

笑是一件好事,尤其对孩子和家长而言,因为它有助于平复情绪和创建联结。然而,胳肢孩子——即使他们正在笑——也会让他们觉得力不从心。孩子也许看上去觉得好玩,但他只是忍不住地笑,控制权完全在大人手中,孩子失去了为自己发声的能力。结果,许多孩子最后觉得喘不过气,恳求父母停止胳肢——而不是所有父母都会停下来。相信许多成年人在这方面都怀有不愉快的童年记忆——他们当时也无法保护自己。

那么,为什么孩子会发起胳肢游戏呢?因为孩子需要感到身体上接近我们。他们爱笑,有时候他们能够清楚表达与父母嬉闹的需要。但我也观察到,当父母为了逗乐而胳肢孩子时,孩子们通常变得不再对胳肢感兴趣。

所以,如果孩子想被你逗乐,你该怎么办?威胁要胳肢他,伸手靠近他,说:"我要抓住你!"这样的威胁足以让孩子笑起来,而无须引起压垮他的生理反射,因为你是在孩子的恐惧边缘起舞,所以他能够笑得出来。

当孩子们共享房间的时候

> 一开始他们俩疯了好几晚上,现在都变成了大瞌睡虫——当被另一个吵醒时,他们会接着睡。现在他们非常亲近,老大帮助老小做所有事。
>
> ——柯尔克

许多曾经与兄弟姐妹共享房间的成年人,后来会深情地回忆他们当时在睡觉前的聊天和欢笑。有的人则忘不了缺少隐私和彼此怨恨的体验。让孩子们住在同一个房间通常会使一切更加复杂:包括睡眠时间、看护自己的财物、分配清扫责任等。但如果你的孩子们共享一个房间,无论出于空间原因还是由于你的偏好,那我们完全可能让他们享受到美好而且值得珍惜的体验。

1. 确保每个孩子获得足够的私人空间。他们已经不得不分享父母和其他的许多东西了。如果孩子还要共享房间,请确保每个人都有"私人"空间,他们可以躲进这个港湾,不受打扰。比如在床上挂帘子、搭帐篷,这些都是尊重隐私的措施。你还可以在地板中间画一条线,或者挂一张帘子,或者用家具隔出两个独立的空间。对于整洁水平十分不同的孩子,这一点特别重要。

2. 制定一个规则,即卧室是安静活动的场所。这样一来,想要静下来的孩子就有地方可去。喧闹的孩子则可以留在家里的其他空间。

3. 给每个孩子一个玩具橱,他们可以把自己的宝物收藏起来。如果孩子的年龄差距很大,让年龄大的孩子锁好自己的橱柜,以防止年幼的孩子随便乱拿。家庭玩具可以放在家庭共同空间,以保持卧室的整洁;晚间鼓励睡眠,而不鼓励游戏。

4. 在睡眠时间播放催眠录音或者自然音响,这样微小的噪音就不太可能吵醒其他孩子。

5. 如果孩子还小,可以给他们安排不同的睡眠时间。如弟弟先睡觉,哥哥可以晚点睡——听有声读物或与家长度过特别时间,如家长在客厅给他读故事(灯光调暗)。你可以悄悄给他一只特殊手电筒,营造特别的神秘感。

6. 如果他们在午睡时静不下来,或在不同的时间午睡,以至于吵醒彼此的话,可以让其中一个孩子在沙发上或在你的卧室午睡。

7. 在大孩子学会自己睡觉之前,不要让小婴儿搬进他的房间。如果年龄较大的孩子仍然是幼儿,最好等宝宝8个月大之后再搬进去,因为幼儿不一定知道如何与婴儿单独相处。

8. 一旦宝宝足够大,考虑让孩子们共用一张床。我已经无数次听说,那些睡在一起的孩子关系更亲近,而且在白天更理解彼此。如果睡在另一个温暖的身体旁边,许多孩子可以获得更好的睡眠质量。

9. 向孩子解释为什么不能早晨在闹钟响起之前把兄弟姐妹吵醒。大多数家长发现,当孩子和别人同睡的时候,早晨起得更晚,但总有吵醒对方的风险。要确保他们知道,当他们醒来的时候可以做什么,不能做什么,例如可以在床上读读书。

10. 孩子学会不吵醒别人需要一个过渡时间,不要放弃。请准备一张游戏床,或者睡袋,如果孩子睡不好,可以让其中一个过去睡。大多数家长会发现,暑假或其他假期是孩子们学习共享房间的最佳时机,因此,如果他们有几个晚上睡不好,请不要有压力。很快你就会发现,孩子们已经适应并喜欢与对方同住一室。

11. 要知道,随着孩子不断长大,情况可能会改变,他们有时需要更多的隐私,特别是在进入青春期之前。如果这时能给他们自己的房间,不妨帮助他们完成一次优雅的过渡。搬到自己的房间并不意味着他们对兄弟姐妹的爱有任何减少。

当孩子有朋友来你家的时候

在一些家庭中,大家都是在一起玩。有的家长发现,这样孩子们会相处得更好。然而孩子们也会受益于家庭之外的人际关系。孩子必须关心自己的朋友,并尽可能地满足朋友的期望,从而学到进入社会之前的技巧,并且将它们带到与兄弟姐妹相处的关系中。[8]

当孩子邀请朋友来家里,如果允许孩子自行选择是否同意兄弟姐妹加入他和朋友的活动的话,可以给友谊带来更多的蓬勃发展的机会。这意味着总是让孩子决定是否让兄弟姐妹参与他和朋友的互动。

被兄弟姐妹排除在外当然是非常不快的体验。但有时家长可以找到方法帮助兄弟姐妹融入,或者教他们提出参与的要求。

莉莉:她们从来不让我和她们一起玩。

妈妈:这让你很难受——在旁边看着你姐姐和她朋友玩,你会感到被排除在外……但你是不是可以做点别的有趣的事情?

莉莉:我只想和她们一起玩。

妈妈:你知道别人和朋友一起玩的规则,就是有人在和朋友玩的时候,他们可以只是自己玩。但你可以随时要求加入。有时候你姐姐可能同意,有时候也许不同意。但如果你不问,她也没法说同意,对不对?

莉莉:我不敢问。

妈妈:你想让我帮你问吗?……好吧,让我们去和她们聊聊。

妈妈和莉莉走到伊丽莎白和她的朋友那里。莉莉期待地看着妈妈。

妈妈:伊丽莎白,莉莉有话要问你。

莉莉(声音很小):我也想玩。

妈妈:莉莉,她们听不见。你需要告诉伊丽莎白。

莉莉(大声):我也想玩……我可以跟你和米娅玩吗?

伊丽莎白：不行，现在只有我们两个女孩在森林里采集浆果，我们不需要其他人参加我们的游戏。

莉莉（垂头丧气）：哦。

妈妈：我听到伊丽莎白和米娅不需要其他人参加她们的游戏，所以莉莉不能是"人"……伊丽莎白，你觉得你们会在森林里遇到一只小狐狸吗？也许莉莉可以当狐狸宝宝？

伊丽莎白：你觉得呢，米娅？狐狸宝宝好不好？

米娅：狐狸宝宝很好！但你不能说话，莉莉……你能表演狐狸吗？学狐狸叫？

莉莉（开心地）：当然，我能！

当然，通常情况下，事情不会这么顺利，孩子可能拒绝让她的兄弟姐妹加入游戏。在这些时候，父母唯一可以做的是运用移情，并且在想象中满足她的愿望，如果有必要，还应设置一个限制，例如："姐姐不让你和她们玩，我想这伤害了你的感情……但你不能站在她的门口尖叫，亲爱的，无论你多么受伤……我猜你希望她说'好吧，你可以随时跟我们玩……你想当公主还是海盗？'很抱歉，姐姐现在只想和朋友玩……你为什么不和我一起玩呢？"

看看光明的一面：现在你正好可以和孩子度过一段特别时光，而且她的兄弟姐妹不会吃醋。

家庭会议：你会很高兴发现的资源

家庭会议的想法对你来说显得做作吗？当我第一次听说它的时候，我也觉得做作。但家庭会议实际上是给全家人的礼物和祝福，它们能创造联结，给你机会在大家心平气和的时候解决孩子之间的问题，而且帮孩子学会解决问题，让他们感到自己是不可或缺的家庭成员，甚至能帮助兄弟姐妹互相欣赏。

在大家同意的基础上定期举行家庭会议,可以讨论成功、委屈、孩子间的分歧、时间安排或者某个家庭成员最关心的话题。为了让拒绝的孩子们参加,不妨加入有吸引力的联欢活动,如会议结束后吃比萨,或分配孩子担任重要职责,如记录内容的秘书或规则执行人等。

开始引入家庭会议是最困难的部分;此后,当孩子们尝到甜头,就会养成参加家庭会议的习惯。如果你在孩子们学龄前阶段就开始举行家庭会议,在以后的日子里它将为你提供切实的帮助。那么,该如何开始呢?

1. 告诉孩子们,你有一个有趣的想法,可以更容易地解决问题,然后给他们端上节日小吃,让会议过程简短有趣。随着时间的推移和孩子年龄的增长,每个人都会喜欢家庭会议,愿意延长开会的时间。

2. 每周在同一时间安排会议。这样一来,即使有一个星期没开会,下一周的会议也可照常举行。例如,让周日晚餐成为家庭会议时间。

3. 创建一个仪式,以示这不是普通的聚会。与会者可以手牵着手,由一位家长(或孩子)为大家祝祷或者点蜡烛。

4. 首先的环节是大家互相道谢。无须特定的顺序,每个人都可以表达意见,直到全家人都获得了别人的感谢为止。
    - "谢谢爸爸和我玩抓人游戏。"
    - "谢谢埃利帮我搬东西。"
    - "谢谢爱丽丝辛辛苦苦学会系鞋带。"
    - "谢谢妈妈帮我缝校服。"
    - "谢谢埃利帮我建堡垒。"

孩子们喜欢获取和给予赞赏,这是举行家庭会议的充分理由之一。关键在于以此为契机,在解决问题之前创建积极的联结。如果你能通过家庭会议做到这些,你已经实现了很多目标,因为这是一种促进孩子关系的强大工具。

如果某个孩子对另一个孩子"没有什么好说的"怎么办?这是一个信号,说明你有一些工作要做——帮助那个孩子消消气,你可以说:"嗯……我知道你有时候很生姐姐的气,你可以想想这个星期你没有生气的时候,姐姐在干什么?"即使他说:"她在睡觉,所以你可以和我玩了!"你也可以微笑着说,"我听到迪伦说,他真的很感谢哈德莉给他一个机会,可以让他和我一起玩很长时间……谢谢你,哈德莉,你非常慷慨!"哈德莉会微笑,觉得受到了赞赏,迪伦也会觉得哈德莉给了他一些有价值的东西。当然,你要利用家庭会议作为促进孩子们下一周的良性互动的契机,这样一来,如果下周迪伦想不出什么来赞扬姐姐,你可以说:"嗯……有时候很难记住一星期中发生过的所有事情……还记得你们两个人在浴缸里哈哈大笑的那一次吗?"

5. 接下来,询问大家是否有事情要说。孩子们吵架、分担家务劳动、爸爸工作到很晚、孩子晚上不愿按时睡觉——任何涉及家庭生活的问题都可以说,但不能针对某个孩子的行为进行批判。其实,大多数对父母而言很重要的问题可以在家庭会议之外解决,而家庭会议则是帮助孩子解决他们自己面对的问题的论坛,不要让负面问题始终占据主导地位,否则孩子会厌烦家庭会议。因此,请把那些令人愉快的话题列在清单上——如何规划即将到来的家庭旅行,谁要在妈妈的生日宴上做菜——请一定要讨论这些问题。

6. 根据基本规则进行讨论。每个人都有机会说话,而且不能被打断，每次只能听一个人讲，只允许提出建设性的反馈意见。你可以找一根"接力棒"，只有拿到接力棒的人才有权说话，请参考 AhaParenting.com 上关于接力棒的使用方法。利用你的引导技能解释和传达每个人的需要，避免误解。集体讨论可能的解决方案，帮助孩子写下协议。"嗯……听起来这个想法对贾马尔有用，但对妈妈没用，让我们想一个对大家都有用的办法。"

7. 以"我们期待"结束。即请每个人都描述一下他们期待在未来一周发生什么，大家专注于家庭生活中的积极方面，例如宣布你期望谈成生意、与好朋友吃饭等，特别是在孩子们年龄大了一些的情况下，因为毕竟你是在给他们做榜样。而如果孩子们都还小，他们常会觉得你在家庭以外的生活占据了他们与你相处的时间，所以，这种情况下，你可以宣布自己对家庭生活的期望，从而提升家庭凝聚力。

8. 会议最后宣布即将到来的各种事件，让大家回到日常生活中。如提醒家人不要忘记各种安排、旅行和娱乐等等，确保家庭事务平稳运行，但不要让这些破坏了你已经创造出来的良好氛围，实际讨论可以留在稍后进行。

9. 大家一起拥抱，可以喊喊你们的家训。如果孩子不到 5 岁，开会时不要讨论太多的家务，尽量保持简短而有吸引力。对于上小学的孩子，开会处理完那些难以解决的问题之后，不妨奖励一下他们，如准备特别的甜点、玩特别的游戏等。而且，如果他们在会上提出你不能当着朋友的面让他们下不来台，或者要求增加零花钱的话，请不要惊讶！

第三部分 新生儿出生前和出生第一年

第九章　婴儿出生前：营造热烈欢迎的气氛

　　我们去做胎儿扫描和心跳检查时，都会带着 2 岁半的女儿。我们得知胎儿是男孩时，她也在场，我们谈论了她可以教给弟弟的每一样东西，还和她商量给弟弟起什么名字，尽早取名字可以让胎儿在孩子眼中显得更真实。她喜欢自己的小弟弟，而且很温柔。当然她也会嫉妒，例如我在喂他的时候，她会过来说："我需要一个拥抱，妈妈。"但我绝对不会说"现在不行"；我们总能找到办法解决各种问题！

——维多利亚

　　你的孩子们的关系始于你向较大的孩子宣布你怀孕了或者要收养别的孩子之时。怎样告诉她最好？怎样帮助孩子与未出生的弟弟妹妹建立联系？是现在就给大孩子断奶，还是两个孩子一起喂？在婴儿出生前，你能让她改掉"我只想要妈妈"的口头禅吗？如果孩子从未离开过你，在你去医院生产之前，能否让孩子做好准备？这些都是很重要的问题！本章将帮助你根据你家的情况找出最理想的答案，让你的孩子们的关系有一个健康的开始。

跟孩子说说新到来的弟弟或妹妹

40周的妊娠期对女性来说可能感觉很长,因此想象一下对3岁的小孩来说,这段时间该有多长。幼儿甚至学龄前儿童在你告诉他们妈妈怀孕后,会盼望小宝宝很快就出生。等待令人沮丧和紧张,孩子会因为种种不确定性而感到无法放松。所以,人们通常会建议父母等到预产期接近时再告诉孩子。

然而,这并未考虑到你将此事告诉其他人的时间。你肯定不希望朋友和家人在你告诉孩子之前就当着孩子的面谈论这件事。因为孕中期妊娠特征变得很明显,所以你的社交圈内的成年人通常都会知道这件事,这使你在身形渐显的时候就得告诉孩子,尽管等待婴儿出生对她来说相当漫长。

记住,如果你把这件事告诉2岁的孩子,她很可能对自己遇到的所有人大声宣布妈妈怀孕的消息。当然,如果你向她强调这是个秘密,她可能会控制自己的兴奋,不去告诉别人,但别指望她能保持沉默。

许多家长选择在孕前期流产的风险几乎消失之后告诉孩子妈妈怀孕的消息[1],而有的父母会在出现意外的时候才说,因为他们想让孩子知道发生了什么,明白父母为什么悲伤,可以参加各种相关的悼念仪式。

还有的家长担心,如果妈妈突然觉得恶心或者太累没法和孩子玩,孩子会认为母亲生自己的气,所以他们会尽早告诉孩子妈妈怀孕了。而我担心这样做会让孩子怨恨新生儿,因为他把妈妈抢走了。我同意孩子们对父母非常敏感,会立即注意到父母的变化。但我认为母亲只需告诉孩子自己不太舒服,以此来保护孩子间的关系,然后通过别的方式与孩子联结,即使你觉得不如往常那样精力充沛。我不认为这种考虑会影响到父母告诉孩子母亲怀孕的时间的选择。

该说什么

1. 在你告诉孩子此事的1个月前,给他读一些关于兄弟姐妹的书。

第九章 婴儿出生前：营造热烈欢迎的气氛

就像平时给孩子读故事一样，问他：你注意到一些朋友有兄弟姐妹吗？你想要妹妹或者弟弟吗？为什么想或为什么不想？

如果孩子提出反对意见，你要认真倾听和思考，可以这样说：

⊙ "我听到你说的了。小宝宝经常哭，像卡门弟弟那样。你知道吗，你小时候也经常哭？但你长大一点之后就变得更快乐了，我们一直过得很开心！卡门的弟弟也会开心的！所有的婴儿有时都会哭，但我们可以抱着他们，让他们感觉更好……等他们长大一点，就不怎么哭了。"

⊙ "我听到你说的了。婴儿确实会到处爬，把你的积木推倒，就像布雷克的妹妹……但他们长大一点，能玩了，就可以和你一起玩！别担心，如果你有妹妹的话，我会帮助你不让她推倒你的积木，如果她推倒了，我们一起再把积木搭起来，好吗？你甚至可以教她搭积木，因为你很会搭积木。"

这些讨论的目的是让孩子思想一下弟弟妹妹，在告诉他母亲怀孕之前减轻其顾虑。最后你要告诉他，你愿意让他有弟弟或妹妹，因为他们会成为永远的朋友。如果你的孩子询问是否可能发生这种事，向他保证，你认为他们某一天会当上哥哥或姐姐。

2. 向孩子宣布消息的时候，要从他的角度考虑。不要说："我们要有小婴儿了"；试一试："你会成为一个大姐姐，小婴儿现在在妈妈的肚子里成长，宝宝长得很慢，但等春天来了，天暖和了，花开了，小宝宝就来了。"

3. 回答孩子的问题，但回答要简单。给孩子有限的信息，如果他不问就不说。"是的，宝宝正在妈妈肚子里长大，在一个叫作子宫的特别的地方。你看，妈妈的肚子越来越大，就在这里。在这本书里，我们可以看到宝宝长大的时候是什么样。"

4. 如果孩子产生负面反应，要倾听和思考。"听起来你似乎不喜欢弟弟或妹妹……有时候小孩子会担心得不到足够的爱。小婴儿当然需要很多的爱和关怀。但是，你是我唯一的约书亚，而且永远不会再有和你一样的约书亚。我爱你，因为你是你，我永远不会更爱别人，这点无论如何都不会变，无论有没有小婴儿，无论他需要多少照顾，我都会给你足够的爱……如果你感到担心，可以随时告诉我你的感觉，我会理解的。"幼儿会理解这些话吗？所以请尽量简短回答，可以多次重复加强效果，听过很多遍之后，孩子会明白你的意思。

5. 不要编造与新生儿有关的任何事。请记住，你的孩子不会真的理解拥有弟弟妹妹意味着什么，直到新生儿出世，所以，最初的激动过后，他可能变得不感兴趣。这是正常的。虽然你可以经常告诉他婴儿在妈妈肚子里成长，他会成为哥哥，但不要让他觉得这是你生命中最重要的事情。对他来说，它不是，也不应该是。

在孕期就帮助孩子建立关系的12种方法

我怀孕时，我们花了很多时间谈论他的小妹妹，比如给他讲与之有关的睡前故事，告诉他妹妹会多么爱他，因为他是哥哥。我试图让他以各种自己愿意的方式参与进来。他现在5岁，会给妹妹系安全带，给她喂饭，甚至在她跑到街上时保护她。我们叫他她的英雄。见证他们的爱是一种我无法想象的快乐！

——萨拉

1. 父母不妨经常大声宣布宝宝在妈妈肚子里干什么，会有什么感觉。（她在吸吮她的拇指吗？还是打嗝？练空手道？欣赏大姐姐的歌声?)研究表明,当家长讨论宝宝的感觉时,较大的孩子会产生更多的移情,敌意减少。[2] 虽然研究尚不确定孩子未出生时这样做会有什么样的效果,但我们知道父母需要在新生儿出生前就让孩子们建立关系。所以,请现在就开始帮助你家老大将未出生的弟弟妹妹视为一个拥有需要和感受的真正的人。

2. 让孩子把婴儿也当成自己的宝贝。用"我们的宝贝"或者"你的妹妹"甚至"你的宝宝"来称呼婴儿,当然,此举与所有权无关,你的孩子们属于他们自己。但如果你说"我的宝贝"来表达你与婴儿的特殊关系,为什么不赋予老大同样的权利呢?

3. 鼓励孩子与婴儿联结。例如,告诉她宝宝能听到她唱歌和说话,出生后还能认出她的声音。让她亲吻妈妈的肚子,给宝宝看她的玩具。建议孩子装饰新生儿的房间,让她乐于迎接宝宝的诞生。

4. 成为孩子与宝宝身体和情感互相温暖的渠道。当你的孩子努力与宝宝联结的时候,你要停下来感受他们之间的温暖交流。由于宝宝能够感觉到你的情绪,他会把老大的声音与好的感觉联系到一起[3]。你可以进一步发展这种积极联系,如告诉孩子宝宝听了他的歌或者被他亲吻后非常高兴,这样孩子也会更喜欢宝宝。

5. 看医生的时候带着孩子一起去,听宝宝的心跳。也要保证孩子的心跳得到倾听。给孩子讲讲你第一次听到他的心跳时有多么激动。

6. 一起帮宝宝取名字。你能越早地用名字指称宝宝,孩子越会觉得自己真的是哥哥或姐姐。如果你能让孩子给宝宝起名字,那就更好了。

7. 给孩子买一个娃娃来"照顾"。给娃娃穿尿布、戴围嘴等等。让孩子用娃娃向你展示他从你给他读的书里面学到的东西,例如宝宝需要什么,他要怎么照顾宝宝等等。给孩子演示你如何安全地抱孩子,如何发出舒缓的声音安抚宝宝。这不仅教会孩子如何安抚弟弟妹妹,也能使其学会如何让自己平静下来,而且,宝宝出生后,如果她的哭声让他烦恼,你可以建议他这么做。

8. 当着孩子的面跟宝宝说话,告诉他拥有如此了不起的大哥哥是多么的幸运。提到孩子可以做的每一件事,比如他可以教宝宝做什么、两人可以怎么玩等等。

9. 鼓励孩子与宝宝玩。当宝宝踢妈妈的时候,让孩子轻轻地捅捅妈妈的肚子,看看宝宝会不会再踢。

10. 告诉孩子他还是个婴儿时的故事。例如他是多么喜欢被抱着,喜欢你带他到处玩,给他看各种东西。这将帮助他感觉受到重视,也将有助于他开始了解宝宝会是什么样的。

11. 让孩子选出她愿意送给宝宝的家具、玩具、服装。让她帮你布置和粉刷宝宝的房间,并做好一切准备。

12. 可以让孩子学习新生儿课程,那里会学习怎么抱小孩,会解释小孩是怎么出生的,也会让孩子们讨论面对新生的弟弟妹妹他们有什么感想。如果是你亲自教导孩子这些内容,请保证孩子能够理解婴儿一开始会特别喜欢哭,还有婴儿不会很快长大和他们玩。

    (孩子们经常被婴儿的无助吓到,我的儿子就曾说过:"她甚至都不能和我玩,她不就是来和我玩的吗!")

第九章 婴儿出生前：营造热烈欢迎的气氛

要确保孩子可以依靠父母双方

生孩子之前，父母经常会设想他们分工养育多名子女，但我的观点是，父母的共同养育对孩子们、父母双方及其婚姻都是最好的。但现实是可能很难做到责任平等均分，即使做到了，孩子的母亲作为胎儿载体的先天优势也意味着不会完全平等（除非你们是收养孩子），哺乳期的母亲会更多地照顾婴儿，父亲则不得不去照顾较大的孩子。

这对每个人来说都是较大的调整。你的孩子可能会特别想妈妈，从而对爸爸发火。如果妈妈的时间被新生儿占据，她可能会对没有满足老大的需求感到内疚或怨恨。如果老大坚持要跟妈妈，父亲也许会觉得自己无能或遭到了拒绝。

重要的是要认识到，你的孩子不会认为父母是可以互换的。如果她被迫把妈妈让给新生儿，她会伤心和怨恨婴儿，即使她得到了爸爸的独占权。因此，父母双方都应该抽时间陪伴每个孩子。

这就是说，如果孩子感觉同时与父母双方联结，这种过渡对每个人来说都会更顺畅。所以，当你知道新宝宝要来，请尽可能多地与配偶共同照顾孩子。当母亲忙于照顾新生儿的时候，也会希望老大愿意和父亲在一起。（如果采用奶瓶喂养，则可以公平地分配父母的时间）。具体怎么做呢？

1. 现在开始培养老大与父亲的关系。你的目标是让孩子喜欢与父亲在一起，有安全感。这意味着爸爸不只是一个有趣的玩伴，他还是安慰者。当孩子难过或发牢骚时，爸爸能理解他，他会说："有时候每个人都需要哭……让我们挨紧点……让我们来拥抱一下。"

2. 让不哺乳的父亲负起责任。让爸爸准备饭菜，这样他才知道孩子喜欢三明治被切成什么样，鸡蛋被煎成什么样。而妈妈呢，不妨和他们拥抱告别，然后暂时离开家；或者送他们出去"探险"。担心爸爸不会像你那样处理事情？无须担心，不要紧的。如果你控制过度，他不会以成年人的身份自觉负起责任的。其实，小危机（"我们忘带备用尿布了！"）经常会变成父母与孩子亲近的机会。

3. 让父亲哄孩子上床睡觉。这样，新生儿出世时，你的孩子已经做出了充分的调整，适应了被父亲哄着睡觉，而不是打乱她的就寝惯例。请记住，就寝时间是孩子一天中最神圣的时间，因为他们必须摆脱自己依恋的对象。从现在开始，父母联手督促孩子吃饭、洗澡、穿睡衣、刷牙、听故事和熄灯。随着时间的推移，妈妈可以只负责一部分，直到最后孩子能够愉快地被爸爸哄着睡着。请确保妈妈每天对孩子说晚安，给他一个大大的拥抱，这样你的孩子可以怀着与父母联结的安全感入睡。

4. 如果孩子在夜间醒来，请父亲负责照顾。哺乳的母亲无法在夜间照顾较大的孩子，你可以将这个职责逐步交给爸爸，首先是父母双方轮流负责，然后母亲逐渐退出，爸爸全面接管。如果一位家长经常需要出差，另一位家长只好同时照顾新生儿和喜欢晚上醒来的老大，这时可以考虑三个人睡在一张大床上，或者拼床，或者至少待在一个房间。否则夜间照顾孩子实在太累人，甚至有危险，因为只有一个家长在照顾孩子。

5. 如果你的孩子抗拒父母中的一方怎么办？让他在自己最大的恐惧中发笑，即他很需要父母中的一方却不可得，因为另一方从中"作梗"。和他玩"你没法跟着妈妈"的游戏，这个游戏的灵感来自劳伦斯·科恩博士，是我知道的有助于儿童情绪恢复的最佳游戏。[4] 让孩子"偏爱"的家长坐在沙发上，另一位家长站在孩子和配偶中间，吹嘘："你没法跟着妈妈！你是我的！我不让你找妈妈！"如果他想去找妈妈，扑过去抓他，但要故作笨拙，故意失手。这时妈妈要对孩子欢呼，当孩子来到妈妈身边，拥抱他，然后放开他。爸爸哀叹孩子赢了，但接着要继续吹嘘和挑战孩子重新尝试，但每次都要故意输给孩子。如果孩子偏爱某位家长，他一定会笑个不停，这说明他释放了自己的恐惧。他还会频繁要求玩这个游戏。等他不要求了，你会注意到他更接受和父亲在一起了。为什么呢？因为欢笑拉近了父子间的距离。但更重要的是，因为他克服了自己最深的恐惧——无法靠近他最需要的人。这个游戏需要父亲在情感上的慷慨大方，但我听说它在很多家庭都起到了转化的作用。

帮助孩子在情感上成为哥哥或姐姐的 10 个小技巧

1. 母亲要认识到你的怀孕对老大造成了压力。为什么呢？因为你并不像你以前那样充满活力和耐心；因为你不像以前那样随时都能抱着他；因为你膝头的空间更少；因为他不知道新生儿会给家里带来什么。在大多数家庭，压力确实会增加，如需要减少对老大的照顾、让孩子睡到更大的儿童床上，甚至搬家。请注意，这些对于孩子来说可能是非常辛苦的，应该给他发泄的渠道或加以弥补。

2. 在宝宝出生前早早完成较大的改变，如床或房间的变化、断奶、如厕训练或搬家。大孩子需要时间来调整适应与新生儿相关的变化。

3. 通过浏览孩子小时候的照片来告诉他，他是独一无二的，他小的时候非常可爱，大了也很了不起。告诉他，在这个世界上，他是独特的存在，没有人能够取代他在你心中的位置。

4. 不要过度聚焦于婴儿。当然，你很高兴，并希望孩子也高兴。但对他来说，宝宝还不是真实的，而他的生活是真实的。如果你三句不离新生儿，他势必会反感。当好心的朋友问你的孩子当哥哥的感想时，如果他似乎不知道该说什么，不要犹豫，转移话题："我们期待着宝宝降生，但我们真的不知道那将是什么样子。眼下，杰森忙着玩他的火车玩具，你知道怎么切换轨道吗？"

5. 在整个孕期和新生儿出生期间，让孩子表达他的全方位感受。他可能会从兴奋转向急躁。对此以移情来回应："听起来……"
   ⊙ "你很兴奋，因为你将来可以教妹妹滑雪橇。"
   ⊙ "你已经厌烦别人问你当哥哥什么感觉了。"
   ⊙ "你希望我的背不疼，这样我就能经常抱着你，就像以前那样。"

6. 确保孩子知道他仍然在家庭中起到重要作用。尽管他可能觉得被替代了，但他永远是你家的孩子。帮助孩子感到自己受重视，只因为他是他自己，承认他对家庭的贡献："卡洛斯，我喜欢你在杂货店帮我……我们是个好团队！"或者，"萨拉，我喜欢我们一起欢笑……和你在一起太有趣了！"

7. 如果母亲无法像往常一样与孩子互动，及时解释，以减少他对宝宝的不满。向他解释，你的身体不方便，所以不能长时间抱着他，但你爱他，非常想拥抱他。尽可能找机会弥补孩子。

8. 知道孩子可能会听到一些令他担心的东西。例如，我知道一个5岁的孩子，他碰巧在邻居家看到一个肥皂剧，演的是一位孕妇生产时胎儿死了，那个孩子吓坏了，但不敢告诉妈妈他看到了什么，他变得很伤心和难以相处。幸运的是，母亲没有惩罚他不听话，而是告诉他，她觉得他一定是在担心什么。"你担心如果宝宝

第九章 婴儿出生前：营造热烈欢迎的气氛

出生了，我没有足够的时间陪你吗？"她问。"不！"他回答，"我担心宝宝会死！"他母亲立刻向他解释，在我们的国家，现代化的仪器通常能保证宝宝和母亲的安全。她指出，他们认识的所有家庭的孩子都是安全地出生的。这次谈话后，5岁的孩子放松了，恢复了他一贯的开朗与随和的性格。

9. 尽量与老大保持稳定的爱的关系，避免矛盾，减少冲突。她需要在你的爱里面才能安然接受新生儿的到来，当然也会测试你是否还爱她。

10. 当你收拾东西去医院的时候，带上你的孩子，还有他的一张照片。不妨偷偷准备一份小礼物，代表新生儿送给老大，例如一张卡片，上面写着，"谢谢你在我成长时为我唱歌，我很高兴做好了出生的准备，这样我就能和你在一起了。我等不及跟你学东西、和你做朋友了。你是我的哥哥，我觉得很幸运，我喜欢你的强壮和温柔，虽然我现在很小，但我保证，我会尽快长大，然后和你玩。我爱我们的家。"一些家长反对这样做，因为这份礼物显然不是宝宝送的。但我从来没有听说过任何哥哥或姐姐质疑它，他们都喜欢这样。如果你的孩子提出了疑问，你可以简单地解释说，虽然宝宝还不会说话，但如果她能说话，这就是她会说的话。

断奶与同时哺乳

同时哺乳帮助我的两个孩子建立了最美丽的爱的纽带，他们喜欢彼此互动，老大对老小总是很温柔。同时哺乳是重新联结和帮助老大适应新生儿到来后的生活改变的奇妙方式。

——格蕾丝

> 当我怀上女儿的时候，我的乳房变得很敏感，以至于给儿子喂奶时觉得皮肤很痒，很难受，我最终决定给儿子断奶，这样总比我每次喂奶的时候都咬着牙要好。
>
> ——塔拉

如果你仍然在愉快地给年龄较大的孩子喂奶，同时计划着喂养你的新宝宝，那你必须做出重大决定：是给大孩子断奶，还是同时给两个孩子喂奶？

这是一个非常个人化的决定，取决于孩子的年龄以及他或她是否准备好断奶，也取决于你自己的反应，可能现在很难预测。一些专家认为，哺乳中的孕妇可能会觉得疼痛或厌烦，似乎大自然在告诉她，她每次只能养育一个孩子。

考虑是否同时哺乳是一个重大的决定，很值得作一些研究，以便让当事者参考其他家庭的经历。许多母亲认定了同时哺乳的方式，表示这有利于培养孩子的亲密关系。因为婴儿从母乳中获得催产素，其身体也会分泌更多的催产素对母乳做出回应，该物质让他们与共同享受母乳的哥哥姐姐产生了亲密感。[5] 大多数母亲说，哺乳时的不适只有在婴儿出生后才能消失，而且如果让大孩子帮助调节乳汁量，喂养新生儿也更容易。

如果你决定同时哺乳，最好夜间不要给老大喂奶，并设置固定的哺乳时间（如睡前和起床），不要随叫随到。这样一来，你就不会被两个孩子的吃奶要求搞得不堪重负。你还要在孕期减少哺乳时间，以应付各种负面的生理反应。告诉孩子，你会给他唱一首很短的歌，或者数到某个数字，然后就结束喂奶。

如果你决定断奶，我向你保证，你家老大也会适应的。在这一过程中，对他最好的支持就是逐渐断奶，在婴儿出生至少3个月前完全断掉。断奶不属于本书的讨论范围，但 AhaParenting.com 上有关于温柔断奶的更多建议。

在婴儿即将出生前让孩子做好分离准备

很多女性去医院生宝宝的时候，不放心留在家里的老大。而且分娩时间是不可预期的，所以应该提前让孩子做好准备。

当然，老大可以和父亲待在一起，而不是寄放在朋友或亲戚家。但我们也知道，在亲人的陪伴下，妇女的分娩过程会更顺利，所以父亲一般会留在医院，把孩子交给别人照顾。（你打算在家里生孩子，这样就不用和老大分开了？请直接跳到下一节。）

怎样让老大做好与母亲暂时分开——甚至暂时离开家——的准备呢？

1. 从现在开始加强与孩子的关系。与母亲分开，老大可能非常不适应，但与父母的亲密关系可以给他提供快速恢复所需的缓冲。

2. 找人在母亲分娩时帮忙照顾老大，提前请这个人帮助孩子作准备，经常让她与孩子相处，一开始时间很短，然后越来越长，几个月后，尽量安排孩子在对方家里午睡，以便让他能在那里睡得着觉。如果孩子午睡质量好，则考虑让其过夜——但不要强迫。如果孩子没准备好，可能会伤害他。如果母亲分娩时需要老大在别人家过夜，那就要让孩子试试，因为没有别的办法，但除非孩子愿意和对方相处，否则只能让他留宿一夜。

3. 不要为了让孩子习惯而经常让别人帮忙看孩子。这样只会伤害他。我们的目标不是帮助他习惯分离和寄养，而是让孩子与你指定的人建立关系，让对方在你不在的时候安慰孩子。唯一有助于他应付这种情况的就是来自他信任的人的安慰。

4. 你的目标是帮助你指定的人学会安抚孩子。孩子哭了并不要紧，

重要的是应该有人来安慰他,这个人不会让他哭着睡着。如果有一个值得信赖的人给他爱和同情,孩子可以克服沮丧的情绪。

5. 首先与老大谈谈母亲到医院生孩子的事,谁会来照顾他(你的朋友?奶奶?),但你会很快回来找他。你应该强调的是,你总会回到他身边,比如经常说:"然后妈妈会回来和你玩,因为妈妈总是会回来!"

6. 给他一本书解闷。(本章稍后讨论。)

7. 让孩子玩毛绒玩具或者给他一件你的衣服解闷,最好衣服上有你的味道。虽然东西永远无法代替人,但孩子能从唤起他与父母在一起的安全感的物品上找到安慰。让看孩子的人用这件物品帮助孩子克服心烦意乱。

8. 保持积极的态度,对孩子有信心。你的孩子会适应的,即使他会在护理人员的怀里哭着睡着。你在事前与事后的爱和关注将让他获得处理所面临的挑战的能力。

如果你打算让孩子陪同母亲分娩

我们觉得让大孩子见证宝宝的出生是非常奇妙的经验,因为这样让他们觉得每个孩子都是家庭的一员,这比我们这样说教要管用得多。他们亲眼目睹新生儿进入他们的生活,迄今为止他们一直彼此相爱。

——阿特兹姆巴

许多生头胎平淡无奇的父母很为让大孩子见证小宝宝出生的想法而激

动。我自己4岁的儿子就和我们一起来到了分娩中心,我生孩子时他在玩乐高玩具。妹妹出生时他也在场,就站在我的头旁边,牵着我的手。他非常欢迎小妹妹进入家庭,尽管他也肯定感受到了正常兄弟姐妹间的嫉妒,但他一向很保护自己的妹妹。

由于产程的不可预测性,不妨安排一位亲属(与孩子亲近的人)和孩子一起在现场,如果分娩过程不太顺利,她可以把孩子领走,以免孩子受惊吓或者感到厌烦。

如果你决定这样做,一定要让孩子做好准备,让他知道会发生什么。

1. 和孩子一起阅读大量的关于生孩子的书籍。我的网站 AhaParenting.com 上有推荐书单。

2. 观看适合儿童的相关影片。你可以在亚马逊搜索"分娩"或 YouTube 搜索"温柔分娩",当地的图书馆可能也有其他适合亲子观看的视频。可根据孩子的反应确定他是否做好了参与的准备。

3. 让他帮你把一大件家具推到房间对面。告诉孩子,"分娩"很辛苦,比推家具要累得多,而且还会发出很大的声音、需要用很多力气,还会流很多汗。

4. 详细解释什么会发生。要让孩子知道会发生什么,包括剪断脐带时会出血,但不会伤害宝宝。

5. 让孩子知道新生儿会是什么样子的。新生儿一般看上去红通通的,皱皱巴巴。

6. 给孩子讲他出生的过程。孩子们喜欢听到自己出生的故事,这使他们感到特别，也帮助他们准备好迎接新生儿。

创作一本帮孩子度过变化期的书

故事中的体验帮助孩子理解世界，让他们不那么紧张，也更能够应付现状。给孩子的书往往都有一个"快乐的结局"，这在帮助我们记忆和处理事件方面极为重要。这就是为什么一本有着快乐结局的个性化书籍可以帮助孩子面对较大变化的原因。

因为宝宝出生的过程直接影响到孩子对新生儿的看法，所以你可能希望给孩子读一本关于怀孕和分离的书。母亲分娩之后，可能希望孩子读到关于弟兄姐妹关系的书（参见"创造一本'手足之书'"，本书第159页）。即使孩子认字不多，他接受语言的能力也远远超出了他的语言表达能力，所以他比你想象的聪明得多。一本他自己的个性化书籍将帮助他了解得更多。

你在 AhaParenting.com 可以找到例子——《内特有了个小弟弟》（*Nate Gets a Baby Brother*），可以下载 Word 文档进行个性化。

为孩子制作一个玩具箱

每天你都会给婴儿喂很多次奶，这时候你需要让老大有事可做。我建议你找一个塑料箱——这就是你给孩子的新的玩具箱——可以用一只手拿起来的那种。然后，找21件不同的玩具，比如感应袋或感应盒，每天把3件玩具放进去让孩子玩，这样玩上一周他都不会厌烦。

感应袋是什么呢？就是一种有拉链的袋子，你可以装入发胶瓶或者其他小东西，如玩具鱼或者玩具动物，也可以放入食用染料和亮片，但一定要用胶带密封，所以当孩子捏来捏去要看看里面是什么时也不会开口。"感应盒"是一种简单的塑料容器，里面放的东西孩子可以安全玩耍，比如漏斗带一些豆子。这些东西可以给孩子一个开放式的游戏体验。你可以在网上找到数百个设计精妙的感应袋，供婴儿到学龄前儿童使用。

最后用泡沫或贴纸把玩具箱装饰一下。当然，如果有人问你小婴儿需要什么东西，你可以请他们给你一些大孩子可以自己玩的玩具，然后放到箱子里。

这样做过头了吗？我不这么认为。你花多少时间喂养婴儿，哄他睡觉，也要花多少时间满足大孩子的需要，保护你和他的关系。在我看来，这比装修婴儿房（婴儿根本不在乎）等我们喜欢为新生儿做的任何事情都更重要。

生第二个孩子后也要解决你自己的情绪问题

> 埃舍尔出生后，我每天都因为不能和埃弗斯特保持以前的关系感到忧愁。就像第一次做母亲需要做出一系列牺牲那样，成为两个孩子的母亲也要面对不可避免的悲伤。
>
> ——谢乐尔·保罗，《自觉过渡》[6]

大多数家长会激动地期待第二个孩子的到来。如果你发现自己因为眼前的变化有些焦虑，请不要忽略它，而是要解决这个问题，看看你是否因为有一些特殊的想法而产生了焦虑。例如："我仍然记得我的弟弟出生时我有多么不高兴，我害怕我的女儿会有同样的感觉，我担心毁掉她的人生。"

问问自己这种想法是否正确。当然，你的女儿面临很大的调整。但也许她的弟弟对她将是一个祝福，是她人生中最好的礼物之一，不要让你自己的经历影响到她。

当你考虑过自己的想法后，要注意自己的感受。每当我们感觉到什么——不管何种想法触发了这种感觉——我们只能通过面对来排解它。坐下来，边呼吸边觉察你身体里的感受，并观察它们的变化和消散。

尽力爱每一个孩子

如果你只有一个孩子，并期待着另一个孩子，你可能想知道怎样像爱第一个孩子一样爱第二个孩子。对此，大多数家长会觉得有些忐忑不安。很多家长说，当第二个孩子出生后，他们强烈感到对新生儿的保护欲，但他们也很忧心，因为不能立刻体会到像对第一个孩子那种刻骨的爱。这是很自然的事。我们对孩子的保护欲出于本能，而爱是我们创造出来的东西。与新生儿的每一次互动都是我们为新的关系添加的砖瓦和建立联结的方式。随着时间的推移，你会发现自己和两个孩子的关系是同等的——但也有不同之处，因为每个孩子都是独特的人，也因为你在发展变化中。每个孩子需要从你那里得到不同的东西，你会自然地做出反应，满足这些需求。

这对孩子间的竞争意味着什么？这意味着，尽管大多数父母都对迎接第二个孩子感到恐惧，但你可以并且会爱你的第二个孩子，不亚于第一个。更重要的是，如南希·萨马林（Nancy Samalin）在她的著作《尽力爱每个人》（Loving Each One Best）中所说，你可以做到尽力爱每个孩子，这意味着你能完全满足每个孩子的需要，所以他们不会羡慕别人得到的。[7]每一个孩子都需要感到被重视，但因为每个孩子都是独特的，孩子需要从你那里得到不同的东西来感到被爱。也许老大在你抱着他读书的时候觉得是被你爱，老二在你帮他缝超人服的时候觉得是你爱他，而老三需要你和她嬉闹说笑——以他们喜闻乐见的方式，让他们知道，他们的需求将永远会得到满足。兄弟姐妹将成为对他们的祝福，而不是威胁——当他们明白，不管他们的兄弟姐妹得到多少，他们得到的也有足够多的时候……而且，你爱别人的程度永远不会超过爱他们的程度。

第十章　良好的开端：婴儿出生及其之后的几个月

你把新宝贝带回家了！当然，你希望年龄较大的孩子立刻爱上这个弟弟或妹妹，这样你们就可以永远地幸福生活在一起。

通常情况下事情不会完全如你所愿。其实大孩子对新生儿的感情复杂是非常自然的，虽然见到婴儿他会很兴奋，但看到父母和所有访客围着新生儿也会让他恐慌。他知道他不应该有这样的感觉，所以他可能抑制这些感觉，但最后很可能会爆发出来。

别担心，这个阶段是暂时的。你越表现得冷静和令人放心，孩子就越快地明白你对他的爱不亚于以往。本章提供了很多方法帮助你家老大在最初几个月接受新生儿成为家人。但请不要觉得你必须尝试所有方法，最重要的是让孩子知道父母爱他，其他的都是辅助。

向孩子介绍新生儿

我们让大孩子亲吻、拥抱、碰触、闻一闻新生儿。我们从来不说："不要碰宝宝，都离宝宝远点，让宝宝单独待着……"新生儿也属于他的哥哥和姐姐,所以需要很多拥抱才能让他们建立亲密关系。

——凯尔

1. **思考如何介绍。** 如果老大没有见证婴儿的出生,父母要尽快让他看到新生儿——当没有其他访客的时候。要强调你看到他时的喜悦,而不是你对新生儿的专注。对他来说,与你分离才是更重要的事,小婴儿可能倒是次要的。这当然无可厚非,反正新生儿不会跑到别的地方去。

   当你把新生儿带回家时,最好让别人把孩子抱进门,母亲——如果可能的话,父母两人——张开双臂去拥抱大孩子。

2. **利用信息激素。** 让大孩子坐下来抱宝宝,帮他托着婴儿的头。关系专家劳伦斯·阿伯博士(Dr. Lawrence Aber)说,婴儿的头部散发出信息激素,当我们吸入后,就会爱上小家伙,产生保护欲。[1] 老大拥抱老小的次数越多,就会越有保护欲。

3. **以礼物交换的方式表达善意。** 婴儿出生前,让老大帮你选一个可爱(特别的毯子或毛绒玩具)的礼物送给新生儿。然后,当孩子们见面并有时间联络感情时,让他们交换礼物。给老大一张卡片和一个包好的礼物,上面写着送给他,来自新生儿。告诉老大,小宝宝非常感谢哥哥的关心和保护,让哥哥"帮助"宝宝拆开他帮忙选的礼物,告诉婴儿哥哥选礼物的过程。告诉哥哥婴儿多么喜欢这个礼物,多么爱他。这个小仪式可以帮助老大建立对老小的积极看法,因为小礼物可以用在婴儿身上,所以老大会为此自豪很多年。(还能大幅降低老大故意拿走婴儿的东西戏弄她的概率。)

4. 限制访客，甚至包括亲戚。第一天的访客最好只有直系亲属。太多访客会使孩子（和父母）变得不知所措。有些家长认为最好让爷爷带着老大去公园，但是，孩子们最需要的是与父母和新生儿亲近的机会——在周围没有其他人的前提下，所以要确保为其提供足够的时间。

第一周：成为一家人

当我"告诉"新生儿我需要为他哥哥做什么时，这样做似乎很有用处，我想这让老大觉得自己很重要，知道一切并非围着婴儿转。

——安妮

大多数孩子最初都会为新生儿的到来感到非常兴奋。然而，当他们看到宝宝的需求主宰了父母的注意力时，往往会感到不舒服。而且宝宝已经在家里常驻，父母会先去满足他的要求，这也会让老大受到打击。这是一个完全正常的反应，并会在孩子认识到自己的需求仍能得到满足、父母仍然爱他、作哥哥实际上有点像作超级英雄的时候得到平息。你可以通过了解孩子的感觉来加速这种平息。

1. 关心老大，不要总是围着老小转。请记住，老大需要知道，他对你仍然重要，他只想感到你的爱的温暖。

2. 在照顾婴儿时也照顾到老大。这意味着更多的工作，但他需要知道他的角色已经是大哥哥了，他没有被排除在外……"弟弟有点闹……他需要什么？他刚刚吃饱了，还打了嗝。你想帮我唱歌给他听吗？"请记住，你是邀请孩子参与，而不是命令他提供服务。大多数孩子都喜欢对大家有所帮助，并因为是你的助手（拿纸巾或扔尿布）而自豪。如果孩子拒绝你的邀请，别担心，下一次再邀请，每一次都邀请。如果孩子参与了，表达感激："谢谢你拿来这些湿巾，这正是我需要的，我不用起来就能拿到它们。"你的孩子会萌生自豪，因为他意识到成为一个大哥哥意味着能够以新的方式对家庭做出贡献。

3. **对婴儿说说她的大姐姐。**来吧，和你的婴儿说话吧，但要让老大听见，多谈谈她。"你是如此幸运，有布鲁克林这样一个大姐姐……她一直念叨着小宝宝，还练习照顾她的娃娃；她知道宝宝需要什么……你瞧，她自己会开灯！"

4. **当你需要放下老大去照顾老小的时候，要对老大说明。**当然，老大会觉得你的走开在某种程度上是抛弃她，会开始反感看到婴儿醒来。你要习惯说："那是小宝宝……他醒了……他想和你玩！我们去找他吧！"给孩子一个激动的拥抱，如果她愿意，带她一起去。如果她不愿意，说："我会带他来找你！"让老大觉得她不总是位居第二，例如，在婴儿非常平静和快乐的时候，对他说："我现在要帮姐姐系鞋带，所以现在我没法抱着你，过会儿我再找你，每个人都需要学会等待。"

5. **让老大成为明星。**邀请访客来时，不要说来看新生儿，而是来看"大哥哥或大姐姐"。请访客们先和老大打招呼，在提到老小之前先和老大亲切互动一番。告诉访客，老大将为他们介绍新生儿，如果访客给婴儿带来了礼物，请老大拆包装，把礼物拿给婴儿看。

6. 照一张老大抱着老小的照片，把这张照片发给亲友，宣布新生儿的到来，这样两个孩子都会得到关注。你甚至可以说："马克斯自

第十章 良好的开端：婴儿出生及其之后的几个月

豪地宣布他的妹妹苔丝的降生。"马克斯因此会感到十分自豪。

7. 尽量不要改变老大原来的生活习惯。当然，新生儿加入家庭后情况会有所改变，但如果老大习惯每天早晨醒来依偎在你身边，要设法仍然满足他。不要期望他会在家里照看新生儿，他需要更大的空间。带他去游乐场或公园，让他继续帮家长之一做家务，另一位家长照顾宝宝。如果老大上学了，给同学们看他抱着宝宝的照片。

8. 请记住，老大仍然是个小孩子，即使他已经5岁了！他站在婴儿身边时，会让你觉得他已经很大了，而且想让他做出比他的年龄更成熟的举动。你这样给他压力，反而会让他显得不成熟，至少在现在。他需要你一如既往的宠爱。

9. 让孩子知道她的需求仍然重要。当然，婴儿的需求应首先满足，虽然婴儿不会记得你让他在那里哭，跑去照顾哥哥，但他的大脑的形成是基于你每天的反应。而需求一直得到满足的老大应该能够容忍短暂的延迟，你要使她知道，你希望帮助她，而且"等有空了"一定会帮她，而不要责怪婴儿。

10. 确保老大得到父母双方的陪伴。通常情况下，家长们会认为父亲应该成为老大的主要看护人。但孩子与父母的关系是不同的（如前文所述），双方的关注她都需要。喂饱婴儿后，可以把他交给父亲，让母亲有时间和姐姐在一起。

11. 吃、爱、玩。没有什么比你真挚的陪伴更能让孩子知道你还爱她。几分钟的捧腹大笑就会使你们重新联结，安抚你的孩子，让她感觉不那么担心。你可能会觉得太累无法玩闹,不妨尝试安东尼·德比尼德特(Anthony DeBenedet)的"地震游戏",你可以躺着玩:孩子坐在你身上,你从一侧滚动到另一侧,像地震一样,最终把孩子震下来,滚的过程和最后的"地震"一样充满乐趣。[2]

12. 任何事都可以推迟,但爱不能。当然,如果你累了,请不要让任何这类建议压垮你。你的孩子真正需要的是父母的爱和欣赏,除非你能自我支持,否则你不会成为这样的家长,所以,没有必要将这些建议添加到待办事项的列表中,相反,把待办事项列表扔开,专注于爱——爱你自己、你的孩子和配偶,如果你的生活似乎因此变得杂乱无章,这很好,它意味着你关注的是最重要的事情。在第一个星期,不,第一个月,你可以吃外卖或要求访客带食物来而不是礼物,或提前在冰箱里准备好各种食物,直接穿烘干机里拿出来的衣服。除了爱你的孩子和睡觉,不要关心其他事。

在你喂宝宝的时候如何让孩子有事干

当我一直在婴儿房里照顾宝宝的时候,事情变糟了。我把3岁的孩子留在那里看电视。他讨厌电视,但我不得不这样做,否则,他就会跳到我们身上。但我不认为他已经习惯了我照顾宝宝,一年后他对妹妹还是很冷淡。

——梅勒妮

当我一坐下来给妹妹喂奶,2岁的哥哥就在旁边捣乱。我没法让他服从我,于是我开始预测女儿什么时候需要照顾,在她醒来前转移他的注意力,然后我会在喂她的时候给他念书,这样做很有效果。

——贝基

第十章 良好的开端:婴儿出生及其之后的几个月

我们的基因来自石器时代,因为进化过程非常缓慢。当你的注意力在别处(婴儿,电脑,手机)时,你的孩子就会注意到。在这些时候,他们会觉得自己不在父母完全的保护之下。如果你分心的时候,一只老虎从草丛中跳出来怎么办?他们认为迫切需要在那些时刻得到你的关注。这是一个生存问题。

既然你会每天多次去喂婴儿,这势必会引发孩子的焦虑,每一次都会,真的!——所以,你应该明智地考虑一下,如何在喂养宝宝的时候让老大有事可做。

1. **喂宝宝之前,要确保花一些时间与老大交流。**最好能与他打闹一下,让他笑,这会减轻他的恐惧,让他感觉更亲近你,使他不太可能厌烦你和婴儿。

2. **欢迎孩子靠近。**即使你喜欢摇椅,也最好是在沙发或床上喂婴儿,这样老大也可以坐过去依偎你。

3. **给老大准备一些零食和/或饮料。**特别是在他刚刚断奶之后,因为他们看到婴儿进食会感到嫉妒。

4. **念书给他听。**放一叠书在身边,经常更换,以引起孩子的兴趣。如果他知道婴儿吃饭时他可以听故事,就不会那么嫉妒了。

5. **让孩子也参与照顾宝宝。**如果你在喂奶,不妨建议他照顾自己的玩具娃娃,如果你是奶瓶喂养,可以给他一个玩具奶瓶。

6. **给他你在怀孕时做的玩具箱。**(参见第200页的"为孩子制作一个玩具箱"。)

7. 如果他不想玩玩具箱,这也许是因为他需要与你更多地交流,喂宝宝的时候邀请他和你一起唱歌。

8. 如果他在你喂宝宝的时候发脾气怎么办?有时候,无论你如何准备,老大也会在你照顾老小时表示不满,解决方案是在宝宝需要吃饭之前和老大嬉闹,让他足够快乐和放松,愿意坐下来听你读书。但婴儿有时候会突然醒来要求喂奶,老大就会不合作,一个方便的解决办法是把两个孩子带进浴室,让老大到浴缸里玩,给他玩具或者弄些肥皂泡,在喂宝宝的同时看他玩。虽然在这里喂孩子不怎么舒服,但老大和你都不会发火。如果老大还太小,不能自己进浴缸玩,不妨把他放到高脚椅上,给他好吃的或者好玩的,你坐在旁边喂婴儿。

帮助孩子处理他对婴儿的复杂情绪

> 开始的几个月,她经常说要是没有妹妹就好了。我从来没有试图"纠正"她。半年后,她开始说:"我真的很喜欢我们的新宝贝!"现在她们玩得非常好,一个5岁,一个2岁。
>
> ——卡莉

大孩子必然有一些关于宝宝的复杂的感情,如果你能平静接受那些感情,他也能。接受使那些感情失去破坏的力量。随着时间的推移,他的恐惧会减退,他的爱将增长,他与弟弟妹妹的关系会越来越好。

相反,如果他认为他的嫉妒是不被允许的,就会压抑自己,但是被压抑的情绪会导致焦虑和僵持,因为我们必须努力压制自己。更重要的是,情感是压不住的,它们会蹦出来。而且因为它们不是在有意识的控制之下,所以往往以侵略、挑衅或哀怨的形式出现。如果孩子开始表现出你无法解释的行为——如夜间醒来,到处乱尿——说明他需要获得情绪上的帮助。

如果父母能对孩子说清楚,他们的所有感情是正常的和可以接受的,即使不是所有的行为都被允许,孩子就能很好适应新生儿的到来。

1. 如果大孩子对宝宝态度消极,承认它,接受它,并且让他知道可以与大家分享这样的感情。"你希望我们把她送回去?……我知道,对我们所有人来说这是一个很大的转变,有时你希望回到过去……不,亲爱的,她是我们家庭的一部分,现在就像你和妈妈一样,所以从现在开始她会和我们一起生活下去……我知道这就是你哭闹的原因……我知道这不是你想要的答案,有时很难去适应这种巨大的变化……但你总是可以告诉我你的感觉,我会永远理解你。"

2. 如果大孩子感到悲伤,不要觉得惊讶。当你明确表示宝宝会留下来,很多孩子会伤心,这是很好的事情,因为一旦孩子允许自己悲伤,她就会停止战斗,并开始适应。为了帮助她度过悲伤,只需承认她的悲伤即可。"你现在感到悲伤,是吧?伤心没关系,但我们为什么不找出你爱玩的玩具,在沙发上玩一玩呢?"

3. 如果孩子没有表现出任何嫉妒或烦恼呢?允许他表达自己的任何感觉。"有时候当哥哥的会担心妈妈和爸爸有了宝宝就没时间陪他了,我希望你知道,无论妹妹需要多少爱和照顾,总不会超过你的。我不会爱别人超过爱你。如果你觉得生气或难过或被冷落,我要你告诉我。我会一直在这里帮助你,让你感觉更好,好吗?"
对于较大的变化,孩子的负面情绪是必然的,它们与正面情绪同在,如果他认为有负面情绪是一件可怕的事情,他会觉得自己是

一个可怕的人,你不希望这些情绪蚕食他,导致不良行为或对弟弟妹妹的不满。

4. 难道"表现得嫉妒"不是为了引起别人的注意吗?你会用食物安慰饥饿暴躁的孩子吗?如果孩子非常需要注意,以至于靠发脾气来获得,说明你真的应该注意他!每天安排一些特别时光陪伴他,他就不需要通过发脾气得到重视了。

5. 当陌生人夸奖宝宝时,一定要提到老大。"是的,宝宝非常幸运,因为他长得像他英俊的哥哥。"

6. 帮助孩子从概念上了解宝宝的成长和变化。你当然知道再过几年孩子们可以在一起玩,但是你的孩子不能想象,这个总是在尖叫的孩子会成为他的玩伴,而且他会感到非常失望。告诉他,他还是个婴儿时也很无助,需要大家簇拥着他,但他越长越大,看看他现在多么成熟!给他看他出生后的照片,以及他如何成长的照片,让他可以想象弟弟成长的过程。

7. 让孩子的左右脑共同参与。孩子可能无法用语言表达自己的感情,但视觉会帮助他理解。你可以画一个心形,把你所有的孩子都画进去。简·尼尔森(Jane Nelsen)建议使用蜡烛向孩子说明,你爱他的弟弟妹妹,但不会减少对他的爱。"这是蜡烛妈妈,这火焰代表我的爱。这是蜡烛爸爸。"(用蜡烛妈妈的火焰点燃蜡烛爸爸。)"当我嫁给你爸爸,我给了他我所有的爱,但我的爱没有减少。"(把大蜡烛放进烛台,用它们点燃小蜡烛。)"这是你的蜡烛。你出生的时候,我给你我所有的爱。你看,爸爸还是拥有我所有的爱,我的爱也没有减少。"(把小蜡烛放到支架上,用蜡烛妈妈点燃其余更小的蜡烛)。"这是你的弟弟。当他出生,我给了他我所有的爱。看——你仍然拥有我所有的爱,爸爸也有我所有的爱,而且我对你的爱也没有减少,因为你能把爱给你爱的人,而且仍然保留你所有的爱。现在,请看,这些蜡烛拥有全家人满满的爱。"[3]

如何看待热情过度的拥抱

> 我们每天都练习温柔。我拉着儿子的手,教他如何轻拍宝宝并温柔地和妹妹击掌。我的女儿会爬之后,他们就开始爬行比赛,互相追逐。他现在4岁,她16个月。他最擅长逗她笑,虽然温柔仍然是每日的挑战,但他们是很好的伙伴。
>
> ——莫林

年幼的孩子还在学习调节自己,所以让他们学习如何拥抱宝宝是有道理的。但可以预料的是,孩子往往会打着嬉闹的幌子粗鲁对待宝宝。毕竟,他们会同时产生两种感情——爱和嫉妒。但孩子并没有恶意。请深吸一口气,说:"这样有点粗鲁,你看到他的表情了吗?他在告诉你他害怕。来,我教你怎么温柔一点。"握着他的手,展示如何温柔对待宝宝。如果有必要,把宝宝抱到别处,安慰他。

侵略源于恐惧,所以不必要的粗鲁通常可以通过与孩子嬉闹化解恐惧来解决。如果你能在宝宝睡觉时先和老大嬉闹,提前预防,那等你给宝宝喂奶的时候,他可能就会变得温柔一些。

但如果老大难以温和下来,你要把他的矛头转向自己:"看看妹妹的表情……她似乎很害怕,你觉得她想对你说什么?是的,这样太粗鲁了,你现在想疯狂一下吗?我们一起玩骑马好不好?"

如果孩子抗拒你的建议,要设置规则限制他与婴儿的身体接触。如:"你现在真的想和妹妹玩,我知道,但不要对她使太多劲,你可以和我打着玩。"

无论他接受你的邀请还是继续抵抗，都说明他的感觉已经非常强烈，他已经准备好将它们展示给你。其实，他的挑衅正是为了让你帮助他处理自己对婴儿的感情。如果你能充分表现出你的同情和温柔，你的孩子甚至可能泪流满面。抱着他，尽量简短地说："我就在这里抱着你；你是安全的；每个人有时候都需要哭。"你会发现，哭泣之后，他会更加宽容和温和地对待婴儿。

孩子退步了怎么办

> 宝宝的到来对我2岁的孩子来说是残酷的经历，看到她的痛苦令我心碎。但今天我家老小5个月大，他们已经非常相爱了。
>
> ——埃丝特

发现孩子的行为退步，家长往往惊慌失措。几个月前，他们亲眼看到孩子学会了自己吃饭和使用便盆，现在他却突然不会了，或者说不愿意做。家长应该逼他吗？毕竟，他们还要照顾新生儿，老大只能适应更加独立的生活。

不要担心，新生儿来临后，大孩子往往会出现一定的退步。为什么？因为他觉得自己生活中的挑战太多了，所以不想再跨越新障碍，因此变得无法使用学到的技能。因为应付新生儿的出现对儿童提出了很高的要求，他们有点退步也并不奇怪。这意味着他可能在晚上醒来的次数更多，发生便盆事故，情绪失控得更频繁，或者总是需要你的帮助。你可以通过换位思考来最大限度地减少孩子的退步。他不知所措，而且已经尽了全力，但困难有点多；他还怀疑你是否像以前那样爱他，像爱婴儿那样爱他。你越是与他交流，他越会得出肯定的答案，恢复正常的速度也越快。

第十章　良好的开端：婴儿出生及其之后的几个月

孩子退步时……

不要期待他独立

试着移情

左：请记住，你的孩子可能看起来长大了，但他仍然非常小。如果你不对他要求宠爱的信号做出反应，它就会以不太愉快的方式表现出来。

右：一旦孩子知道在需要的时候你总会出现，他们就能实现符合其年龄的独立。

1. 提醒你自己，退步是正常的，暂时的。是的，我知道，这样并不方便，但是，没有什么大不了的。如果你心情不好，只会给孩子更多压力，让他更退步。

    你越是保持冷静，孩子越会快速回到正轨。

2. 以孩子能接受的方式与他交流。他不会永远放弃使用便盆，但惩罚和羞辱只能让他退步。你要说："没事的，亲爱的，最近很多事发生了变化……别担心，一切很快就正常了，你也会每次记得用便盆的。"

3. 宠爱她。虽然强调孩子年纪大的优势无可厚非（"你得吃饼干，因为你已经3岁了，但弟弟不能吃，因为他是一个婴儿"），你也要宠爱她，并告诉她，她会永远是你的宝贝女儿，不管她长到多大。一些大孩子可能会要求"扮演"婴儿，但即使她不问，如果你亲吻她的脚趾，和她玩你和婴儿玩的游戏，她也会喜欢的。当她爬上宝宝的童车或摇篮，假装你发现了难以置信的好事："太棒了！这个婴儿会说话！……多么了不起的宝宝！"

4. 在孩子提出要求时帮助他。大多数家长觉得他们不应该替孩子做他们力所能及的事。所以，当他求你帮他穿好衣服，你会很自然地告诉他，你知道他能自己做到这一点。然而，如果他不能让你帮他穿好衣服，从而感受到你的宠爱，他可能会退步，给你出更多难题。此外，他这样做是为了告诉你他需要来自你的关注——要知道在他需要你的时候你仍然会出现。每一个孩子都需要知道，不管他的兄弟姐妹得到什么，他的需求也会得到满足。不要担心，他不会永远希望你帮他穿衣服的。

5. 如果孩子要求吃奶怎么办？大多数的孩子只是为了尝试一下，看看会得到怎样的回应。如果你不打算放纵他们，可以设置一定的限制。我会这样说："妹妹不能像你那样吃饭，所以我们需要把妈妈的奶留着给她。来，我给你杯子里弄点奶，或者你要不要来点巧克力牛奶？"

管理多个孩子的午睡和就寝时间

大女儿出生后，我们就设了一张家庭大床。现在我们有3个女儿（5岁那个已经有了她自己的床），我想她们的关系因此已经有了变化——她们每天晚上都睡在一起。无论白天发生什么，我们每天晚上都依偎在一块。

——卡拉

拥有一个以上的孩子，最难处理的是他们都需要你的时候。大多数情况下，你可以身兼多职，蒙混过关。"坐在我旁边，我一边喂宝宝一边给你读书"这样的话可能不能完全满足孩子，但除非他心情不好，否则还是有效的，只要你做好全天的预防性维护。但当你需要安静的环境哄宝宝睡觉，又没有其他成人监督老大的时候怎么办？这个挑战值得我们提前思考。

首先，不要指望一个3岁的孩子甚至大部分学龄前儿童能够自娱自乐。如果你把孩子单独留下，自己去照顾婴儿，他很可能制造噪音，把家里弄得一团糟，或者做他知道是被禁止的事，如在沙发上画画。毫不奇怪的是，大多数家长会觉得这种行为应当惩罚，然而从孩子的角度来看，它完全说得通，因为你去陪宝宝，而且关上了门，他所有的嫉妒都被触发起来。你要换位思考，这就像看着你的伴侣和别人走进卧室，你怀疑那个人比你对自己的伴侣更有吸引力一样，你会觉得孩子的反应夸张吗？

所以，午睡时间到了，你该怎么办？

1. 在照顾宝宝之前，想办法让老大与你联结。让她笑是最有效的准备，因为这可以帮她稳定情绪，但有时即使一个拥抱和一些爱抚可能就足够了。

2. 让孩子进行一些引人入胜的活动，比如听有声读物或看视频。即使你通常反对幼儿看电视（比如我），为了让宝宝睡着，同时安抚老大，让孩子看视频也是值得的。有声读物甚至更好，因为它们对孩子有益，刺激他们的想象，不妨让孩子戴上耳机，阻隔外部干扰（包括你给婴儿唱歌的声音），这样做还可以避免他探索危险的地方。（即使你的房子为了宝宝的安全采取了防护，幼儿也有办法找麻烦。）如果你的孩子太好动，有声读物安抚不了，请他把他听到的内容画下来（只能用可擦记号笔），这样他就可以讲给你听。耳机的另一个优点是他可以坐在你身边（也许可以背对你？）而且保持足够的安静，让宝宝睡觉。（当然，这个办法对精力旺盛的孩子不怎么管用。）

3. "不要把宝宝吵醒！"年幼的孩子经常感到自己的渺小和无力。因此，当他们突然开始听到"不要把宝宝吵醒！"这样的话时，做出反常的举动并不奇怪，他们会很想挑战这句话的权威。特别是当你一直忙着哄婴儿睡觉，把他们独自留在别的房间的情况下。

　　如果孩子故意把宝宝吵醒，你想惩罚他也很自然，但最糟糕的是孩子也在破坏他自己的利益，因为宝宝睡着后正是你们可以相处的时间，而这是由于他们的大脑前额叶皮层并不成熟——无法全面考虑事情的后果。你一定要每天都向孩子申明，你很想和他一起玩，所以你希望婴儿早点睡着。如果这样不管用，孩子还是忍不住吵醒宝宝，不妨赋予他和你一样的权力——午睡时负责保持家里的安静。"你想负责保持安静，让宝宝睡得好吗？这样我们就能享受特别时光了？你的工作是让大家都小点声，如果我忘了，你要提醒我，好吗？你负责保持家里的安静。"

4. 老大午睡时间。怎么样在照顾宝宝的同时让老大也快点午睡？答案是和他们两个躺在一起，让他们都睡着。你可能需要一边给婴儿喂奶（或者给她奶瓶）一边给老大读书，但希望你的平静能促使他们两个一起进入梦乡——你也可以打个盹，在最初的几个月你可能非常需要。如果老大非常难以安抚，可以开车带他出去转转，或者用童车推着他出去散步，同时背着婴儿。这样他们都有可能睡着。

5. 就寝时间。由一位家长负责一个婴儿和一个幼儿或学龄前儿童的就寝时间可能很辛苦。好消息是，父母一方可以在同一时间送两个孩子上床，然后给一个孩子读书，给另一个喂奶，然后等他们一起睡着。（如果老大和你们同睡，可能需要考虑如何保证婴儿的安全，因为大点的孩子也许睡得不老实。）但即使每个人都在不同的房间睡觉，你也可以经常在老大房间里喂婴儿，同时给他读睡前故事。如果宝宝睡着了，你可以把她放下，这是很好的机会，因为这样你就可以专注于哄老大睡觉了。

前几个月：新常态

当我们的宝宝出生后，我用"腹语"帮助宝宝和4岁的老大联结。我会模仿婴儿的可爱声音，我的儿子会看着妹妹回答，就好像他们在对话一样。这些早期的对话极大地促进了他们的关系，让儿子能够理解妹妹。11个月过去了，他们现在是最好的朋友。

——贝尔·因达

在许多家庭中，爸爸可以在宝宝出生一星期后上班，而妈妈留在家里照顾新生儿和大孩子。这个过渡期可能对每个人都很困难，母亲和孩子更是难以忍受。但我们也有减轻负担的方法。

1. 在至少几个月内坚持家庭事务优先。[4]研究表明，如果父母双方都非常投入，孩子会更好地适应兄弟姐妹的到来，这样做可以减轻主要护理人的压力。而且对家长来说，现在不适合加班或者出差。

2. 在家照顾孩子的家长不应该负责除孩子以外的事情。如父亲可以下班时带回晚饭和洗衣服，母亲则白天在家看孩子。如果母亲有时间，一定要多和老大联结，减轻他的调整压力。两个孩子都睡着了吗？多么幸运！加入他们的行列！

3. 想办法让大孩子感到与宝宝联结。例如你可以模仿宝宝说话，让孩子负责唱歌给宝宝听，或者同时哺乳。一定要想方设法帮他们联结，即使在早期阶段。

4. 思考你的措辞。如果你经常根据婴儿的需要向孩子发号施令，导致其憎恶将是必然的结果。

   不说："宝宝吃完后再说……"

   尝试："我等不及要和你一起玩。5分钟后我来找你……告诉我我们玩什么。"

   不说："我现在没法抱你，我抱着宝宝呢。"

   尝试："等我空出手来就抱你……我等不及了……现在，你能紧靠着我吗？"

5. 如果大孩子很反感婴儿啼哭，表达同理心，然后解释。"是的，他的哭声很响，不是吗？可能伤害你的耳朵，我知道……哭是他在说话，他就是这样告诉我们他需要什么东西的。你能帮我猜猜他需要什么吗？"播放舒缓的音乐可能会有帮助。你也可以给孩子戴上耳机来消除噪声，这样他就可以平静地玩耍。

当孩子很难适应时

让我们来看看新生儿出世后大点的孩子可能出现的两种不同的情况。

第十章　良好的开端：婴儿出生及其之后的几个月

假设有一个2岁的男孩，他的妹妹刚出生，他父亲热爱家庭，但工作时间长，母亲很疲惫。两种情景的区别在于孩子与母亲的关系不同。

情景1：当我们与孩子的联结出现磨损

　　2岁的丹尼尔不明白，为什么每个人都对新生儿小题大做。她就知道睡觉、吃饭和哭泣。她甚至不能跟他玩。更糟的是，他的父亲通常都在工作，而他的母亲总是坐在摇椅上喂养婴儿。每次丹尼尔需要母亲的时候，她都会说："你是个大男孩了，你可以自己做到的。"丹尼尔越来越伤心，变得爱发牢骚，这似乎更加激怒了母亲。"你快把我逼疯了，丹尼尔！"

　　这些天来，丹尼尔比平时更容易沮丧。当他感到沮丧孤独或不堪重负时，就会对母亲大喊"不"！然后她就朝他叫嚷，把他关进房间。丹尼尔觉得他只能独自应付快要淹没自己的情绪。他把情感压抑下来，想作个好孩子，认为这样妈妈一定会喜欢他，但由于这些压抑的情绪不再得到有意识的控制，它们以侵略和发脾气的形式爆发出来。这些感觉让他没来由地粗鲁对待宝宝，所以在他表示对妹妹感兴趣时，父母会紧张起来，警告他要轻碰妹妹。丹尼尔相信，他必须通过斗争满足自己的需要，于是他觉得不能妥协，应该挑战规则。他越来越好斗，结果招来父母更多的责骂和惩罚。

　　随着日子一天天过去，丹尼尔哭得少了，叛逆得多了。当父母想和他交流时，他会拒绝，或者想办法挑起战斗。他渴望联结，但因为联结会让他觉得安全，进而打开眼泪的闸门，他又不喜欢这样，所以他疏远父母。他更加强硬地压抑情绪，坚持按照自己的方式行事，在父母试图指导他时予以回避。在安全需求和联结需求不被满足的情况下，他关闭了与父母的沟通，习惯于做出没有建设性的消极回应，如从婴儿手里抢玩具，但这样做也无法填补他对联结的深层次需求。每一天，妹妹都更令他不愉快，她现在开始对他的玩具表示出兴趣，父母看上去完全站在妹妹那边。丹尼尔尽量无视她，尽管有时他的敌意会爆发，他会朝妹妹大喊，推她。他知道

221

"应该"控制自己,但他不清楚该怎么控制。他的结论是,他是一个坏人,不值得被爱。

情景2:更好的联结

2岁的德文不明白,为什么每个人都对新生儿小题大做。她就知道睡觉、吃饭和哭泣。她甚至不能跟他玩。更糟的是,他的父亲通常都在工作,母亲总是在喂奶。但至少她是在沙发上喂奶,她也总是邀请德文过去坐。她在沙发旁边放了许多德文喜欢的书,她总是和他说话,鼓励他挑一本书,坐在她身边读。宝宝就在她膝盖上,但母亲的胳膊搂着德文,像往常一样认真地给他读故事。

母亲鼓励他抱着宝宝,跟她说话,在她哭的时候安慰她。当德文可以帮母亲拿纸巾或者唱歌给妹妹听时,他感到自豪。这些天,他比平时更容易沮丧,但母亲似乎能理解他。当德文需要母亲的帮助时,她会说:"你需要我帮你吗?我现在比较忙,你把它拿过来,我们想想办法。"德文想哭时,她会说:"今天不那么顺利,不是吗?有时候我也会这样想。来,坐在地板上,我可以抱着你们两个……我的怀里总有你的地方。"

有时候,尤其是当妈妈太忙,不能和他一起玩时,他觉得很生气。在这些时候,他会对她说"不!",然后躺在地板上尖叫。母亲会背着婴儿坐在地板上,说:"我就在这里……你是安全的……等你准备好了,我要使劲拥抱你。"在母亲的拥抱下,德文不再抽泣。等他再次觉得心情不好时,他会说:"我需要一个拥抱,妈妈!"慢慢地,他开始相信,母亲会永远守候他。她把婴儿放在座位上,在房间里和他追逐嬉闹,直到他们都笑着倒在沙发上,有时她甚至把婴儿给爸爸照看,带德文去公园,和他单独相处,像以前一样。虽然有宝宝的生活和以前不一样了,但并不全是坏事。当他对宝宝做鬼脸时,她甚至开始微笑了。

※ ※ ※

对丹尼尔来说,是不是太晚了呢?很多家长在这个时候会尝试各种惩罚方式,但这样只会进一步削弱孩子的信任,恶化其行为。解决方案?这样的孩子需要感到父母带来的安全感,让他平静地面对所有的痛苦和恐惧,这样才能使他觉得与父母重新联结,当他的感情受到伤害时,他会放心地哭泣而不是发脾气。随着时间的推移,他会清空情绪包袱,获得更多的情绪控制能力。这种与父母深刻亲密的联系将重塑他的自我观,使他将自己视为一个能够控制愤怒和嫉妒的好人。他甚至能在心中找到空间去欣赏小妹妹。

每天与孩子保持联结的练习

> 当我的女儿出生后,我用婴儿监视器让她知道,有这样的哥哥,她是多么幸运;当他在楼下的监视器那里"偷听"时,我给她讲哥哥的可爱故事(都是真的)。这是8年前的事了,现在他们是最好的朋友。
>
> ——罗娜

当你家有了新生儿,你可能觉得疲倦甚至不堪重负,更何况除了婴儿,你还要照顾老大的需要。好消息是,每天简短的预防性维护通常会让大家的情绪更平稳,避免事故,让你和孩子们更快乐地相处。所以不妨将维护工作视为生活的一种方式,所以你无须付出任何额外的能量。

1. 每天早晨与每个孩子有身体上的亲近。如果你晚上需要喂奶,那么在清晨时就很难起来迎接跑进卧室找你的老大,但和他依偎5~10分钟足以改变你的早晨的整体色调。你要想到,他已经离开你一整夜了,他需要与你重新联结,感到安全,填满爱的燃料箱,然后才能迎接一天的挑战。

2. 养成每个小时与孩子温暖联结的习惯。有孩子的生活,尤其是当一个孩子是婴儿时,你可能觉得全都乱了套。如果你是这样觉得,请想象一下你的孩子会有何种感受,他的时间观念是不同的,在你照顾婴儿时,他可以沉迷在玩具车上1个小时,所以,他更容易觉得与你断开了联结。当你家老小在高兴地晒太阳时,你可以抱着他和老大坐在一起。当你需要照顾婴儿时,请明确告诉老大,给他一个温暖的拥抱,告诉他你多么喜欢和他在一起。(是的,我知道这可能意味着你没有时间洗碗了,别去管它们,你现在的重点是婴儿和老大;你的配偶可以下班后洗碗。)

3. 和宝宝坐在地板上。如果孩子通常坐在地板上玩,她抬头一看,发现你正抱着婴儿坐在沙发上——其实,你可以抱着婴儿坐在地板上看着她玩,这样她就不会觉得与你分离了。通常,婴儿喜欢躺在小毯子上,摇着胳膊看着你和老大互动。婴儿喜欢看着大孩子。

4. 背着宝宝,空出手来照顾老大。婴儿经常需要被抱着,但他们不总是需要眼神接触和互动——那样压力太大——在需要时满足他们即可。其实,人类学告诉我们,婴儿"天生"会待在父母的前胸或后背观察生活——包括家庭生活。所以你可以把宝宝背在身上,空出手来照顾老大。婴儿背袋就是一种好工具,有助于老大与婴儿互动,还能防止他把玩具放在宝宝头上。你甚至可以给背袋里的孩子喂奶,同时坐在地板上和老大互动。

5. 每次分离后与孩子联结。如果老大上学了,她放学后会带着巨大的感情包袱回家,需要你的爱来消解压力。如果有人接她回家,你要尽量放下婴儿,拥抱老大,最好能安排一些时间和她单独相处,至少让她有机会在沙发上和你坐在一起,在你喂奶时给你讲一天的经历。

第十章　良好的开端：婴儿出生及其之后的几个月

6. 每天抽出时间单独和每个孩子相处至少 15 分钟。对大多数拥有婴儿弟妹的大孩子而言，婴儿总是让你分心，他们需要你每天短时间地单独陪伴至少一次。不要利用这些时间给他们洗澡或者读故事，而是让他选择这 15 分钟应该做什么。设好计时器，说："我是你的，你说了算。"然后百分之一百二十地投入到对孩子的爱里面。

为什么要设计时器？因为你不希望宝宝醒过来时打断了你和老大的相处，这样会导致孩子的厌恶。所以你要根据婴儿的睡眠情况提前设好时间，这样等定时器响起，你也有时间帮助老大切换到别的活动。很多孩子不愿意听到计时器的声音，但并不是说她不知感恩，而是不愿意结束与你相处的美妙时光，她也会借机怀念完全拥有你的过去。无须延长陪伴她的时间，但一定要全心关注和同情她的失落感。"要停止游戏太难了……你喜欢我陪你玩……有时很难与别人分享妈妈……我也怀念以前的特别时光……明天我们再一起玩好不好？……我知道，看起来似乎要等很长时间……你可以哭，有时候每个人都需要哭。"

如果特别时光结束时你的孩子哭了，但接着她变得比以前更爱宝宝了，不要惊讶。因为我们接受了孩子的感情，让孩子体验到它们，这些感情有治愈的作用，让她变得更快乐，更愿意合作。

7. 做好交易，让每个家长都有时间每天和孩子联结。孩子与父母双方的关系是独特的，任何一方的联结都缺一不可。

8. 确保每天至少有 10 分钟的欢声笑语。除了你单独陪伴孩子的时间，一定要安排 10 分钟的嬉闹，让孩子释放焦虑和恐惧，与家人亲近。（参见本书第 227 页"使用游戏帮助嫉妒的孩子"以及第 257 页"帮助大孩子与宝宝建立联结的游戏"。）

平和式教养法（多子女篇）

9. 将移情作为你对孩子的主要回应方式。正如我们在第一章所说，表示理解有助于帮助孩子接受他没有得到他想要的东西的现状，而且这也是他的感觉，是与你联结的基础。他不希望早餐吃鸡蛋？不要辩解，但也不要表示你也觉得需要重新准备早餐。相反，你应该承认他的失望。"你还想吃加了黄糖的麦片粥，对吧？但我做了鸡蛋。听起来你很失望。这不是你想要的。我敢打赌，当你长大了，你每天早晨都会吃黄糖麦片粥！我们明天完全可以吃麦片粥，但今天我们吃鸡蛋。你愿意来点吐司配鸡蛋吗？你可以抹黄油。"如果孩子大发脾气怎么办？那他真的需要哭出来，而且事情绝不止吃不到麦片那么简单。请表达同理心。

10. 在睡觉前与孩子联结。也许妈妈先给宝宝喂奶，哄她睡觉，所以现在是爸爸帮大孩子睡觉。这很好，但要确保母亲在睡前陪伴老大15分钟。睡前对于孩子来说比较困难，你不希望他带着得不到母亲关心的痛苦睡觉吧。

11. 运用仪式的力量来保持联结。重复各种仪式会加深大脑的印象，让孩子依靠我们，与我们联结，帮我们转移情绪。晚安吻就是一种强有力的仪式，帮助孩子感到安全，让他们放心入睡。你可以创造一些小仪式来巩固亲子联结，特别是在过渡或分离的时刻。例如，送孩子上学时可以与之吻别，然后说一段口头禅："我爱你，你爱我……我会拥抱你三次，祝你一天顺利！"贝基·贝利博士（Dr. Becky Bailey）写了一整本书来介绍各种奇妙的联结方式——《我爱你，仪式》（*I Love You Rituals*），如："你今天从学校里带回什么了？……看到孩子时，你说：'你回来了，我一天都在等着拥抱你，让我看看你从学校里带回了什么，你带回了棕色的眼睛，胳膊上可爱的小痣，还有你的背包和大衣。我们走吧。'"[5]

12. 成为一位有爱心的多任务执行者。如果你有两个（或更多！）孩子，觉得忙不过来的话，请从经验丰富的幼儿教师的角度看问题。幼儿教师往往是搂着一个孩子，对着另一个孩子微笑，还要对房间对面的孩子说话。我们都能发掘出自身的"多任务执行者"的能力，迅速切换关注点，同时与所有孩子保持联结。

你注意到重点在于日常行为中的联结了吗？因为这样做可以编织爱的网络，这个网络每一天都为孩子提供支持，让他们觉得与你联结。你一定会看到情况的改观。当孩子们真正感受到被父母关注时，他们无须竞争得到我们的爱，纠纷也会大幅减少。

使用游戏帮助嫉妒的孩子

> 我试图提醒自己，他还是个小孩，但在你疲劳和睡眠不足的时候，真的很难有那么多的精力，给他那么多的爱。
>
> ——纳蒂亚

如果你努力帮助孩子调整，他还是会发作怎么办？当你忙于照顾婴儿时，就算你知道大孩子有权利不高兴，你也很难对他保持耐心。所以，如果你无法理解孩子发脾气的原因，这里有个简单办法可以帮助你消除孩子的嫉妒和恐惧——秘诀在于让孩子笑起来。不必非在他发脾气时逗他笑——当然有时候也有效果——而是在日常生活中。笑帮助人类释放恐惧（这是一种温和的恐惧），转换体内的化学物质，减少应激激素，增加黏合荷尔蒙。

我知道你感觉不到。睡眠不足，还要照顾孩子，当然会钝化你的感觉，但好消息是笑也会让你感觉更好，而且只需几分钟就能见效。如果你开始尝试，很可能会发现它的好处，笑可能也是你与孩子联结的最佳方式，为此他会更加合作。

所有的笑都对孩子有好处。但既然他怀疑自己是否真正被爱，为什么不直接用玩耍的方式解决他的疑问呢？孩子们都是用玩耍解决情绪问题的。你可以通过游戏在深层次上说服他相信你的爱。

1. 为他而战。一位家长抓住孩子和她拥抱。另一位哼唧说："为什么总是你拥抱她……我也想要她……我需要她……让我也拥抱她！"然后把孩子抢过来。

2. 玩修复游戏。该游戏通过说服孩子相信父母深爱他来修复各种错误。"我的迈克呢？……你跑不了……我必须拥抱你，亲吻你……噢，你逃跑了……我要抓住你……我必须更使劲地亲你和拥抱你……你跑得太快了……但我不会放弃……我非常爱你……我抓住你了……我要亲你的脚趾……噢，不，你太强壮了，你又跑了……但我总是想拥抱你……"与往常一样，你的目标是让孩子欢笑。如果他不笑，改变游戏，直到他笑出来。举例来说，如果孩子发现这个游戏有侵略性，尽量不要真的追赶他。

3. 我们总会回来找对方。孩子往往被内心深处对我们的需要吓到，这种恐惧在我们无法满足他的要求时会加深。该游戏通过让孩子感觉自己被人需要而改变现状。当她坐在你的腿上，准备爬到地上的时候，抓住她，轻轻抱着她，恳求道："噢，请先别走……我需要你！……我不会让你走的……我要你一直在我怀里！"孩子会笑，并坚持要下去。你就说："好吧，好吧……我知道你，我们总会回来找对方的。"（要表现得足够可怜才能让她发笑，但不能可怜过度，让她感到内疚。不妨夸张一点，让她知道这是一场游戏。）

4. "妈咪，我需要你！"当孩子不得不经常等待你的帮助和关注时，他很自然地会怀疑你还会不会满足他的需要。告诉他："如果你需要我，只要我有了时间，我会立刻来找你，所以，如果宝宝妨碍了你，或者你需要我的帮助，你只要说：'妈咪，我需要你！'我就马上来，让我们练习一下。"孩子一叫你，你就跑过去，抓住他，不停地亲他，他肯定会笑出来，因为他喜欢这个，所以他以后会大喊："妈咪，我需要你！"而不是抢宝宝的玩具。这使你有机会让他嘲笑过去那些紧张的时刻，在这之后，他会更愿意与宝宝做交易——或者一下子变得很大方，允许婴儿玩他的玩具，他自己去玩别的。

欲了解更多游戏信息，请参见本书第257页"帮助大孩子与宝宝建立联结的游戏"和第172页"为孩子们设计的嬉闹游戏"。

给孩子读如何成为哥哥姐姐的书

同胞关系研究者劳里·克莱默（Laurie Kramer）曾建议父母给孩子读有关同胞关系的书，认为这样做可能有好处。但几周之内，父母们就开始向她抱怨孩子对待婴儿的行为。[6]这一点是对的，因为很多书一上来都会描述一些悲惨的同胞关系，比如兄弟姐妹互相嘲笑、嘲讽和欺骗等。即使故事的结局是同胞们学会了如何相处，但孩子们从这些故事中听说了太多的刻薄行为，会不由自主地模仿起来。

这并不意味着孩子之间愤怒和嫉妒的感情都是"错误的"，或者承认它们会让事情变得更糟。承认情绪总是会帮助孩子更建设性地处理它们。[7]这意味着敌对行为是不对的，无论我们感受如何，它们不是孩子需要的行为榜样。

所以，你尽可以给孩子读同胞关系的书，故事是一种了不起的谈话启

动器,能开启治愈的大门。只是你一定要自己先阅读它们,评估书中敌对行动的水平。然后,当你读的时候,与孩子交谈,问问题:

- 这个女孩有什么感觉?
- 为什么她有这样的感觉?
- 你觉得她的父母知道她感觉如何吗?
- 她该怎么办?
- 然后会发生什么呢?

向孩子申明,所有的感情都是允许的,但以伤害别人的方式宣泄感情是不对的,强调父母都希望孩子向他们讲述自己的感受,而且会一直帮助他们,确保你分享的故事能给孩子希望,以快乐的方式解决人物的苦恼。

从一开始就在孩子间培养良好关系的9个技巧

我让5岁的儿子给两个月大的婴儿喂奶瓶,这让他有机会照顾别人。现在,如果宝宝哭了,两个大孩子都会说:"也许他需要换尿布了?他饿了,妈妈,他需要玩具。"然后我会故意做出错误的判断,他们会纠正我。"不,妈妈,他不想要玩具,他饿了。""噢,我明白了,你是对的……谢谢你让我知道!"

——劳拉

1. 当你照顾宝宝时,邀请大孩子参与,表扬他的贡献。"哦,不,为什么妹妹哭了?让我们去看看能做些什么来让她开心……你说得没错,她饿了,看,她不哭了!小妹妹真的感谢你帮助她得到了需要的东西。"

2. 保持冷静，重新定向。当然，有时老大的帮助没有效果。她的歌声是否太大，震到婴儿的耳朵？她想把自己的胡萝卜喂宝宝吗？请做个深呼吸，重新定向。例如建议她抚摸宝宝而不是唱歌，或者给宝宝看胡萝卜而不是塞进他的嘴里。你也可以建议她用她的洋娃娃练习。保持冷静和重新定向需要大量的自我控制，但它非常有助于孩子找到建设性的方式与婴儿互动，请不要在她笨拙尝试时将她推开。

3. 当着大家的面谈谈每个孩子的感觉。研究表明，当家长讨论婴儿的感受和需求时，学龄前儿童与弟弟妹妹的互动更积极，甚至能保持一年以上。[8]"看看玛蒂娜的表情……你觉得她感觉如何？我们可以做些什么来帮助她吗？"你可以人性化地使用老小的名字，而不是叫她"宝宝"。

　　这也适用于相反的情况。在大孩子面前对婴儿说话，承认老大的需求和情感。"你哥哥现在不高兴，所以他需要额外的拥抱……你姐姐也需要和妈妈在一起。"宝宝能理解吗？随着时间的推移，她会的。最重要的是，这可以帮助大孩子觉得你同样重视他的需求，而且承认感情会提升家人的 EQ（情商）。

4. 给老大分配任务。孩子喜欢负责某些东西，例如在宝宝换尿布时提供娱乐，在她睡前唱首歌等等。他会认真负起责任。

5. 使用拉近物理距离的方式来培育同胞关系。只要有可能，请与两个孩子同时依偎在一起，他们在你身边感受到的大爱会提升孩子间的关系。如果你能逗笑他们，因此释放的催产素也会促进他们的关系。若有可能，请坐在地板上陪伴老大玩耍，同时抱着婴儿，让她也看到。

6. 鼓励大孩子来逗宝宝。宝宝喜欢哥哥姐姐来逗她。当婴儿开始开心地笑着回应，帮助老大注意到宝宝的喜爱。不久他们就能学会自觉地互相逗乐和表达爱意。

7. 不要贬低宝宝抬高老大。父母常常会轻蔑地评论婴儿，以便让大孩子感觉更好。（"婴儿总是有臭味！我很高兴你会用便盆。"）孩子感到气愤或嫉妒是可以的，但不能贬低他人。所以即使是在开玩笑，也不要对宝宝刻薄，否则你会让老大变得心胸狭窄。相反，父母要抗拒比较的冲动。每个孩子都是美好的，都有自己的舞台，自己的计划。要在不作任何比较的前提下表扬孩子。

8. 在家中努力创造一种感恩和赞赏的氛围。每天晚饭时，请大家在彼此身上至少找出一件值得赞扬的事情："感谢爸爸准备了这样美味的晚餐……感谢杰斯米今天在杂货店帮了我大忙……感谢小宝宝杰克睡了很长时间，所以杰斯米和我可以玩她的动物玩具。"这样做可以帮助孩子养成赞扬和感谢兄弟姐妹的习惯，化解敌意。他们会不知不觉地互相欣赏。

9. 为你自己做点事。我是说真的。如果可能，暂时把宝宝交给别人，泡个热水澡。如果你有两个或两个以上的孩子，而且他们在这一刻都需要你，请坐在地板上，尽量满足每个人的需要，但一定要向自己保证，只要来了别的大人接替你，你就马上休息一下。孩子们需要你经常调节情绪，这意味着你需要首先满足自己的情感需求。找出让你放松的事情，将其列入计划。培养健康的兄弟姐妹关系需要你先保持自我的平衡。

如果你有一个新生儿，并且已经读到这里，那么恭喜你，许多人都要

第十章 良好的开端：婴儿出生及其之后的几个月

为你鼓掌。即便没有其他子女需要关心，照顾一个新生儿也非常辛苦，同时照顾两个孩子更是一种英雄行为。

鉴于你背负的重担，按照这本书的建议去做可能听起来令人生畏，所以，请不要认为你需要尝试所有方法，只需挑出一两个你感兴趣的就可以。这些方法都会带来积极的效果，如果你有更多的精力，不妨多试几个，但不需要全部做到，这将耗尽你的精力，你的孩子最不需要的就是更加疲惫的父母。所以请不要牺牲睡觉、洗澡或者休息的时间来尝试上述方法。积极的兄弟姐妹关系的基础是能够保持冷静的父母。优先照顾自己，这样你才能成为冷静的父母，并且享受家庭壮大的快乐。

第十一章　宝宝会爬之后，为孩子关系奠定积极基础

> 他想知道我们会不会把弟弟卖掉。当我紧紧拥抱他，问他我们为什么要卖掉弟弟时，他说他已经厌倦了弟弟破坏他的颜料。两天后，他说："我想死，因为我再也不能涂颜色了。"
>
> ——切利尔

通常情况下，那些已经与婴儿达成和解的大孩子，在宝宝会爬然后会走之后会重新燃起嫉妒。这并不奇怪，因为现在婴儿可以插手更多的事，包括哥哥的艺术作品。满1岁的婴儿还会更加有力地宣布自己的需要，所以很难转移他们的注意力。他们想要哥哥有的东西，为了得到它，他们会号啕大哭。你不能和他们讲道理，否则他们会不依不饶。他们几乎每天都会掌握新的技能，变得越来越可爱。我们很难设想，哥哥姐姐如何竞争得过他们。所以，我们可以原谅想要卖掉弟弟的哥哥，特别是当弟弟的年龄在8个月到18个月之间的时候。

幸运的是，哥哥姐姐也能很好地适应，甚至享受宝宝的成就——如果我们给他们一点支持的话。但若是让孩子自行调整，他们很可能会诉诸侵

略行为，或者变得绝望和怨恨。他们需要父母的指导，学习表达自己的需求，保护他们的财物，并找到建设性的方式来表达自己的感情，包括他们的嫉妒和愤怒。如果允许宝宝毁掉他们的画和推倒他们的塔，你就不能指望孩子间出现积极的关系。

本章将告诉你如何通过支持每一个孩子来度过宝宝学会爬行（但还未学会说话）的最初几个月。

10招在婴儿变成幼儿期间维持家庭和平

> 我曾经坚持让6岁的大孩子和1岁的小孩子玩，结果是大的经常冲着小的大喊大叫。当我意识到哥哥没有责任陪弟弟玩时，情况改善了许多。当然，小家伙依然想要掺和哥哥做的每一件事，所以我更多的责任是分散他的注意力。现在他们的关系好多了。
>
> ——米歇尔

如同住在一起的其他人一样，即使是最亲近的兄弟姐妹，也会有冲突。但是你可以通过以下几个基本策略防止许多孩子间的争斗。

1. 确保大孩子可以保护其物品不被婴儿接触。如果他搭的塔经常被婴儿撞倒，他自然会感到沮丧。让他在桌子上搭积木，这样宝宝就够不到。确保他知道你支持他（和他玩"妈咪，我需要你！"的游戏，参见本书第229页的说明），并在他需要你的帮助时迅速做出反应，保护他的空间不受宝宝侵略。

2. 不能要求大孩子和小孩子一起玩。他必须表现出尊重和善意，但他不是保姆，没有照顾弟妹的职责。总是让大孩子负责小孩子常会引起怨恨。

3. 热情地描述孩子对另一个孩子所做的有积极作用的事情。孩子们就像一个灵敏的反应器,可以侦测到我们的能量。如果你热情认可孩子抚摸宝宝,谴责他推宝宝,他会跟随你的热情行动,所以你要鼓励孩子的良性互动。你总是会找到积极的东西,甚至在一切似乎都出了问题的那一天:

⊙ "你注意到宝宝的烦躁,马上意识到她需要什么。太了不起了!"
⊙ "你唱歌给她听,妹妹笑得很开心。"
⊙ "你让他看你的玩具车……你看,他太高兴了!……我知道,这辆车对你很特别……如果你想要回去,请告诉我。"

4. 婴儿获得新的技能,要部分归功给老大。毕竟,研究表明,大孩子往往是小孩子学习的最有效的榜样,宝宝自然地想模仿哥哥姐姐。[1] "你看,通过观察你用勺子,他学会用勺子了。" 当你惊呼婴儿的进步时,大孩子会觉得不自在,但如果他将自己视为宝宝的老师,接受起来会更容易,他就更有可能与宝宝积极互动。

5. 重新考虑共享的整体思路。为了培养孩子的慷慨性格,使用第六章介绍的方法帮助他们学会轮流分享。

6. 不要强行让孩子在一起。如果孩子真的抗拒和兄弟姐妹一起洗澡,尽量让他们分开洗,至少大部分情况下要这样。如果老小总是打扰你读故事,让她早点上床,以便让老大安静地听故事。

7. 多加注意每天那些容易出现麻烦的时间,进行不同的安排。如果老大从幼儿园回来心情不佳,可以暂时放下宝宝,建议大家来一个"家庭舞会",用笑声和歌声转移情绪。在你布置晚餐桌的时候,让老大去厨房帮助你,老小则在地上玩,或者在你背上看着。

第十一章 宝宝会爬之后，为孩子关系奠定积极基础

8. 监控表示麻烦正在酝酿的信号。如果你发现孩子越来越暴躁，一定要在他发作前介入，帮助他。有时，孩子们需要父母的指导才能处理兄弟姐妹的直接挑战。有时，他们会控制不住向别人发火。在这种情况下，你应该和他联结——特别是通过笑声——从而化解紧张，但一定要开始采取预防性维护措施（如第二章所述），以帮助孩子处理感情，记得从今天就开始。

9. 不要偏袒任何一方。责骂不会让孩子对弟弟好一些。事实上，如果老大觉得父母更喜欢老小，他会对老小更有敌意和侵略性。[2] 所以，一定要平等对待每个孩子，即使其中一个还是婴儿。

　　别说："不要对弟弟吝啬！"

　　描述你观察到的东西，不要有任何责备："我听到你们的声音有点大……听起来你们两个似乎不高兴……你们都想要卡车……现在大卫在玩它，马利克在哭……我们可以做些什么来解决这个问题？"

10. 不要惩罚，应通过情感帮助孩子，支持他们战后和好。作为父母，我们拼命阻止孩子冲突的做法是可以理解的，但我们往往急于找出肇事者并加以指责，遗憾的是，这进一步强化了双方受害者和侵略者的角色。因纷争惩罚子女的家庭往往会引起报复的循环。与之相比，在不指责孩子的家庭中，子女们反而有权利"修理"吵架后的关系，最终拉近彼此的关系。

分配你的时间

　　妈妈总是叫你别人的名字，或者习惯说"现在不行""等1分钟"和"你没看到我正忙着（照顾别的孩子）"……但那些"资源缺乏"的状况，那些让我感到内疚和力不从心的孩子们，意味着他们必须在

其中学会乐观。他们必须找到一种方式来分享、等待、克服困难和学会轮流——提出他们的想法和要求，即使没人注意到他们有问题。

——KJ 德尔'安东尼娅，"母矿"，《纽约时报》

这些内容对你来说并不是新闻，但最难的是如何全天候地和一个以上的孩子周旋，在他们频繁地同时需要你的情况下，你怎么才能分配自己的时间呢？

1. 不要将你的时间平分。相反，要根据不同的需求进行具体安排。当然，你的宝宝需要你持续的关爱，而 3 岁的幼儿已经能自己做一些事，甚至可以不在你的监护下玩上一会。5 岁的孩子比 8 岁的孩子更需要你，8 岁的孩子比 11 岁的更需要你。所以，你的孩子需要你的时间是不一样多的，他们需要的是——知道自己需要你的时候你会出现。

2. 让婴儿有机会自己安静地玩耍。这是一个重要的成长任务——让婴儿在你面前玩，但不是和你玩——也是培养自我主动性的基础，是掌握和学习自娱自乐的第一步。我不建议你让她一个人哭，而是应该先满足她的所有需求，然后尝试把她放下来，让她自由探索和发挥。如果她哭了，安慰她，稍加介入，然后再次抽身，但要保持关注。这使你可以将注意力转移到其他孩子身上，这样也对婴儿有好处。《你的自信宝宝》(*Your Self-Confient Baby*)的作者玛格达·戈伯（Magda Gerber）说："尊重你的孩子……（使生活更轻松）不要'教你的孩子玩'……你只需陪伴孩子，不对其愿望施加任何影响，不指导她该做什么和怎么做。"[3]

3. 抓住任何安静的时刻进行联结。每个孩子都需要感到被人看见、听见和赞赏——虽然不是全天候的，但肯定每一天都要这样。当一个孩子忙着玩的时候，哪怕只是暂时的，你也不要趁机打扫厨房，这是一个坐下来陪伴其他孩子的完美机会。不要打断孩子的玩耍，只是看着，把你的爱倾注到对他的观察中。如果他抬起头，给出评论（但不评价），让他知道你真的在注意他："把火车轨道联结起来可能很难"，或"你先拼边缘部分的拼图"。你会惊讶于他在你的爱中是如此的放松和陶醉，还会带着这份爱快乐地度过一整天。

4. 将陪伴每一个孩子列入生活常规。现在是你多拿出时间和不同孩子相处的时候了，这意味着你们要按照一家人的方式生活，但要保证每个孩子每天都会有短暂的机会与你在一起。每天不妨试试特别时间（参见本书第 31 页的"预防性的维护"），以此陪伴每个孩子。如果特别时间大部分安排在周末，请保证每天早晨帮孩子梳辫子时和她聊天、每天与其依偎 15 分钟并在睡前谈心。

5. 专注。当你单独陪伴某个孩子时，不要心不在焉，全神贯注 5 分钟的价值相当于一心多用一小时。放下你的手机，暂时忘记洗衣服，坐下来，和孩子眼神交流，让她知道你现在只听她说话。无聊吗？那是因为你没有完全投入，你可以试试专注地欣赏你的孩子，注意她脸颊的曲线，她头发的气味。当我们真的放开一切，只注意当下的充实，就不会觉得无聊了。事实上，一旦你允许自己定期这样做，你可能会发现一个全新的生活维度。

6. 不要亏待乖巧的孩子。那些让父母省心的孩子经常会被忽略，直到他开始变得反常。所有孩子都需要和你度过特别时间，不仅是那些难缠的孩子。当一个孩子要求更多的关注时，也要保证和其他孩子联结，比如拥抱他们。

7. 找祖父母帮忙——如果你够幸运的话。一旦孩子愿意愉快地在祖父母（或信任的朋友）家过夜，用这些时间陪伴其他孩子。

8. 尽可能使用预防性维护措施。所有的兄弟姐妹都会时不时地生彼此的气。当孩子们累了、饿了或胡思乱想的时候，其前额叶皮层会难以控制情绪。幸运的是，我们通常可以看出风暴的酝酿，并加以阻止——如果我们没有因为压力太大忽略了风暴的标志的话。把胡思乱想的孩子召集到你的大腿上，先发制人，填充他们爱的需求。觉得这样费时间？是的，但总比孩子们打起来之后你去干预强多了。

如何帮助大孩子解决他和小孩子间的问题

> 女儿2岁时，她的弟弟出生了。我们告诉她，她已经知道如何分享，而且明白不能推倒积木，但宝宝却不知道，而且喜欢搞破坏，乱拿东西。在此之后，当弟弟做一些妨碍她的事情时，她会看着我们，说："宝宝就是这样的！"有的时候她居然会对着他咯咯笑。
>
> ——娜塔莎

到目前为止，在这本书中，我们已经强调了通过满足孩子的需要来与其联结和表达关注，这样他就不会朝宝宝发泄。但对大多数孩子来说，这还远远不够。你也要帮助孩子发展表达自己需要和解决问题的技能。为什么呢？

因为宝宝造成了老大的问题，例如抢走他的玩具，怪叫着拉扯他的头发，老大需要知道如何解决这些问题。否则他会做出人类受到攻击时的常见反应——进入战斗、逃跑或者呆在原地的模式。由于老大比宝宝高大，所以战斗会是他的首选。

下面是解决问题的5个基本步骤，你每天都可以用来帮助孩子应付宝宝引起的问题。

1. **平静，移情，教给孩子表达需要的言辞。**当孩子感到不安，"用你的话说"是不够的，他们需要知道该说什么话。"没关系，亲爱的，你不用朝他喊……我知道他的叫声很响，会伤害你的耳朵，但大呼小叫不会帮助他停止尖叫……你可以说：'请不要尖叫，它伤害了我的耳朵……我听说你想要一辆车！'"

2. **示范如何冷静解决问题。**"你担心他碰你的车……不用担心，这不是一个紧急情况……我会帮你……我们将一起解决。"你的支持可以帮助他冷静下来，脱离战斗模式，更清晰地思考。

3. **帮助孩子通过描述问题学会"不往心里去"。**"他要玩你的车，你不高兴？你希望它们现在都属于你，但他一直在抢？"请注意，你没有指责任何人。你可能认为孩子应该和弟弟分享他的15辆汽车，但它们是他的，他现在显然不想分享。逼他承认错误只会让他更觉得受威胁，更不愿分享。所以要避免判断，只需陈述分歧，将它视为待解决的问题。

4. **邀请孩子帮忙解决问题。**"嗯……你想把所有汽车留着自己玩……而他真的想要一辆车……我不知道我们能做些什么来解决这个问题？"不要命令他自己解决问题，而是帮助他负起责任去想解决办法。请记住，如果你把某个解决方案（"给他一辆车吧！"）强加给他，你的孩子会感到受到摆布，变得不情愿。

5. **帮助孩子想出解决方案。**当他们在这个过程中获得了经验时，即使两三岁的孩子也会想出解决方案。但开始的时候你可能需要帮助他们。"让我们看看，你觉得他喜欢玩火车头吗？你想给他玩火车头吗？悄悄给他，就现在……"

当大孩子嫉妒小孩子,你该说什么

> 当孩子感到被理解时,他们的孤独和痛苦就会减少,对父母的爱就会加深。父母的同情相当于情绪的急救药,能治愈受伤的感觉。如果我们能真正承认孩子的困境,说出他的失望,他就常常能鼓起勇气来面对现实。
>
> ——海姆·吉诺特,《亲子之间》作者

如果你努力与孩子保持联结,他可能不会经常感到对小弟弟无法忍受的嫉妒。然而,要说完全不嫉妒也不现实,但你要让他知道,这些感受是完全正常的,让他不觉得自己是一个怪物。你要承认,对他来说这样的感觉很难受,并且允许他伤心。看看你是否能让他觉得将来会变好,但不要忽视他的苦恼。

"你还会在乎我吗?"

"哦,亲爱的,我是那么爱你……我不会比爱你更爱别人。你是我唯一的阿利亚,世界上没有人能和你相比。作你的妈妈我觉得很幸运,你觉得我不在乎你吗?我猜是因为最近我太累了,而且很忙,所以没法像以前那样表达对你的爱。我对你和妹妹的爱都很多,对不起,让你觉得我没在乎你。让我们想办法把这件事变好,我想,我们需要趁着宝宝睡觉的时候让阿利亚和妈妈单独在一起,今天的特别时间你想做点什么?"

"这不公平;你总是不帮我。我也需要帮助!"

"看起来我一直忙着照顾宝宝,没有时间帮助你。你肯定觉得这不公平!等待很辛苦,我知道,我知道你需要帮助,当你需要我时,我会一直在这里帮助你。我会尽力做得更好,注意到你需要帮助。但我并不完美,所以我不会总是注意到你的需要。当你需要帮助的时候,你能告诉我吗,

第十一章 宝宝会爬之后，为孩子关系奠定积极基础

当孩子嫉妒时……

不要否认他的感觉　　　　　　　　尝试联结

左：为自己辩解是很自然的，但你要冷静下来，换位思考

右：移情，描述问题。

左：承认孩子的渴望，在想象中满足她的期望。

右：承认她内心深处的感受。

当孩子嫉妒时……

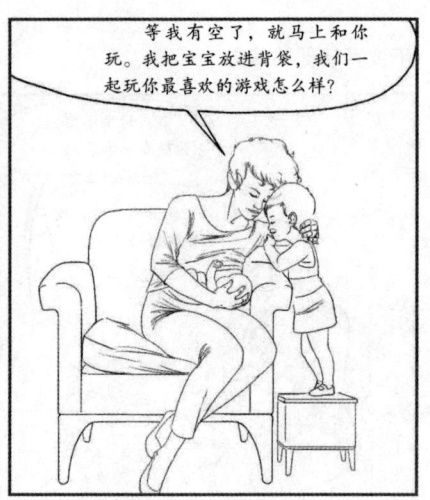

左：嬉闹让孩子发笑，缓解紧张，帮助他们感觉到与你重新联结。
右：当孩子觉得与你联结时，重申家规。

用你自己的话？"

"我讨厌小宝宝！"

"有时候，家里有小宝宝对你来说不容易，我猜你有时会非常生气，因为要和小宝宝分享妈妈，而且在他睡觉时还要安静，还要等着轮到你……这些都很辛苦，对吗？你觉得难过时总是可以告诉我，我会永远理解并帮助你的。"（你觉得"恨"这个词会引起强烈的回应吗？请参阅本书第101页"当孩子说他恨他的兄弟姐妹"。）

"我还不如死了！"

不要惊慌。他选择了自己知道的最有力的一句话来表现他是多么悲惨。不要跟他争论，相反，你要表示同情和安抚："有时候你感觉很糟，是吧？

哦，亲爱的，我很抱歉，你这么难过……过来，让我抱抱。"他接下来可能会哭。如果他拒绝，就是在用他的愤怒作为所有痛苦的挡箭牌。优先考虑预防性维护和重建与他的联结，这样才会让他觉得向你展示这些感受是安全的。你越是能温柔对待孩子，他的态度越会软化，愈合也越迅速。

孩子抢玩具怎么办

多数大孩子会从宝宝那里抢玩具。毕竟，在老大看来，老小玩的东西会一下子散发出吸引力。但抢玩具的行为总是意味着手足相争吗？不尽然。幼儿只是在发展社交技巧，抢玩具可能只是想要和弟妹"交流"的笨拙表现。别的孩子拿走自己的玩具，婴儿一般不会在意，所以，当偶尔出现抢玩具事件时，没有必要进行干预。

但"从婴儿手里抢糖果"往往象征着力量的滥用，见此情景，父母通常会觉得不舒服，因为宝宝毫无还手之力，也无法表达自己的需要。经常抢婴儿的玩具对宝宝没有好处——因为他毕竟也在探索玩具，对那个抢玩具的孩子也没有益处，因为任何形式的强迫行为都说明孩子需要处理驱动该行为的情绪。

1. 如果两个孩子都在欢笑中，不要破坏气氛。比起玩玩具，宝宝可能更愿意和姐姐做游戏。你不应该教训孩子，因为这是一个游戏，而不是姐姐抢玩具。

2. 描述发生了什么。"宝宝在笑着玩他的拨浪鼓……扎克也想玩……现在扎克得到了拨浪鼓……宝宝很吃惊……现在扎克摇起了拨浪鼓……摇摇摇……宝宝笑啊笑……扎克也笑了……现在宝宝拿起长颈鹿……他想把它放在嘴里……现在，扎克拿了长颈鹿……宝宝看起来很惊讶。"

为什么要如此详细描述？因为幼儿还不懂得自己在做什么，以及这样做会给弟弟造成何种影响，他只是感到一种冲动并跟随了它。你的话能帮助他发展自我意识。虽然 11 个月大的宝宝不会明白你在说什么，但他知道你是在承认他的存在，这很重要。

3. 移情，并提出问题来建立同理心。"这个拨浪鼓很好玩，不是吗？你也想摇它……当你拿着拨浪鼓，宝宝看起来很惊讶……我想知道他玩够了没有呢？……你觉得如果我们问他，他会怎么说呢？"

4. 教孩子与婴儿进行"交换"。但你怎么知道婴儿玩够了没有呢？你可以用婴儿的语言——行动——来问他。"你想要拨浪鼓？宝宝玩够了没有呢？你为什么不拿一个不同的玩具给他，看他是否愿意和你交换呢？这样你就会知道他玩够了拨浪鼓没有。"大多数时候，宝宝会高兴地交换玩具，他可能认为这是一场游戏。没关系，这样，当宝宝开始反对交换的时候，老大就会愿意尊重宝宝的权利，让他多玩一会。

5. 如果老大不尊重宝宝玩玩具的机会，一直抢夺玩具，说明问题的缘由并非玩具。任何形式的强迫行为都预示着更深层次的、未满足的需要或感觉，但当事人无法口头表达出来。换句话说，如果孩子"一直"抢夺宝宝的玩具，无论婴儿拿了什么，那么这说明有一些强大的情绪在驱使他这么做——抢走弟弟的东西。最有可能的假设是，他觉得自己被迫和婴儿分享了很多，包括父母，他觉得自己很可怜。帮助他处理那些强大情绪的最好办法是有计划的宣泄（见第二章）。

与往常一样，你通过设定一个富有同情心的限制来引发孩子的宣泄，当你的儿子开始从婴儿那里抢玩具时，你把手放在玩具上阻止他，说："我看到你想要这个……但现在宝宝还没玩完……你接下来才能玩……我会帮你等的。"

如果他已经抢走了玩具，要让他还回去。坐在孩子身边，把你的手放在玩具上，对孩子说："嘿，亲爱的，宝宝看上去不高兴，他还没玩完，他还没准备好给你玩具呢。你想交换？嗯……似乎他不想要别的东西，只想要那个玩具。现在你应该还给他了，等他玩完了就会给你。"你应该从孩子手中把玩具抢走吗？不可以，但如果你的手放在玩具上，他只能要么给你，要么抓着玩具开始哭，他是在向你展示自己的眼泪和恐惧，是它们驱使他抢夺宝宝的玩具。（见本书第37页"有计划的宣泄"和第127页的"反思分享"。）

如果你的孩子对待婴儿很有侵略性

如果你的孩子伤害了宝宝，你自然会大发雷霆。你会感到迫切需要给他一个教训，即使你阻止自己，你也可能想给他一个回击。但如果这样，你将很难了解孩子的想法。你不妨想象一下，假如你的配偶突然跟某个新来的人打得火热，你会有什么感受。你可能也想打人。任何一个伤害婴儿的孩子其实都在经受痛苦的心碎，他需要你的帮助来治愈它。

3岁的亨利在和11个月的苏菲玩，他抢走了苏菲的玩具。苏菲喜欢他的关注，一直咯咯地笑，尤其因为他每次都会把抢走的玩具还给她。但亨利变得越来越具有侵略性，苏菲只能使劲抓住玩具。他会更用力地把玩具夺走。苏菲号啕大哭，感到内疚的亨利说："你就像一个婴儿！"然后伸手把她推倒，很用力。现在，苏菲哭个不停。

如果爸爸注意到气氛不对，他可以站到孩子们中间介入游戏："嘿，那我呢？你为什么不去抢和你体型一样的人的玩具呢？哇……你拿走了我的玩具！"孩子们可能会不停地傻笑，这让亨利有机会释放一些紧张——因为他不得不和妹妹"分享"自己生命中的一切。但事实上呢，爸

爸担负着作为成人和父亲的双重压力,正忙于好几件别的事情,只想有一刻的安静。这种情况下他该怎么办?

任何形式的惩罚都会让亨利感觉更糟,表现更坏(见第二章和第五章)。帮助他处理那些引发他侵略行为的感觉可以阻止他的暴力行为。但是,这并不意味着我们不要设置反对暴力的严格限制。

首先,爸爸应该抱起哭哭啼啼的苏菲,还要抗拒责骂亨利的冲动。事实上,在他冷静下来之前,应该一直避免与亨利互动。于是,他开始专注于安抚苏菲,这有助于转移他对亨利的愤怒。

爸爸:哎哟!那样很难过!(苏菲点点头,哭得更厉害)被人推可能伤害你的身体,你的感觉也会受伤!……给我讲讲,苏菲。

苏菲更响亮地哭了一阵,就像我们受伤后又得到爱的关注时那样。但很快,她就恢复如常,伸手去拿扔在地上的玩具。爸爸把她放下,让她去拿玩具,深吸了一口气让自己冷静下来,并转向亨利。他知道亨利觉得害怕,而在害怕的情况下他不会学到东西,所以他打算态度温和一些,实事求是,而不是指责。

爸爸:那样做伤害了妹妹,不是吗?
亨利:我猜是的。她是个爱哭鬼。

爸爸没有上钩。他坐到地板上的亨利身边,和他眼神接触。他作着深呼吸,努力保持冷静和亲切。当然,他的脸是严肃的。

爸爸:嗯,有时每个人都会哭。苏菲受到伤害时肯定会哭,就像其他人一样。发生什么了,亨利?
亨利:她不给我玩具。

第十一章 宝宝会爬之后，为孩子关系奠定积极基础

亨利看起来很茫然。他不知道改正过错吗？不，他感到羞愧，害怕爸爸要说的话。他处于"战斗、逃跑或呆在原地"模式，目前看来是吓呆了。因此从表面看他似乎没有感觉。

爸爸：那是你的玩具，你想要它。（他在移情。）

亨利点头，但什么也没说。

爸爸：你一定是真的很心烦才伤害她……对不起，我没有在这里帮忙。

爸爸在责备自己吗？不，他在做出负责任的榜样，这样做让亨利打开心防，他迅速看了爸爸一眼——他会理解我吗？然后看着远处。

爸爸：我看出你生她的气，但打人会伤人，我不会让你打妹妹。

亨利面无表情地看着远处。爸爸知道亨利试图回避一些他需要处理的情绪。爸爸靠近他，轻轻搂住亨利。

爸爸：有时候你非常生妹妹的气，对吗？

亨利（看着他，试探道）：我恨她。

爸爸（忽略仇恨炸弹）：有时候，你很生气，感觉就像你恨她一样。（尝试化解愤怒，分析驱动愤怒的更为脆弱的情绪。）我知道，你想说这是不公平的，她总是和我们在一起。也许你觉得她得到了一切，你却被冷落了？

亨利（大叫）：我被冷落了！为什么你们必须再生一个宝宝？这样你们永远不会有时间陪我了！你为什么不能送她回去？她毁了一切！

爸爸：你怀念过去。

亨利哭了起来，把头埋在爸爸肩膀上哽咽着，爸爸说："你可以尽情地哭。我就在这里。我会一直在这里陪你，不管发生什么，有没有宝宝都一样。"他不是在阻止亨利哭泣，而是帮助亨利感到足够的安全来展示他

所有的痛苦。

苏菲也因为亨利的哭声心烦起来。所以，爸爸开始解决最难的部分——让她放心，让亨利够不到她。他一手搂着一个孩子。

爸爸：没关系，苏菲。亨利现在只是伤心。

最后，亨利不哭了，他靠着爸爸的腿。苏菲爬到地上的火车轨道那里，愉快地玩起了火车，不再听他们对话。

爸爸：你知道，我不会比爱你更爱别人，对不对？你是我唯一的亨利，我的心里只有一个亨利。你是我的亨利，我是你爸爸，我会永远爱你，不管怎样。

亨利点点头。

爸爸：我知道你有时担心我们更爱苏菲，但这是不正确的。无论我们多么爱妹妹，给你的爱总是足够的。如果你觉得自己受了冷落或者生气，可以随时告诉我，你知道吗？

亨利再次点头。

爸爸：那打人呢？

亨利：打人不好。

爸爸：嗯，你在什么时候会打人？

亨利：我惹上麻烦时。

爸爸：还有什么时候？

亨利：苏菲哭的时候。

爸爸：她为什么哭？

亨利：因为她受到了伤害。

爸爸：你心里有什么感受？

亨利（看别处）：不好。

爸爸：是的，亨利，你觉得不好，因为当我们打人时，会伤害别人，也伤害了我们自己的心。人不是为了打人而生的，他们是为了爱

第十一章 宝宝会爬之后，为孩子关系奠定积极基础

而生，就像你妈妈和我爱你，拥抱你一样。所以，当你想打人时，想一想可以做些什么来代替打妹妹？

亨利：找你帮忙吗？

爸爸：是的，用你的话告诉我原因。如果你需要帮助来处理你的情绪，或保护你的玩具，告诉我，我会一直帮助你。你还可以做什么？

亨利：给她另一件玩具？

爸爸：是的，真是个好主意！如果真的很生气，你能转身去打沙发吗？

亨利：我想可以。但我真正想要的是那种沙袋，它可以被打倒。

爸爸：你是说用沙袋代替妹妹？

爸爸和亨利都笑了起来。

这么做有点刻薄吗？我不这么认为。它可以化解紧张。而且苏菲也没在听。爸爸还赶紧重申了限制。

爸爸：这是一个好主意。沙袋就是被打的，而妹妹是被爱的。让我们找一个沙袋。但现在，我觉得你应该和妹妹和好。你可以怎么做让妹妹感到和你在一起是安全的？

亨利：我可以抱抱她。

爸爸：如果你温柔一点，我知道她会喜欢的。你愿意吗？

亨利：是的。对一个小不点来说，她有时候挺可爱的。

是否有必要让亨利为自己的行为感到难过？没必要。他知道那样会伤人，但他只是控制不住自己，因为他被各种厌烦情绪所包围。不管父母说什么，大呼小叫、惩罚、不理他等措施只会让他感觉更糟，让他以为父母不爱他了。在这种情况下，他为什么不让他的妹妹也感到痛苦呢？

所以，做父亲的应该怎么处理呢？

当孩子打人……

不要惩罚

尝试预防

左：当他们不知道如何用其他方式表达感受时，孩子们会打人，惩罚无法帮助他们解决自己的情绪，只会让痛苦和恐惧更为深刻。

右：如果可能，要预防打人。承认孩子的感觉有助于他们管理自己的情绪，不对情绪做出应激反应。

如果预防失败

预防未来的打人事件

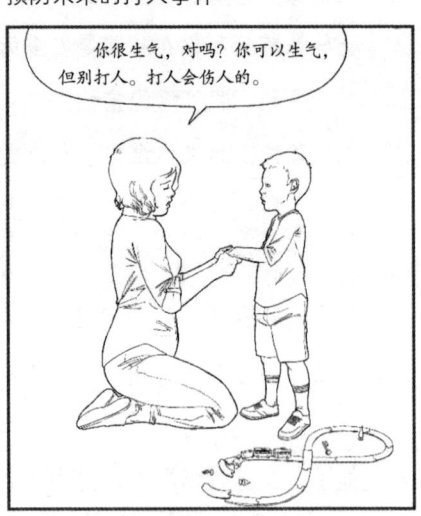

左：首先，安慰受伤的孩子。在你冷静之前，不要和打人的孩子互动。

右：移情的同时重申限制。

当孩子打人……

帮助孩子处理他的感受

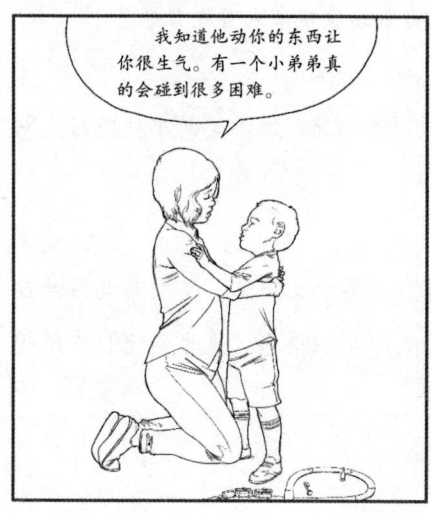

左：承认他的观点。
右：当他冷静下来并与你联结，指导他解决问题，预防未来的打人事件。

1. 让亨利明白，行为必须受到限制——打人会伤人，所以不允许——但感情可以接受。

2. 帮助亨利"表达"折磨他并导致粗暴行为的情绪，所以这些感受会慢慢消散。一直覆盖亨利心里的冰雪消融，他就更少对妹妹生气，而更愿意与妹妹合作。

3. 重新与他联结，让亨利知道他是很宝贵的，而不是可有可无的。

4. 让亨利安心地知道，他可以告诉父母自己的感受，并获得帮助。他不是被留在那儿，独自努力控制自己的情绪，所以他不必伤害妹妹。

5. 帮助亨利注意到，打人不仅会伤害妹妹，也会伤害他自己的感情。

6. 培养亨利自我反省的能力，这将帮助他在未来管理自己。

7. 通过强调打人有害来帮助亨利同情妹妹，而不是简单地给打人贴上坏行为的标签。

8. 帮助亨利想象其他方式在未来处理自己的感受。亨利对此持开放态度，因为他天生不觉得自己是个可怕的人，这也是他自我辩护的动机。

9. 准许亨利与妹妹"修复"关系。

10. 帮助亨利笑对现状，从而释放恐惧；同时帮助亨利明白，感觉不是一成不变的，而且是可以表达出来的，表达出来我们的感觉会更好。这样做将开启亨利内心的愈合过程。

11. 帮助亨利从愤怒过渡到慷慨的情感状态，这种状态下他就能承认自己对妹妹有好感。

也许最重要的是，通过这样的处理，亨利知道父亲无论如何都爱他，由此带来的内心喜悦是不可动摇的，足以让他处理生活中的各种情况——也包括成为一个了不起的哥哥。

欲了解更多有关处理打人事件的方法，请参见本书第106页"应该因为攻击行为惩罚孩子吗？"。

如果侵略者太小，无法明白道理怎么办

在一般情况下，幼儿学习语言的速度更快——如果你使用还算正常的语言（而不是婴儿的呓语）的话。请记住，孩子的语言接受能力始终遥遥领先于语言表达能力，所以婴幼儿能理解的东西比我们想象的要多。然而家长们却经常告诉我，他们希望知道如何与口头理解能力较弱的小孩子沟通。下面是我给出的一些与小幼儿交流的参考对话。

1. 描述发生了什么。"你打了阿梅利亚。哎哟！打人很疼。阿梅利亚哭了……你很生气！"
2. 移情。"阿米莉亚拉你的头发。哎哟！你很疼，生气了！"
3. 帮助孩子想出下一次的处理方法。"不要打人。打人很疼。你可以叫我帮忙吗？说'妈妈'！现在就叫我……很好。你看，我来了。我在这里！"抱起孩子，逗他笑，这样他会觉得叫你过来是件很好的事情，下次当他与别的孩子发生矛盾时，就愿意叫你过来。（参见本书第227页"使用游戏帮助嫉妒的孩子"中的"妈咪，我需要你！"游戏。）
4. 帮助孩子修复关系。"我们要轻轻地碰，轻轻地……你看，她正对你笑呢！"

如果婴儿是侵略的那一方怎么办

随着宝宝年龄的增长，他们也会引起纷争。有时，你家小宝宝也可能会感到担忧，害怕哥哥姐姐可能会阻止他得到他需要的东西。

1. 给宝宝示范如何与大孩子进行交换。先跟大孩子打招呼，使她明白事情原委并且在一些时候愿意跟小孩子交换，这样一来，小孩

子就能学会如何进行交换并且得到鼓励主动行动。当然，有时候大孩子可能并不想交换，小孩子也会哭哭啼啼。这时你就需要介入，对困难的局面表示同情，但你当然也要尊重大孩子说不的权利。

2. 移情。当你15个月大的孩子想把他哥哥从你腿上推下去，你要承认他的感觉。"你想坐在我的腿上，不是吗？你不想让贾斯汀坐在我的腿上。"

3. 通过设置限制来保护大孩子的权利，同时找到一种方法满足小孩子的需要。"贾斯汀正在和我一起读书……他只能待在这里。你可以坐在我的另一边，和我们一起读。"

4. 做好准备，小家伙可能会不高兴。大多数时候，15个月大的孩子在其需要未被满足时会哭闹，但他真正想要的是知道你还爱他。所以，只要你让他知道了，他就会停止攻击哥哥。毕竟，哥哥只是妨碍他的问题之一。所以，你可以抱着他，另一只手抱着大孩子，告诉他们你可以同时搂着他们两个。然后将小孩子的注意力转移到你给大孩子读的书上，这样大家又都回到了舒适的感觉。

"每个人都想要妈妈……别担心，妈妈可以抱着你们两个。看看这幅画！小熊宝宝也需要他妈妈！"

你的孩子将从中学到什么呢？——他们两个都重要，两个人你都会回应。随着小孩子不断长大，你会有很多机会帮他处理对兄弟姐妹的嫉妒。（另请参阅本书第109页"当较小的孩子攻击较大的孩子"）。

帮助大孩子与宝宝建立联结的游戏

虽然宝宝还没有完全准备好玩嬉闹游戏,但有很多方法可以支持她和哥哥姐姐一起"玩"。不妨尝试下列方法,你们会乐在其中,而且你还会受到启发,想出新的主意。

- 让小家伙假扮"足球"——推着他越过其他家庭成员冲入禁区。孩子们一定会喜欢。
- "我们玩这样一个游戏:我抱着小宝宝(3个月大),追她的大姐姐(3岁的双胞胎),最后我们抓住了她们,和她们拥抱。宝宝在期待中开始傻乐,她一直对着姐姐们微笑,这反过来又让姐姐们朝她傻乐。大姑娘们知道自己要很温柔地对待小宝宝。"——杰西卡
- 假装婴儿说话。代替宝宝发声,对哥哥姐姐说说各种有趣的事情,一定要包括一些温情、感恩和赞赏的内容。

最后的提示　选择爱

我希望你能从本书中找到一些功能强大的工具来改变你的家庭。但是，请不要觉得你必须立刻尝试每一条建议。选择你想改变的一个地方，比如对孩子进行预防性维护，然后从这里开始。一旦在这方面养成了良好的习惯，3个月后你再回来，选择一个新的挑战，比如"孩子打架时你如何进行干预"。

而且，请不要觉得你必须做到完美。比抚养孩子更难的唯一一件事，就是抚养一个以上的孩子！你的孩子不需要你完美。其实，如果他们认为你完美，就会对自己的看法更糟糕，因为他知道自己不完美。你的孩子需要你成为榜样，告诉他如何作一个高尚的人。这意味着承认自己的错误，愿意不断成长，支持自己做得更好，努力调节自己的情绪——无论孩子怎么做。

没那么容易，对吗？这就是为什么无条件地爱你的孩子始于无条件地爱你自己。

无论你的日常工作是什么，为人父母都是我们面临的最艰难的任务。我们每个人都会有想放弃的时候，但善举永远不会白费。你今天对孩子的慷慨大度，或许在未来能帮助他自觉地善待兄弟姐妹。他们的好习惯或许会一代代地传下去，改变世界，创造一个更美好的未来。

因此，在那些艰难的日子里，你要深呼吸，提醒自己，认输只会创造更多的麻烦。解决方案永远是更多的爱。给予孩子更多的爱，是的，但要先从给自己更多的爱开始。

爱，永不止息。

致 谢

我要非常愉快地感谢我的四个兄弟和两个姐妹：大卫（David）、史蒂芬（Steven）、纳丁（Nadine）、罗伯特（Robert）、克劳迪娅（Claudia）和盖伊（Guy）。兄弟姐妹确实是我们人生路上的陪练，教给我们什么是公正与合作、良善与爱心，而且经常是以艰难的方式——如帕梅拉·达格代尔（Pamela Dugdale）观察的那样。感谢你们，我的家人。

深深感谢所有邀请我走入他们生活、分享他们故事的父母，有些故事我已在本书中进行了分享。我很荣幸能够陪伴你们的养育之旅。感谢我的书、博客和新闻邮件的读者，感谢你们承诺尽自己所能成为最好的父母，你们源源不断的爱和赞赏推动我坚持下去。

感谢那些在百忙中读过杂乱无章的本书手稿并给我有益的反馈的父母——斯泰西（Stacy）、索尼娅（Sonya）、希梅纳（Jimena）、凯文（Kevin）、莱斯利（Leslie）、利兹（Liz）、贾斯汀（Justin）、阿比（Abi）、莎莉（Sally）、杰西卡（Jessica）、米歇尔（Michelle）、露丝（Ruth）、凯特（Kate）、卡拉（Carla）、考特尼（Courtney）、凯利（Kelly）、海蒂（Heidi）、比尔（Bill）、诺拉（Nora）、阿什利（Ashley）、凯尔西（Kelsey）、卡罗琳（Caroline）、黛西（Daisy）、塔玛拉（Tamara）、克莱尔（Claire）、萨拉（Sara）、妮可（Nicole）、艾玛（Emma）、吉奥（Gio）、肖特尔（Shawntell）、莫尼克（Monique）、爱瑞丝（Iris）、珍妮（Jennie）、梅根（Megan）、马德琳（Madeline）、莱拉（Layla）、卡伦（Karen）、米莉亚姆（Miriam）和黛西（Daisy），感谢你们的时间和深思熟虑，让这本书给家长们这么多有用的

帮助。特别感谢贝丝·特拉帕尼（Beth Trapani）的宝贵见解。

感谢玛丽安·丽兹（Marian Lizzi）和她在"近地点"的团队，谢谢你们相信我的作品。每个阶段与你们的合作都非常愉快。我还要感谢艺术家布莱登·埃弗里特（Bryndon Everett），他对亲子场景的温暖描绘赋予我的想法以生命。

感谢我的经纪人丽贝卡·弗里德曼（Rebecca Friedman），我总是可以拿起电话，听到你的笑声和意见。

特别感谢我的助手特里萨·迪特里希（Theresa Dietrich），你在压力下以优雅的风度处理所有细节，使我可以专注于写作。

感谢我的孩子伊莱（Eli）和爱丽丝（Alice），虽然你们给我研究孩子间纷争的机会少得可怜，但你们教会了我太多关于爱的知识，成为你们的母亲，我该有多么幸运？

感谢我的丈夫丹尼尔·康托尔（Daniel Cantor），我想起《夏洛的网》中威尔伯谈论夏洛的话："不常有人既是真正的朋友，又是好作家。"谢谢你的鼓励、你的编辑工作、你的幽默和你的才华。我希望你知道，我多么感激我们共度的每一天。

深深感谢我的智慧导师海姆·吉诺特（Haim Ginott）、阿黛尔·法伯（Adele Faber）和伊莱恩·玛兹丽施（Elaine Mazlish），对父母们而言，吉诺特博士的思想永远具有生命力。还要感谢阿什利·梅里曼（Ashley Merryman）和宝·布朗森（Po Bronson），他们启发我运用新的思考方式看待孩子间的纷争，感谢以劳里·克莱默（Laurie Kramer）、朱迪·邓恩（Judy Dunn）和吉恩·布罗迪（Gene Brody）为首的无数研究人员，他们坚持为我提供同胞关系之谜的研究素材。我将继续向我的同事劳伦斯·科恩（Lawrence Cohen）、简·尼尔森（Jane Nelsen）、丹·西格尔（Dan Siegel）、希瑟·舒梅克（Heather Shumaker）、帕蒂·惠芙乐（Patty Wipfler）、贝基·贝利（Becky Bailey）、阿尔菲·科恩（Alfie Kohn）、戈登·纽费尔德（Gordon Neufeld）、蒂娜·佩恩·布赖森（Tina Payne Bryson）等人学习，并从他们那里获得启发。与往常一样，我的工作建立在本领域过往和现在的众多天才思想家的智慧基础上，如果没有他们，我今天的绵薄贡献也不会存在，因此我无法充分表达自己的感激之情，读者可访问 AhaParenting.com 进一步阅读更多内容，了解他们的工作，希望能够为你提供更多的灵感。

注意事项

请前往 **AhaParenting.com/PPHSEndnotes** 参阅本书的注释引用，以及进一步阅读的建议。

图书在版编目(CIP)数据

平和式教养法.多子女篇/(美)马卡姆著;孙璐译.——上海:上海社会科学院出版社,2016
书名原文:Peaceful Parent, Happy Siblings: How to Stop the Fighting and Raise Friends for Life
ISBN 978-7-5520-1381-8

Ⅰ.①平… Ⅱ.①马…②孙… Ⅲ.①家庭教育 Ⅳ.①G78

中国版本图书馆 CIP 数据核字(2016)第 083924 号

PEACEFUL PARENT, HAPPY SIBLINGS
Copyright © 2015 by Dr. Laura Markham
All rights reserved including the right of reproduction in whole or in part in any form.
This edition published by arrangement with the TarcherPerigee, an imprint of Penguin Publishing Group, a division of Penguin Random House LLC.

上海市版权局著作权合同登记号:图字 09-2016-323

平和式教养法(多子女篇)

著　　者:	[美]劳拉·马卡姆博士(Dr. Laura Markham)
译　　者:	孙　璐
责任编辑:	李　慧
特约编辑:	陈朝阳
出版发行:	上海社会科学院出版社
	上海顺昌路 622 号　邮编 200025
	电话总机 021-63315900　销售热线 021-53063735
	http://www.sassp.org.cn　E-mail:sassp@sass.org.cn
印　　刷:	天津旭丰源印刷有限公司
开　　本:	710×1000 毫米　1/16 开
印　　张:	18
字　　数:	220 千字
版　　次:	2016 年 6 月第 1 版　2022 年 4 月第 9 次印刷

ISBN 978-7-5520-1381-8/G·546　　　　　　　　　　　　　　定价:36.80 元

版权所有　翻印必究